公共行政学概论

主　编◎徐凤江
副主编◎吴　丹　李　楠

Introduction to
Public Administration

清华大学出版社
北　京

内 容 简 介

本书力求反映中国特色、时代特征和课程特点,致力于研究公共行政管理的过程管理、社会公共事务管理以及政府机关管理的带有规律性的原理、原则、方法和技术。本书共 16 章,主要包括公共行政的含义、公共行政权力与公共行政行为、公共行政环境、公共行政职能、公共行政组织、公共人事行政、公共行政领导、公共财务行政、公共行政决策与执行、公共行政监督、公共行政法治、公共行政价值与公共行政伦理、公共行政机关管理、公共行政效率与政府绩效管理、公共危机管理、公共行政改革等。

本书既可作为普通高等院校公共管理、公共行政专业的教材,也可作为政府部门、公共组织等相关人员的参考用书。

本书封面贴有清华大学出版社防伪标签,无标签者不得销售。
版权所有,侵权必究。举报: 010-62782989, beiqinquan@tup.tsinghua.edu.cn。

图书在版编目(CIP)数据

公共行政学概论/徐凤江主编. —北京:清华大学出版社,2020.7(2024.2重印)
ISBN 978-7-302-55698-5

I. ①公… II. ①徐… III. ①行政学 IV. ①D035-0

中国版本图书馆 CIP 数据核字(2020)第 106454 号

责任编辑:杜春杰
封面设计:刘　超
版式设计:文森时代
责任校对:马军令
责任印制:宋　林

出版发行:清华大学出版社
　　网　　址:https://www.tup.com.cn,https://www.wqxuetang.com
　　地　　址:北京清华大学学研大厦 A 座　　邮　编:100084
　　社 总 机:010-83470000　　邮　购:010-62786544
　　投稿与读者服务:010-62776969,c-service@tup.tsinghua.edu.cn
　　质量反馈:010-62772015,zhiliang@tup.tsinghua.edu.cn
印 装 者:三河市科茂嘉荣印务有限公司
经　　销:全国新华书店
开　　本:185mm×260mm　　印　张:16.5　　字　数:362 千字
版　　次:2020 年 7 月第 1 版　　印　次:2024 年 2 月第 2 次印刷
定　　价:59.00 元

产品编号:082348-02

前　言

公共行政学是研究公共行政活动规律的科学，其以开放的体系、多元的研究视角、不断完善和发展的理论和技术，一直为公共行政管理者及其实践者提供理论、方法和技术的支持和指导。在中国讨论公共行政，并在此基础上建设具有中国特色的公共行政学，不仅是对中国社会现实的必然要求的回应，也是对世界学术潮流的顺应。本书致力于研究公共行政管理的过程管理、社会公共事务管理以及政府机关管理的带有规律性的原理、原则、方法和技术。

当今中国正处于重要的加速变革时期，传统的政府管理正向现代政府治理转变。国家、市场与社会三种维系发展的力量，在持续转型与变革中也在发生深刻变化。党的十八大以来，以习近平同志为核心的党中央把深化党和国家机构改革作为推进国家治理体系和治理能力现代化的一项重要任务，按照坚持党的全面领导、坚持以人民为中心、坚持优化协同高效、坚持全面依法治国的原则，深化党和国家机构改革，党和国家机构职能实现系统性、整体性重构，为党和国家事业取得历史性成就、发生历史性变革提供了有力保障，也为继续深化党和国家机构改革积累了宝贵经验。党的二十大对深化机构改革作出重要部署，目标是构建系统完备、科学规范、运行高效的党和国家机构职能体系。对于全面建设社会主义现代化国家、全面推进中华民族伟大复兴意义重大而深远。

高效合理的政府机构设置和行政体制安排，是建设社会主义现代化强国的重要内容，并将为经济、社会、文化、生态等领域深化改革提供制度支撑。习近平总书记在二十大报告中指出："法治政府建设是全面依法治国的重点任务和主体工程。转变政府职能，优化政府职责体系和组织结构，推进机构、职能、权限、程序、责任法定化，提高行政效率和公信力。"2023年3月中共中央、国务院印发《党和国家机构改革方案》指出："必须以习近平新时代中国特色社会主义思想为指导，以加强党中央集中统一领导为统领，以推进国家治理体系和治理能力现代化为导向，坚持稳中求进工作总基调，适应统筹推进'五位一体'总体布局、协调推进'四个全面'战略布局的要求，适应构建新发展格局、推动高质量发展的需要，坚持问题导向，统筹党中央机构、全国人大机构、国务院机构、全国政协机构，统筹中央和地方，深化重点领域机构改革，推动党对社会主义现代化建设的领导在机构设置上更加科学、在职能配置上更加优化、在体制机制上更加完善、在运行管理上更加高效。"

本书力求反映中国特色、时代特征和课程特点。其编写思路、特色和创新主要有：

（1）突出学习成果导向。"质量为王、标准先行"，编写组对接经济社会发展需求，科学合理地更新教材内容，将切实提高专业人才培养的目标达成度、社会适应度。全书按照2018年新政治学类专业培养规格中的知识要求、能力要求、素质要求，确定教学内容的重点以实现教学目标。

（2）突出"四个服务"，即为人民服务、为中国共产党治国理政服务、为巩固和发展中国特色社会主义制度服务、为改革开放和社会主义现代化建设服务。本书坚持公共行政为人民服务的根本宗旨，坚持中国共产党的领导和依法行政的根本原则，以坚持走中国特色社会主义道路、坚持和完善中国特色社会主义制度为根本方向。

（3）突出专业教育与思想政治教育有机结合。在编写过程中，本书增加了对社会主义核心价值观教育、思想政治教育的内容。专业教育与思想政治教育有机结合，努力培养出合格、可靠的德才兼备、德学双修的建设者和接班人。同时，本书已作为2018年齐齐哈尔大学重点资助教材。

（4）突出习近平新时代治国理政最新理念和思想。编者们集体讨论了将党的最新理论成果融入公共行政学课程的计划，进而编写组认真梳理出了二十大报告中关于公共行政学科的最新论断和最新成果，结合传统文化的优秀观点，将习近平新时代治国理政方略和二十大精神融入书中每个知识模块，力求提升教学效果。

本书共16章，对公共行政学的研究对象、内容及其演进过程，行政权力与行政行为、行政环境、行政职能、行政组织、人事行政、行政领导、财务行政、行政决策与执行、行政监督、行政法治、行政价值与行政伦理、行政机关管理、行政效率与政府绩效管理、公共危机管理、行政改革等重要内容进行了系统阐述。编者在继承前人研究的基础上，把个人科研最新理论成果融入本书，力求使本书达到科学性与思想性的统一，继承性与时代性的统一，规范性与逻辑性的统一，为我国公共行政学建设提供优秀的资源。

本书适合作为高校行政管理学、公共行政学、行政学原理及相关课程的教材，也可作为机关事业单位工作人员系统学习行政管理理论的参考书。

本书由徐凤江、吴丹、李楠编写，具体编写分工为：徐凤江负责本书纲要的拟定，撰写第一章至第六章，并负责全书的修改、统稿工作；吴丹撰写第七章至第十一章，李楠撰写第十二章至第十六章。在编写过程中，我们参阅了大量文献，从中受到许多启发，并在书中做了引注，在此谨对这些为公共行政学建设做出贡献的学人表达我们的谢意。由于书稿撰写的时间仓促，疏漏在所难免，恳请专家和读者批评指正。

编　者

2020年1月

2024年1月修订

目 录

第一章 绪论 ··· 1
  本章重点 ··· 1
  第一节 公共行政学概述 ··· 1
    一、公共行政的含义 ·· 1
    二、公共行政学的研究对象、内容和特点 ·· 11
  第二节 公共行政学的产生和发展 ·· 13
    一、公共行政学产生的历史背景 ·· 13
    二、公共行政学的演进 ·· 14
  第三节 学习与研究公共行政学的意义和方法 ··· 23
    一、学习与研究公共行政学的意义 ·· 23
    二、学习与研究公共行政学的方法 ·· 24
  本章小结 ··· 25
  复习思考题 ··· 25

第二章 公共行政权力与公共行政行为 ·· 26
  本章重点 ··· 26
  第一节 公共行政权力概述 ··· 26
    一、公共行政权力的含义 ·· 26
    二、公共行政权力的特征 ·· 29
    三、公共行政权力的类型 ·· 30
  第二节 公共行政权力的来源与结构 ·· 32
    一、公共行政权力的来源 ·· 32
    二、公共行政权力的结构 ·· 33
  第三节 行政行为概述 ·· 34
    一、行政行为的含义及特征 ·· 34
    二、行政行为生效的基本条件 ··· 34
    三、行政行为的分类 ··· 35
    四、行政行为的功能 ··· 38
  本章小结 ··· 39
  复习思考题 ··· 39

第三章　公共行政环境 ... 40

本章重点 ... 40

第一节　公共行政环境概述 ... 40
一、公共行政环境的提出 ... 40
二、公共行政环境的含义及特点 ... 41
三、公共行政环境的分类 ... 42

第二节　公共行政与公共行政环境 ... 43
一、公共行政与公共行政环境的辩证关系 ... 43
二、自然环境对公共行政的影响 ... 44
三、社会环境对公共行政的影响 ... 45

第三节　中国现阶段公共行政环境 ... 49
一、中国特色社会主义进入了新时代——我国发展新的历史方位 ... 49
二、中国特色社会主义进入新时代及其历史意义 ... 54
三、中国现阶段社会环境对公共行政的要求 ... 55

本章小结 ... 58
复习思考题 ... 58

第四章　公共行政职能 ... 59

本章重点 ... 59

第一节　公共行政职能概述 ... 59
一、公共行政职能的概念及特征 ... 59
二、公共行政职能的作用 ... 60

第二节　公共行政职能体系 ... 60
一、政府的基本职能 ... 61
二、政府的运行职能 ... 66

第三节　公共行政职能转变 ... 68
一、公共行政职能转变的必然性 ... 68
二、我国公共行政职能的转变 ... 69

本章小结 ... 70
复习思考题 ... 71

第五章　公共行政组织 ... 72

本章重点 ... 72

第一节　公共行政组织概述 ... 72
一、公共行政组织的内涵 ... 72
二、公共行政组织的特征 ... 72
三、公共行政组织的构成要素 ... 74

四、公共行政组织的类型 75
　　五、公共行政组织在公共行政中的作用 76
第二节　公共行政组织的原则 77
　　一、目标原则 77
　　二、精干效能的原则 77
　　三、完整统一的原则 78
　　四、权力集中与分散相结合的原则 78
　　五、管理幅度与层次适度的原则 79
　　六、职、权、责、利一致的原则 79
　　七、依法设置的原则 79
　　八、民主参与管理的原则 79
第三节　公共行政组织结构 80
　　一、公共行政组织结构的含义 80
　　二、公共行政组织结构的类型 80
本章小结 84
复习思考题 84

第六章　公共人事行政 85

本章重点 85
第一节　公共人事行政概述 85
　　一、公共人事行政的内涵 85
　　二、公共人事行政的原则 87
　　三、现代公共人事行政的主要趋向及特征 89
第二节　当代西方人事行政的发展 90
　　一、改进人事行政的管理方法 90
　　二、提高公务员的工作绩效 91
　　三、重视公务员行为规范与个人权利之间的平衡 92
　　四、贯彻人事行政中的民主、平等与公平原则 92
第三节　中西国家公务员制度概述 93
　　一、西方国家公务员制度 93
　　二、我国国家公务员制度 95
本章小结 100
复习思考题 100

第七章　公共行政领导 101

本章重点 101
第一节　公共行政领导概述 101

一、公共行政领导的含义 ·· 101
　　二、公共行政领导权力的来源 ·· 101
　　三、关于公共行政领导的理论 ·· 102
　　四、公共行政领导的功能 ·· 102
　第二节　公共行政领导者的素质结构 ·· 103
　　一、公共行政领导者个人的素质结构 ···································· 103
　　二、公共行政领导班子的素质结构 ······································· 104
　第三节　公共行政领导方式及有效性 ·· 107
　　一、公共行政领导方式 ·· 107
　　二、公共行政领导有效性 ·· 109
　第四节　公共行政领导者的选择与培养 ····································· 113
　　一、动机强旺、意在高远 ·· 113
　　二、意志坚强、坚韧不拔 ·· 113
　　三、执中有权、通权达变 ·· 114
　本章小结 ·· 116
　复习思考题 ··· 116

第八章　公共财务行政 ··· 117
　本章重点 ·· 117
　第一节　公共财务行政概述 ·· 117
　　一、公共财务行政的含义 ·· 117
　　二、财政收入和财政支出 ·· 118
　　三、公共财务行政的职能 ·· 119
　　四、公共财务行政的作用 ·· 119
　第二节　公共财政收入与支出管理 ··· 120
　　一、公共财政收入概述 ·· 120
　　二、国家税收 ··· 120
　　三、公共财政支出概述 ·· 122
　　四、审计与政府审计 ·· 125
　第三节　国家预算与决算 ·· 128
　　一、国家预算概述 ·· 128
　　二、预算的编制 ·· 130
　　三、国家预算的执行与调整 ··· 132
　　四、国家决算概述 ·· 133
　　五、国家决算和国家预算的关系 ··· 135
　本章小结 ·· 136
　复习思考题 ··· 136

第九章 公共行政决策与执行 ·················· 137

- 本章重点 ····················· 137
- 第一节 公共行政决策概述 ················ 137
  - 一、公共行政决策的含义与特点 ·············· 137
  - 二、公共行政决策的类型 ················· 138
  - 三、公共行政决策在公共行政管理中的作用 ·········· 140
- 第二节 公共行政决策的基本原则、程序和体制 ·········· 140
  - 一、公共行政决策的基本原则 ·············· 140
  - 二、公共行政决策的基本程序 ·············· 142
  - 三、现代公共行政决策体制 ··············· 143
- 第三节 公共行政执行概述 ················ 144
  - 一、公共行政执行的含义和特点 ············· 144
  - 二、公共行政执行的重要地位和原则 ············ 144
  - 三、公共行政执行过程 ················· 146
  - 四、公共行政执行手段 ················· 150
- 本章小结 ····················· 152
- 复习思考题 ···················· 152

第十章 公共行政监督 ·················· 153

- 本章重点 ····················· 153
- 第一节 公共行政监督概述 ················ 153
  - 一、公共行政监督的含义 ················ 153
  - 二、公共行政监督的分类 ················ 154
  - 三、公共行政监督的任务和作用 ············· 155
- 第二节 公共行政监督系统和程序 ·············· 156
  - 一、西方国家公共行政监督系统 ············· 156
  - 二、我国的公共行政监督系统 ·············· 158
  - 三、我国公共行政监督的程序 ·············· 166
- 本章小结 ····················· 167
- 复习思考题 ···················· 167

第十一章 公共行政法治 ················· 168

- 本章重点 ····················· 168
- 第一节 公共行政法治概述 ················ 168
  - 一、公共行政法治的含义 ················ 168
  - 二、公共行政法治的基本原则 ·············· 169
  - 三、公共行政法治的作用 ················ 171

第二节　公共行政法治的实现 172
　　　一、公共行政复议 172
　　　二、公共行政诉讼 174
　　　三、公共行政赔偿 178
　　本章小结 180
　　复习思考题 181

第十二章　公共行政价值与公共行政伦理 182
　　本章重点 182
　　第一节　公共行政价值概述 182
　　　一、公共行政价值释义 182
　　　二、公共行政价值体系 183
　　第二节　公共行政价值的实现 184
　　　一、公共行政价值实现的现状 184
　　　二、公共行政价值实现的对策 185
　　第三节　公共行政伦理概述 185
　　　一、公共行政伦理概念 185
　　　二、公共行政伦理内容和作用 186
　　第四节　公共行政伦理规范建设 189
　　　一、公共行政伦理制度化初探 189
　　　二、公共行政伦理立法 190
　　本章小结 191
　　复习思考题 191

第十三章　公共行政机关管理 192
　　本章重点 192
　　第一节　公共行政机关管理概述 192
　　　一、公共行政机关管理的含义 192
　　　二、公共行政机关管理的意义 193
　　　三、公共行政机关管理的原则 193
　　第二节　公共行政机关管理的主要内容 195
　　　一、财务管理 195
　　　二、文书管理 196
　　　三、会议管理 197
　　　四、后勤管理 198
　　第三节　公共行政机关管理的自动化与科学化 199
　　　一、公共行政机关管理的发展趋势 199

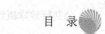

　　二、公共行政机关管理自动化和科学化 …………………………………199
　本章小结 ……………………………………………………………………201
　复习思考题 …………………………………………………………………201

第十四章　公共行政效率与政府绩效管理 ……………………………………202

　本章重点 ……………………………………………………………………202
　第一节　公共行政效率概述 ………………………………………………202
　　一、公共行政效率的内涵 …………………………………………………202
　　二、公共行政效率的类型 …………………………………………………203
　　三、公共行政效率测定的指标与方法 ……………………………………205
　第二节　政府绩效管理概述 ………………………………………………207
　　一、政府绩效管理的内涵 …………………………………………………207
　　二、政府绩效管理的特征 …………………………………………………208
　　三、政府绩效管理的意义 …………………………………………………209
　　四、政府绩效管理的实施 …………………………………………………209
　第三节　中国政府绩效管理的优化 ………………………………………210
　　一、中国政府绩效管理的现状 ……………………………………………210
　　二、中国政府绩效管理的优化 ……………………………………………212
　本章小结 ……………………………………………………………………214
　复习思考题 …………………………………………………………………214

第十五章　公共危机管理 ………………………………………………………215

　本章重点 ……………………………………………………………………215
　第一节　公共危机管理概述 ………………………………………………215
　　一、公共危机管理的概念 …………………………………………………215
　　二、公共危机的分类、分级与分期 ………………………………………216
　　三、公共危机管理已成为行政管理的重要部分 …………………………219
　第二节　公共危机管理的体制 ……………………………………………220
　　一、公共危机管理的领导体制 ……………………………………………220
　　二、公共危机管理的职能机构体制 ………………………………………222
　第三节　公共危机管理的运行机制 ………………………………………223
　　一、公共危机的预警机制 …………………………………………………223
　　二、公共危机的决策机制 …………………………………………………226
　　三、公共危机的应对机制 …………………………………………………226
　　四、公共危机的善后机制 …………………………………………………227
　本章小结 ……………………………………………………………………228
　复习思考题 …………………………………………………………………228

第十六章 公共行政改革 ... 229

本章重点 ... 229

第一节 公共行政改革概述 ... 229

    一、公共行政改革的内涵及特点 ... 229

    二、公共行政改革的必要性 ... 229

第二节 西方国家的公共行政改革 ... 230

    一、当代西方国家公共行政改革的基本趋势 ... 230

    二、当代西方国家行政改革的基本特点 ... 234

第三节 当代中国的公共行政改革及展望 ... 236

    一、当代中国的公共行政改革 ... 236

    二、中国公共行政体制改革的巨大成就和基本经验 ... 241

    三、新时代下中国公共行政体制改革的未来展望 ... 243

本章小结 ... 244

复习思考题 ... 244

参考文献 ... 245

后记 ... 249

第一章 绪 论

本章重点

公共行政学历经一百多年的发展，学科内容丰富而庞杂，体现出与其他学科交叉和融合的趋势，涉及众多理论、方法、事件及著述。与此同时，作为国家公共管理的重要构成，公共行政在不同的国家又具有其本国特色的实践。本章概要介绍和讨论公共行政学的学科体系及其发展演变。

第一节 公共行政学概述

公共行政学是研究公共行政活动规律的科学。要明确公共行政学的研究对象及其内容，首先要弄清楚公共行政的基本含义，探讨公共行政概念的起源、演变，科学地界定其内涵和外延。

一、公共行政的含义

我们国家有着丰富的传统文化，"行政"一词在我国古已有之。汉语中"行政"一词，从其产生之日即有了相当明确的内涵。据历史文献记载，中国是世界上最早使用"行政"一词的国家。在《论语》《史记》《纲鉴易知录》中均有记载：公元前841年的西周时期，周厉王因"国人发难"被迫出逃，因太子靖年幼，于是由"召公、周公二相行政"。战国时期左丘明撰写的《左传》中也有"行其政事""行其政令"的说法。上述史籍中出现的"行政"一词，其内涵都为执掌政务、管理国家的意思，故后人也用此意来理解"行政"，而当今我们仍在使用这一内涵，只不过今天"行政"一词的内涵要丰富得多。

"行政"一词的英文是 administration，除翻译为"行政"外，还有"管理""执行""实施"以及"行政机关"等含义。《现代汉语词典》对"行政"的释义：行使国家权力；机关、企业、团体等内部的管理工作。①《辞海》对"行政"一词的解释：① 泛指各种管理工作，如国家管理工作、社团管理工作、企业管理工作、事业单位管理工作等。② 专指国家行政机关的组织管理活动。②从上述解释可以看出，行政的含义一般可以从两个方面理解：一是从一般意义上解释行政，即行政是一定组织对其事务的管理和执行活动。从这一角度说，行政存在于一切社会组织之中。不仅包括国家和社会事务的行政，还包括社会组织、私人企业的行政。行政是所有组织应有的一种职能。这是从广义角度对行政的理解。二是仅从

---

① 中国社会科学院语言研究所词典编辑室. 现代汉语词典[M]. 5版. 北京：商务印书馆，2005.
② 夏征农. 辞海[M]. 缩印本. 上海：上海辞书出版社，1989.

国家职能的角度理解行政，认为行政是国家的一种管理职能。《法学词典》将"行政"解释为"政府依法管理国家事务的活动"[①]，将"行政"与政府对国家事务的管理活动联系起来。

政治学家、管理学家、行政学家等均从不同的角度给"执掌政务、管理国家"下过许许多多的定义。从历史发展的过程来看，对其定义经历了侧重于"政治"层面、侧重于"管理"层面、侧重于"法律"层面、侧重于"公共服务"层面等几个阶段，所以其因侧重点不同而被称为"行政""公共行政"等。20世纪70年代末以来，人类社会经历着如何摆脱传统的社会治理模式，通过制度创新建立和发展一个更具合法性基础、更能体现公共利益、更具民主和法治精神、更具责任感和回应性，更加公开、公正和廉洁，更具效率与效能、更具有国际竞争力的新的社会治理模式。习近平总书记于2014年12月20日出席庆祝澳门回归祖国15周年大会暨澳门特别行政区第四届政府就职典礼时提出："要坚持以人为本的施政理念，察民情、知民需、解民忧、纾民困，妥善处理社会多元诉求，平衡好各方利益，积极营造更加公平公正的社会环境。要让广大居民更好分享发展成果，改善生活质量，提高幸福指数。""公共"（Public）属性是这一管理活动及制度创新所秉持和要达成的基本属性，公共行政学自产生以来，不管出现了多少理论流派，都是围绕"公共"这个核心展开的。各种行政改革也都是围绕公共组织机构的设置、职能及其行为方式，围绕公共利益的分配、社会保障体系的建立、社会公正和公平的保证，以及围绕政府公共部门与社会公众、与市场、与社会之间行取理念的创新，行政体制的变革、行政能力的提升等进行的。因此，"公共"这个概念一直是公共行政学的核心范畴。围绕这个核心，形成了一系列基本概念，如公共行政、公共政策、公共事务、公共物品、公共服务、公共部门、公共治理等，这些概念共同构成了当代公共行政学的范畴体系。本书把"公共行政""行政"作为同一概念使用。

（一）西方学者对公共行政的认识

在西方，一般把公共行政理解为国家事务的管理活动。由于西方历史上早期的哲学与政治学是没有分离的，近代虽已分离，但仍有许多哲学家、政治学家、行政学家依据不同历史时期、不同国家和地区的政治历史和实践，从不同角度来理解行政，以致迄今公共行政仍无统一的定义。

1. 从"三权分立"的角度来阐释公共行政的含义

三权分立，是西方资本主义国家的基本政治制度，主要内容是，立法权、行政权和司法权相互独立、互相制衡。三权分立制度的理论基础是17世纪至18世纪西欧资产阶级革命时期，英国资产阶级政治思想家洛克提出并被法国启蒙思想大师孟德斯鸠诠释为行政、司法、立法三权分立的形式的分权学说。这一学说基于这样一个理论前提，即绝对的权力导致绝对的腐败，所以，国家权力应该分立，互相制衡。资产阶级的思想家们希望据此建

---

① 法学词典编辑委员会. 法学词典[M]. 上海：上海辞书出版社，1985.

立一个民主、法治的国家。英法资产阶级革命和美国独立战争以后，三权分立成为资产阶级建立国家制度的根本原则。在当代，尽管西方国家的政治制度发生了很大变化，但三权分立仍然是它的一个根本特点。孟德斯鸠从政府分工及其组织结构的状况把管理国家的活动分为立法、行政、司法三类，主张这三种权力由三个独立的部门掌握，以使其互相制约和平衡。在倡导三权分立的国家，立法是制定法律，行政是执行法律，司法是维护法律。这种解释虽十分明确，但过于狭隘，有局限性。事实上，在现代国家政治生活中，行政机关也有部分立法提案权和制定部门法规的权力；立法机关、司法机关同样也存在人事、财务等方面的行政事务。

2. 从政治与行政的分离及不同功能的角度来阐释公共行政的含义

行政活动伴随国家的产生而出现。然而，"行政"作为一个科学范畴提出并受到人们的关注，则始于在国家活动领域中将政治与行政做出明确区分，由此导致公共行政（或政府行政）概念的出现。

对政治与行政的区分做出重要贡献的是威尔逊和古德诺。威尔逊在著名论文《行政之研究》（1887）中，古德诺在名著《政治与行政》（1900）中都提出了政治与行政两分法的观点。威尔逊和古德诺在对政治与行政加以区分中指出了行政活动的特征，表述了行政概念的基本含义。威尔逊认为，与制定法律的组织、程序、过程相关的政治领域属"国家意志的表达"，主要关注"重大而带普遍性的事项"；与执行法律政策的机构、程序、过程相关的行政领域则属"国家意志的执行"。古德诺的表述是，"政治是国家意志的体现，行政是国家意志的执行"；"政治在决定政策，行政在执行政策"；行政是"政府官员推行政府功能的活动"。此后魏洛毕提出的"行政乃是政府组织中行政机关所管辖的事务"就是沿袭了这一思路。由于"两分法"是从宏观的国家权力结构及功能分配的角度去理解和界定行政，因而被称为政治行政观。

被奉为经典的"三权分立"理论是这样来规定国家权力的："（一）立法权力；（二）有关国际法事项的行政权力；（三）有关民政法规事项的行政权力。依据第一种权力，国王或执政官制定临时的或永久的法律，并修正或废除已制定的法律；根据第二种权力，他们媾和或宣战，派遣或接受使节，防御侵略；依据第三种权力，他们惩罚或裁决私人诉讼。"对国家权力的这种规定隐含着对国家职能的基本理解。它重视的仅仅是国家的政治职能，基本不涉及公共职能。然而，18世纪60年代以来的工业化进程带来了大量诸如失业、贫困、灾荒、公共教育、人身安全、关税壁垒等社会性问题。这些问题往往涉及不同阶级、不同阶层之间的共同利益，单靠立法、司法程序去解决显然力不从心。必须在立法的框架下，通过有效的社会管理才有望疏解问题，使国家政权稳定持续下去。政治与行政两分法实际上顺应了这种需要，它强调行政的"非政治性"，强调行政的"执行"职能，强调行政关注"个别而细微的事项"，强调执行法律比制定法律困难。而管理行政观则强调行政的技术、程序和方法，两者均在一定程度上反映了强化国家公共职能和改革政府管理，提高政府效率的呼声。

这种政治与行政相分离的说法因不符合现实国家政治生活状况，而受到人们的普遍怀疑。实际上，政治与行政之间存在着内在的不可分割的关系，任何行政活动都是不能脱离政治的，与政治不相联系的纯粹的行政现象是不存在的。

3. 从管理的角度来阐释公共行政的含义

这种观点认为，凡是管理活动都是行政，并从管理的特点和功能方面来释义行政。行政概念的另一种解释得益于科学管理运动的兴起。进入20世纪以后，西方工商企业界掀起科学管理运动，对科学管理运动做出重要贡献的是泰勒和法约尔。泰勒的名著《科学管理原理》（1911）和法约尔的名著《工业管理和一般管理》（1916），被公认为科学管理运动的代表作。他们的基本思想是，把企业活动中的与计划、组织、人事、指挥相关的行政性活动与其他业务性活动区分开来，并围绕前者设定（行政）管理职责。在泰勒的科学管理理论中，劳资合作共创利润是其前提，时间研究和动作研究是其手段，标准动作、标准时间、标准条件、标准工资则是其重点。制定各种标准并创造相应条件使之施行，显然是与计划、组织、人事、指挥有关的行政性活动。法约尔明确把工业企业的活动区分为六类，即技术活动、商业活动、财政活动、安全活动、会计活动、行政活动。前五种活动与企业的资金筹措、技术选择、市场策略及其他环境条件密切相关，而行政活动则只影响到人员，它包括的要素是：计划、组织、指挥、协调、控制。

科学管理运动的观念、原则和方法极大地影响到公共行政学的研究，从管理层面研究行政活动的结果之一是形成对行政概念的新的解释，即管理行政观的观点。如美国学者怀特在《行政学导论》（1926）一书中认为，行政是"为完成或为实现某种目的对许多人所做的指挥、协调与控制"；还有的观点认为，行政是如何使人民对政府的期望成功实现的各种方法，是贯彻或执行一个权力机关所宣布的政策而采取的一切运作，是运用各种方法达成既定目标的一种活动或程序，是通力完成共同目标的团体行动；也有观点认为，行政特别注意管理方法、程序、具体操作，是研究政府做些什么和如何做的理论，是经由集体合作实现共同目标的艺术。更引人注目的表述是依据管理的要素，把行政具体理解为，"有效处理公务或政务的方法和技术，运用组织、领导、计划、人事、协调、监督与财务等手段，以完成政府和公共团体的任务"。抽象掉表述上的差别，诸多管理行政观的观点的共同点是把行政理解为一个极为具体而广泛的运作过程，侧重于行政活动中的技术、方法、程序和手段，最大限度地寻求"技术的合理性"和工具"合理性"。这样一种思路拓宽了对行政的理解，行政概念的外延也扩展到包括政府、其他公共权力机关、工商企业和其他社会组织。

无论是从政治与行政的区分中提出政治行政观，还是引入企业管理的原则、技术和方法提出管理行政观，在理论上远非清晰无误，在实践上也远非切实可行。可贵的是，它们恰好反映了19世纪末20世纪初社会变革所提出的重要问题，这就是国家公共职能的强化以及科学化问题。

4. 从政府组织的角度来阐释公共行政的含义

德怀特·沃尔多认为："公共行政的过程就是实现政府意图或愿望的种种行为。因此，公共行政就是政府持续不断地活跃着的'业务'工作,这种业务工作是通过一系列组织和管理程序,同法律的执行联系起来的;而这种法律则由立法机关(或者其他权威性的机构)制定,并由法院进行解释。"①

全钟燮认为:"我们提出的关于公共行政的一种新的概念框架就是,公共行政作为一种观念设计,它着重于公共行政决策的制定与理会、公共行政的目的与行为、变革、想象力与创新,及其与社会的相互作用和共同生产。"②

格雷厄姆等认为:"在一般意义上所使用的公共行政概念是对制定和执行公共政策全部行为的一般性表述。"③

菲利克斯·A.尼格罗等认为:"公共行政是指:① 在公共设置中共同合作的群体努力;② 所有三个部门——行政、立法和司法及它们之间的相互作用和相互关系;③ 明确地表达公共政策是公共行政的重要任务,所以,它又是政治过程的一部分;④ 在一些重要的、有意义的管理方式或原则上,明显地不同于私域管理;⑤ 与许多私人团体或个人结成紧密的联合,以便向社会提供各种服务。"④

查尔斯·H.莱文认为:"公共行政主要是指政府组织的政策与各项计划,以及公务员的行政对他们的行为负责。"⑤

乔治·J.戈登认为:"公共行政的含义可以界定为所有的过程、组织和个人(仅指公务员的职务与角色行为)联合起来,为执行立法机关、行政机关和法院采用和发布的法律或其他规则所进行的各种活动。对这个定义应理解为还包括制定和执行立法与行政命令中的许多管理事务。"⑥

威廉·C.约翰森认为:"公共行政就是公共政策的执行。"⑦

德怀特·沃尔多在他早期研究的《什么是公共行政》中认为,公共行政存在着"两种典型定义:① 公共行政是为达到政府目的而对人与物质的组织与管理;② 公共行政是管理国家事务的艺术与科学"。他还认为,关于公共行政学是艺术还是科学的争论,其原因在于"'公共行政'这个词有两种用法:① 知识探索的一个领域、一门学科或一种研究;② 一个过程或一种行为——管理公共事务。这两种含义紧密相关,却又各不相同"。⑧

理查德·J.斯蒂尔蒙(Richard J. stillman Ⅱ)认为上述公共行政概念包含了如下几个方

---

① Marshall Dimock, Gladys, Douglas Fox. Public administration. 5th ed. 转引自王惠岩,彭向刚. 公共行政学[M]. 北京:高等教育出版社,2011:2.
② Jong S. Jun. Public administration(1986). 转引自王惠岩,彭向刚. 公共行政学[M]. 北京:高等教育出版社,2011:2.
③ Cole Blease Graham Jr, steven W. Hays. Managing the public organization(1986). 转引自王惠岩,彭向刚.公共行政学[M]. 北京:高等教育出版社,2011:2.
④ 菲利克斯·A.尼格罗,劳埃德·G.尼格罗. 公共行政学简明教程[M]. 郭晓来,等译. 北京:中共中央党校出版社,1997:2.
⑤ Charles H. Levine, B. Guy Peters, Frank J. Thompson. Public administration: challenges, choices, consequences(1990). 转引自王惠岩,彭向刚. 公共行政学[M]. 北京:高等教育出版社,2011:2.
⑥ George J. Gordon, Michael E. Milakovich. Public administration in America(1995). 转引自王惠岩,彭向刚.公共行政学[M]. 北京:高等教育出版社,2011:2.
⑦ William C. Johnson. Public administration: policy, politics and practice. 2nd ed. 转引自王惠岩,彭向刚. 公共行政学[M]. 北京:高等教育出版社,2011:3.
⑧ 彭和平,等. 公共行政学经典著作选读[M]. 北京:国家行政学院出版社,1992:273-274.

面：① 公共行政是指政府行政部门的活动，当然，它也与立法和司法部门相联系；② 公共行政必须明确地表达和执行公共政策；③ 公共行政包含着涉及协调人的行为和人的努力的广泛问题；④ 公共行政在许多方面不同于私域管理；⑤ 公共行政担负着提供公共产品和公共服务的职责；⑥ 公共行政执行法律的活动必须以法律为基础。①

上述国外学者关于行政概念的表述，都涉及了行政活动的主体、行政活动的具体内容、行政活动的领域边界、行政活动的目的、行政方式等方面。同时，西方国家关于行政的理解，既不同于我们所说的广义行政，即西方国家的行政与公共联系在一起，企业等私人组织不是行政的主体，也不同于我们所说的狭义行政，即行政的主体只是政府行政机关，西方国家行政的主体是公共部门、公共组织。

（二）中国学术界关于行政概念的界定

1. 民国时期孙中山五权分立思想阐释行政的含义

孙中山作为中国民主革命的先行者和伟大的思想家，是近代中国较为详细论述国家公共行政的第一人，在长期革命和建立民国实践中留下了极其丰富的行政思想。

"驱除鞑虏，恢复中华"后，国家的政权体制如何？怎样对国家进行管理？这是孙中山行政思想的根本出发点。为了建立一个"民有、民治、民享"的民主共和国，孙中山在认真考察了以立法、行政、司法三权分立为指导原则的西方资本主义政治制度和分析中国古代政治制度的基础上，提出了五权分立的设想。他认为传统西方宪法在政府机关采取的三权分立制度中，行政机关拥有考试权将可能滥用人才，立法机关拥有监督权则将有国会专制的流弊，因此他认为应该将此两者分离，另设考试院和监察院。五权制学说基础是孙中山的"权能区分"学说，即"人民有权，政府有能"，该学说是为了彻底根除西方"议会独裁，政府无能"的流弊。孙中山认为："国家的政治，根本上要人民有权，至于管理政府的人，便要付之于有能的专门家。"②这就是权能分治的学说。

在国家行政活动中，权与能如何分治，孙中山认为，国家的权力应分为两个部分：一是政权即人民权，包括选举、罢免、创制、复决四权；二是治权即政府权，由行政、立法、司法、考试、监察五权构成。政权要"完全交到人民手内，要人民有充分的政权可以直接去管理国事"，治权要"完全交到政府的机关之内，要政府有很大的力量治理全国事务"③。政权与治权的关系在孙中山看来，一方面，要政府机器是万能的，无论什么事都可以做；另一方面，要人民的工程师也有大力量，可以管理万能的机器。"用人民的四个政权来管理政府的五个治权，那才算是一个完全的民权政治机关。有了这样的政治机关，人民和政府的力量才可以彼此平衡"。④总之，民主共和的公共行政"人民是要有权的，机器是要有能

---

① Richard J. stillman II. Public administration: concepts and cases. 7th ed. New York： Houghton Mifflin Compmy, 2000. 转引自王惠岩，彭向刚. 公共行政学[M]. 北京：高等教育出版社，2011：3.
② 中国社科院近代史所. 孙中山全集：第九卷[M]. 北京：中华书局，1981.
③ 中国社科院近代史所. 孙中山全集：第九卷[M]. 北京：中华书局，1981.
④ 中国社科院近代史所. 孙中山全集：第九卷[M]. 北京：中华书局，1981.

的"①。权能分治是孙中山建立民主共和行政体制的又一构想，在保障人民当家做主的条件下，选择"专门家"来管理国政，在政府各职能部门中，让具有业务专长的人来担任公职，这样既可提高政府公共行政的效能，又保证了人民在国家行政活动中的权力。

2. 新中国成立后学术界对公共行政含义的阐释

我国学术界关于"行政""公共行政"的认识可划分为两个阶段。

第一个阶段是从20世纪80年代公共行政学在我国的恢复到1997年国务院学位委员会提出研究生专业目录的修改。在这段时间里，我国的公共行政学是作为政治学的一个分支学科进行专业设置的；学术界经常使用的概念是"行政""行政学""公共行政""公共行政学"。这些概念在具体含义上基本趋同，都是指政府对国家公共事务、社会公共事务和政府内部事务的管理。②为此，我们可以列举这样一些具有代表性的概念表述。

夏书章认为，"从社会主义国家的实际情况来看，行政是行使国家权力的管理活动，凡不属于国家机关的管理活动，便不属于行政"，"应将以行使国家权力从事国家管理活动，称为行政"。③

应松年认为："公共行政是国家的基本职能之一，是对国家事务的一种有组织的管理活动，目的是实现统治阶级的意志"。④

王健刚认为："行政是国家的组织活动，是行使国家权力、管理整个社会的活动"。⑤

谭健认为："行政是指国家行政部门管理国家事务、政府事务和社会事务的活动"。⑥

许文惠认为："公共行政也即行政，主要是指国家行政机关对国家政务的管理活动。这里包括国家行政机关对国防、外交、国家荣典等国家事务的管理；对经济、科教文卫、治安、环保等社会公共事务的管理；对行政机关自身的机构设置、人员、经费、财物、工作程序等国家行政系统内部事务的管理。"⑦

张德信、李兆光等认为："所谓行政，是指国家行政系统行使公共权力，执行国家意志，推行国家政务，管理社会公共事务的活动"。⑧

第二个阶段是从1997年研究生专业目录的修改到现在。在这段时间里，中国社会主义市场经济和以政府职能转变为中心的行政体制改革获得了日益深入的发展，并处于由计划经济体制向市场经济体制过渡的历史转轨时期；经济全球化、国际化的趋势日益明显，对政府公共行政带来了很大冲击；同时，西方国家以政府改革为核心的"新公共管理运动"及思潮开始传入中国。与体制转型的社会现实相联系，加上受到外来新思想的影响，我国学术界也开始对过去的"公共行政"概念进行重新认识，包括对公共行政的理念、管理的

---

① 中国社科院近代史所. 孙中山全集：第九卷[M]. 北京：中华书局，1981.
② 蔡立辉. 政府法制论——转轨时期中国政府法制建设研究[M]. 北京：中国社会科学出版社，2002.
③ 夏书章. 行政管理学[M]. 6版. 广州：中山大学出版社，2018.
④ 应松年. 公共行政学[M]. 北京：北京师范大学出版社，1986.
⑤ 王健刚. 公共行政学[M]. 上海：上海交通大学出版社，1987.
⑥ 谭健. 现代公共行政手册[M]. 沈阳：辽宁人民出版社，1987.
⑦ 许文惠. 公共行政学[M]. 北京：红旗出版社，1992.
⑧ 张德信，李兆光. 现代行政学[M]. 北京：红旗出版社，1993.

主体、管理的对象范围与内容、管理的方式与手段等进行反思,并提出有别于"公共行政"的"公共管理"新概念。为了便于说明,我们列举几种具有代表性的观点。

张成福教授认为:第一,行政应更多地被视为一种民主国家治理的过程,而不仅仅被视为一种管理过程;第二,行政应承认政府在国家治理过程中的正当性,避免过度强调市场,造成"空洞化的国家";第三,行政应关注其公共性,避免公共精神的丧失;第四,行政应从政府与社会、公共部门与私人部门、政府与公民的互动角度思考问题,避免两极化思考;第五,行政应跨越"左"的和"右"的意识形态,发展较为中性的整体观点;第六,行政固然要向企业学习,但大可不必亦没有必要走向"自我解构",甚至于反国家的道路;第七,行政不应淡化对公务伦理的要求;第八,行政既要重视公共系统,也要重视管理的职能与策略。

陈庆云教授认为,行政是指那些不以营利为目的、旨在追求增进与公平分配社会公共利益的调控活动。

陈振明教授主张和推崇管理主义,认为现在是公共管理(Public Management)时代。关于公共管理与公共行政的区别,他认为:第一,公共管理学将研究的对象由政府行政机关扩大到其他非政府组织的公共机构(非盈利部门、第三部门)甚至私人部门的公共方面;而传统的公共行政则局限于对官僚机构的研究。第二,公共管理学实现了由公共行政学的内部取向到外部取向的转变,由重视机构、过程和程序向重视项目、结果和绩效转变,这使公共管理的政治环境、战略管理、绩效评估、公共责任制等成为公共管理的核心主题。第三,公共管理学更具跨学科、综合性的特点。第四,公共管理学既是实证的,又是规范的。第五,公共管理学将自身建立在当代公共部门管理的实践尤其是政府改革的实践基础上,是从这种实践中产生的新理论范式,反过来成为指导这种实践的模式。因此,与传统行政学相比,它更具有现实性。

王乐夫教授认为,行政是行政主体为了实现公共利益,运用公共权力对公共事务施加管理的社会活动。

在现阶段,中国学术界关于行政概念的认识,反映了中国社会转型与改革发展的现实,也反映了具有新时代理念的公共行政学在中国才刚刚起步发展的现实。一方面,受传统"公共行政"观念的影响,对行政所包含的主体、活动范围、行为方式的理解过窄,仍局限于运用政治学的研究方式来研究行政。另一方面,受西方管理主义的影响,对行政主体、活动方式、活动内容的外延进行夸大,混淆了行政与私域管理的差别。这两种极端的倾向都不利于公共行政学科在我国的建立与发展,也不利于我国行政改革实践。

(三)本书对公共行政的界定

1. 公共行政的概念

在了解国内外学者关于"公共行政""行政"概念界定的基础上,结合我国建设服务政府、责任政府、法治政府和廉洁政府的行政体制改革目标,本书认为将"公共行政"更符合行政体制改革所坚持的把维护人民群众的根本利益作为改革的出发点和落脚点的原则。

"公共行政"就是国家行政机关为主体的公共权力机关为解决公共问题、达成公共目标、实现公共利益而依法管理国家事务、社会公共事务和机关内部事务的活动。我们从公共行政的主体、内容和根本原则来理解其基本内涵。

（1）强调了公共行政的主体是国家权力机关的执行机构，即行政机关。在我国，党、国家机构和社会组织体系形成新时代中国特色的国家治理体系，党的全面领导体系作为整体性系统贯穿其中，政府治理体系是其主干部分，国家权力分工体系是其顶层结构，地方治理体系是其基础结构，武装力量体系是其坚强保障，社会治理体系是其根系结构。

这是系统完备、充满活力、集约高效、坚强有力的国家治理体系，必为中华民族的伟大复兴、建设社会主义现代化强国的伟大梦想提供有力的支撑。这既不是多中心的治理体系，也不是单中心的治理体系，而是党的全面领导下多元主体共同参与的"1+N"中心治理体系，是一个既有分工又相互配合的治理体系。其中国务院和地方各级人民政府直接承担为人民群众提供公共产品和服务的职责。《中华人民共和国宪法》（以下简称《宪法》）明确规定"中华人民共和国国务院，即中央人民政府，是最高国家权力机关的执行机关，是最高国家行政机关"。《宪法》第八十九条规定了国务院的基本职权："（一）根据宪法和法律，规定行政措施，制定行政法规，发布决定和命令；（二）向全国人民代表大会或者全国人民代表大会常务委员会提出议案；（三）规定各部和各委员会的任务和职责，统一领导各部和各委员会的工作，并且领导不属于各部和各委员会的全国性的行政工作；（四）统一领导全国地方各级国家行政机关的工作，规定中央和省、自治区、直辖市的国家行政机关的职权的具体划分；（五）编制和执行国民经济和社会发展计划和国家预算；（六）领导和管理经济工作和城乡建设、生态文明建设；（七）领导和管理教育、科学、文化、卫生、体育和计划生育工作；（八）领导和管理民政、公安、司法行政等工作；（九）管理对外事务，同外国缔结条约和协定；（十）领导和管理国防建设事业；（十一）领导和管理民族事务，保障少数民族的平等权利和民族自治地方的自治权利；（十二）保护华侨的正当的权利和利益，保护归侨和侨眷的合法的权利和利益；（十三）改变或者撤销各部、各委员会发布的不适当的命令、指示和规章；（十四）改变或者撤销地方各级国家行政机关的不适当的决定和命令；（十五）批准省、自治区、直辖市的区域划分，批准自治州、县、自治县、市的建置和区域划分；（十六）依照法律规定决定省、自治区、直辖市的范围内部分地区进入紧急状态；（十七）审定行政机构的编制，依照法律规定任免、培训、考核和奖惩行政人员；（十八）全国人民代表大会和全国人民代表大会常务委员会授予的其他职权。"从行政机关的职责范围分析，在我国，公共行政主体为政府机关。群众自治组织、群团组织、事业单位等扮演了国家与社会、政府与市场沟通的桥梁与纽带。

（2）强调了公共行政的客体是以公共问题为核心的国家事务、社会公共事务和行政机关的内部事务。公共行政的范围涉及国家的经济工作和城乡建设、生态文明建设；教育、科学、文化、卫生、体育和计划生育工作；民政、公安、司法行政等工作；对外事务，同外国缔结条约和协定；国防建设事业；民族事务，保障少数民族的平等权利和民族自治地方的自治权利；保护华侨的正当的权利和利益，保护归侨和侨眷的合法的权利和利益；行政区域划分；审定行政机构的编制，依照法律规定任免、培训、考核和奖惩行政人员；等等。遍及国家和社会生活的各个方面，关涉全体国民。

（3）强调了公共行政的根本原则是依法行政。依法行政是现代公共行政的本质特征。公共行政必须以法律为根本的活动准则，在法律规定的范围内实施行政。任何行政机关和行政人员都没有超越宪法和法律的特权。遵守宪法和法律是政府工作的根本原则。必须严格依法行政，坚持用制度管权、管事、管人，健全监督机制，强化责任追究，切实做到有权必有责、用权受监督、违法要追究。在全面深化改革过程中，我们必须加快建设法治政府。规范行政决策行为，完善科学民主决策机制。加强和改进政府立法工作。健全行政执法体制和程序。完善行政复议、行政赔偿和行政补偿制度。

2. 公共行政的特征

公共行政与私人行政、国家立法、国家司法等相比具有政治性、公益性、执行性、系统性等特征。

（1）政治性或阶级性，体现为统治阶级通过行政来贯彻本阶级的政治表现。马克思曾经指出："行政是国家的组织活动。"[①]行政是阶级的行政，它总是为实现国家的社会目标和统治阶级利益进行活动的，是阶级统治的一种工具。世界上不存在无阶级的国家，更不存在超阶级的行政。从专政的角度分析，公共行政的职能之一就是维护国家主权安全和领土完整，打击一切敌对势力的颠覆和破坏，巩固和扩大党长期执政的群众基础，充分体现中国特色社会主义的本质特征和最大优势。

（2）公益性。我国人民民主专政的阶级基础，是中国共产党领导的工农联盟，包括工人、农民、知识分子和其他社会主义劳动者。拥护社会主义的爱国者，拥护祖国统一的爱国者在内的全体人民都是国家和社会的主人。新时代的公共行政必须贯彻落实习近平新时代中国特色社会主义思想，坚持以人民为中心的发展思想，坚持党的基本路线这个党和国家的生命线、人民的幸福线，坚持新发展理念，不断解决人民日益增长的美好生活需要和不平衡不充分的发展之间的矛盾。坚持不断促进人的全面发展、全体人民共同富裕。只有这样，才能真正推动发展不平衡不充分问题的解决，让新时代成为全国各族人民团结奋斗、不断创造美好生活、逐步实现共同富裕的时代。

就行政与国家的关系而言，公共行政乃实现国家目的之一切国家作用。"所谓国家目的者，具体言之，即指公共利益或公共福祉而言。"[②]作为国家组织、管理活动的行政，毫无疑问应当以实现公共利益和维护公共利益为追求，因此，在特定情况下，公共行政为公益而获得对私益的限制权，皆因其所具有的追求公共利益的属性。

（3）执行性。从立法机构、行政机构、司法机构的职能对比来看，公共行政具有执行性。立法是国家权力机关依照一定程序，制定或者认可反映统治阶级意志，并以国家强制力保证实施的行为规范的活动。司法是指国家司法机关及其工作人员依照法定职权和法定

---

① 马克思，恩格斯. 马克思恩格斯全集：第1卷[M]. 北京：人民出版社，1965.
② 翁岳生. 行政法：上册[M]. 北京：中国法制出版社，2002.

程序，具体运用法律处理案件的专门活动。行政是指由国家行政机关根据《宪法》和法律授予的职权而对国家事务、社会公共事务和机关内部事务的管理活动。法律要求的必须执行或实现。从这个角度看立法在于表达民意，分配正义，实现权力和优化配置；行政在于执行民意，实现正义，实现权利与权力的有效实现；司法在于复归民意，矫正民意，实现错位权利与权力的回归。

（4）系统性。公共行政是开放的系统，同其他社会系统进行人、财、物的交换。行政组织从中央、省级、地市级政府，区县级政府，到乡镇基层政府形成了系统的组织机构，行政职能包括政治、经济、文化、社会服务等内政外交国防的方方面面，具有系统性。

二、公共行政学的研究对象、内容和特点

（一）公共行政学的研究对象

由于对行政的理解不同，对该学科的称谓有"公共行政学""行政学""公共事务管理学"。公共行政学是一门研究公共行政规律的理论知识体系。最早使用"行政学"一词的是德国学者冯·史坦因，他当时主要是在行政法的意义上使用"行政学"一词的。作为一个学科的概念，"行政学"一词一般认为始见于美国学者伍德罗·威尔逊发表的《行政学之研究》一文，被公认是行政学发展的标志。

对什么是公共行政学，行政学研究的对象是什么，众说纷纭。有的认为，行政学是"以有效地管理国家行政事务为目的，系统地研究行政现象和活动规律的社会科学"；有的认为，行政学是"研究国家行政机关对社会事务进行管理时各种组织和行为的要素及其相互关系的科学"；有的认为，行政学是"研究国家管理的学问"；有的认为，行政学是"研究行使国家权力进行公共行政活动规律的科学"。

以上关于什么是行政学的种种表述，显然是有区别的。但是，抛开其差异也能看出它们的共同之处，即它们都强调行政学是以公共行政为研究对象，并揭示其内在规律的科学。据此，我们认为，公共行政学就是研究国家行政机关为主体的公共权力机关为解决公共问题、达成公共目标、实现公共利益而依法对国家事务、社会公共事务和机关内部事务进行有效管理的规律的科学。

（二）公共行政学研究的主要内容

公共行政学的研究对象决定了行政学的研究内容。行政学的研究内容，在这门学科的不同发展阶段有不同的概括，在当代不同的学派中也有不同的认识。

在公共行政学产生初期，其研究内容仅限于行政法，即研究法律对行政的规范。到20世纪初，其研究内容扩展了，许多行政学家都把组织、人事、财务作为这门学科的主要组成部分。1926年，美国学者怀特在《行政学导论》中，把行政学的研究内容概括为四个方面，即行政组织、人事行政、财务行政和行政法规。之后，美国行政学家古立克强调以公共行政职能为行政学的主要研究对象，提出了"七环节"理论，即POSDCRB七大构成要素：① 计划，即计划、制定政策或实施方案；② 组织，即通过分配职权形成一定的组织体系；③ 人事，即组织体系内人力资源开发及应用的全部过程；④ 领导，即行政体系经

过一定的程序和手段对行政过程的指导与指挥;⑤ 协调,即使各个不同的工作部门或人员能够有效地联系、协调和配合;⑥ 报告,即通过视察、通报、汇报等方式使各个环节之间达到相互了解和相互理解;⑦ 预算,即对一切有关财务状况、会计和审计等事务的管理。这七个方面虽然笼统宏观,但基本上包括了行政的基本环节。这在当时颇有影响。其中计划理论后来逐步发展成为设计理论,为新的决策科学的创立提供了有益的准备。20 世纪 30 年代以后,行为主义学派、决策学派开始兴起,他们把公共行政学的研究重点从管理职能方面转向政府的决策方面。在西蒙的公共行政学体系中,行政学方法论和决策理论占有重要的地位。随着社会经济文化的发展,公共行政领域的进一步拓宽,以及各种学科之间的相互渗透,公共行政学研究的内容更加深化、丰富。许多公共行政学家把公共行政学分为两大类别:一是一般公共行政学,其任务旨在揭示公共行政的一般规律;二是专门公共行政学或部门公共行政学,着重探求专业部门公共行政的规律性。

在现代一般公共行政学研究中,不少公共行政学家主张把公共管理的基本要素作为公共行政学基本内容。我国台湾学者张金鉴提出了"15M"理论,即每个概念里面都有一个 M:① 目标(Aim),即政府机构的明确目的,行政机构总是围绕着达到一定的目标展开活动;② 计划(Program),即确定目标之后,行政机构需制订切实可行的计划以达到目标;③ 人员(Men),即选定和组织行政人员按照制定的行政计划有步骤、有系统地展开行政活动;④ 经费(Money),即行政活动所需要的经费以及经费的使用和计划;⑤ 物资(Materials),即为完成行政计划所需要的各种设备、工具、物品和材料,以及对它们的管理;⑥ 组织(Machinery),即为完成行政计划和目标对人、财、物有效的组织,使它们更有利于行政活动的展开;⑦ 方法(Method),即如何运用有系统的程序和有效的方法来完成行政任务;⑧ 指挥(Command),即各级行政领导在工作进程中进行的指挥和指导活动;⑨ 激励(Motivation),即通过一定的手段和条件激发行政人员在完成任务中具有较高的积极性和创造性;⑩ 沟通(Communication),即在行政体系内外沟通行政人员的认识、感情、心理和意见等,促进团体精神的形成;⑪ 士气(Morale),即行政人员在行政活动中的精神状态;⑫ 和谐(Harmony),即行政过程中促进各部门和各个行政人员之间达成和谐一致;⑬ 时间(Time),即在达成目标和完成行政计划时掌握时机;⑭ 空间(Room),即行政活动要适应地理和社会环境,根据一定的空间条件实施行政;⑮ 改进(Improvement),即根据日益变化的条件不断改进行政,加强行政活动的适应性,保证达到行政目标和完成行政任务。

美国杰克等教授编写的《公共行政手册》一书中,把公共行政学的基本理论概括为:公共组织理论,公共预算与财政管理理论,公共人事行政理论,联邦与政府关系理论,公共政策与分析理论,公共决策理论,比较公共行政理论,公共行政的法律规则理论,公共行政教育理论,司法行政理论,行政发展理论,行政环境理论等。美国詹姆斯·佩里教授把公共行政学的基本理论概括为:公共组织理论,行政责任理论,公共政策的制定与执行理论,公共预算与财政管理理论,人力资源管理理论,公共行政伦理理论,公共行政技术与方法论。

随着社会经济文化的发展、科学技术的进步、公共行政的完善，公共行政学自身不断发展，其研究内容也在不断地丰富和拓展。我国公开出版的公共行政教科书一般都包括行政环境理论、行政职能理论、行政组织理论、行政领导理论、人事行政理论、行政决策理论、行政执行理论、财务行政理论、行政法治理论、行政道德理论、行政监督理论、行政效率理论、行政发展理论等内容。

（三）公共行政学的特征

公共行政学作为一门理论与应用相结合的系统科学，其学科特点比较突出，具体表现在如下几个方面：

（1）政治性和社会性的统一。公共行政活动是政治活动领域的一项基本内容，属于上层建筑，它为统治阶级的意志和利益服务，具有鲜明的政治性。同时，行政学所揭示的管理规律和方法又为不同阶级、不同政治倾向的管理者所接受和共享，又具有明显的社会性。行政学集政治性和社会性于一体，是二者的统一。

（2）理论性与应用性的统一。行政学的范畴、原则、原理等，都有较强的理论性。同时，它又有具体的管理模式、手段和方法，有很强的实践性。行政学这种理论性与应用性统一的特点，使这门学科具有蓬勃生机和活力。

（3）综合性和独立性的统一。行政学是一门交叉性、综合性的学科，它广泛运用了政治学、法学、管理学、社会学、经济学、统计学、心理学、系统论等学科的基本原理和方法。但它又具有自己独立的研究对象、范畴和体系，因而又成为一门独立的学科。

（4）规范性和动态性的统一。行政学所揭示的公共行政规律、原则、机制、程序、方法等都具有规范性。但是，国家公共行政是人类社会发展的产物，是随着社会的进步而发展变化的。因此，行政学又必须随着社会的进步与发展而不断改革与创新，不断地丰富与发展，以适应社会的需要。

第二节 公共行政学的产生和发展

一、公共行政学产生的历史背景

公共行政学于19世纪末萌芽，到20世纪初诞生于美国，当时的美国经济发展到更高阶段，上层建筑也随之发生了重大变化。就政府行政活动的变化而言，主要是政府职能由政治统治扩大到对经济和社会事务的管理，由消极放任"守夜人"变成积极干预社会生活的"行政国家"。政府职能急剧扩张，政府涉足的领域急剧扩大，政府干预社会公共事务的程度也急剧加深。日益膨胀的行政职能突破了原有政府职能所包容的框架。行政对专业化和效率的追求与政治对民主参与及公平公正的追求之间的冲突，导致政治和行政的分离。美国是实行"三权分立"体制的国家，权力划分比较明显，而且行政的权力大，行政作用突出。对行政问题的研究引起人们的日益关注。

行政职能加强和行政活动范围扩大，使行政机构迅速增加，行政人员队伍日益壮大；

而"功绩制"的实施和"政治中立"原则的确立，更促使行政成为"非政治化"的管理领域。美国工商业发达，企业规模大，最先实现了科学管理的革命。科学管理直接影响了行政机关的科学化管理，从而推动了行政学的诞生。

行政机构臃肿所造成的庞大的财政开支和效率极低的官僚作风，妨碍了资本主义商品经济的发展。廉价和高效率政府成为时代的迫切要求。美国建国较晚，资产阶级革命胜利后，没有某些国家那样沉重的封建包袱和顽固守旧的贵族势力，较易于推行行政机关的效率管理。

上述客观条件推动了公共行政学产生于当时的美国。因此，从这一意义上说，公共行政学是资本主义社会经济和政治发展到更高阶段的产物，威尔逊等人则是顺应这一时代需要并进行了理论创造的著名代表。

主观方面，公共行政学能获得长足的发展，还因为它对其他学科优秀成果的兼收并蓄。举凡社会学、心理学、数学、生态学、法律学等学科的积极成果，公共行政学都引进、吸收、消化，这种兼收并蓄的功能，既是作为综合性学科的重要表现，又是它获得迅速发展的原因。

二、公共行政学的演进

一般认为，公共行政学发端于19世纪末期，以托马斯·伍德罗·威尔逊的《行政学之研究》一文为标志，但自那以后的历史分期，研究者们提出了许多不同的观点。我们认为，以新学派的创立、新理论的形成、新的研究方法的提出为主要划分标准，公共行政学的演进大致可以分为：公共行政学的产生时期（早期公共行政研究时期）、科学管理时期（传统公共行政研究时期）、行为科学时期（修正公共行政研究时期）、系统科学时期（整合公共行政研究时期）。

（一）公共行政学的产生时期（早期公共行政研究时期）

这一时期是指1887年威尔逊发表《行政学之研究》一文到科学管理理论兴起之前（1911年）的时期。在这一时期里，公共行政学建立了基本的理论基础，形成了初步的学科体系，产生了比较大的影响，为公共行政学的进一步发展提供了条件。这一时期是西方国家由自由资本主义向垄断资本主义过渡的历史时期。随着各国工业化的迅猛发展、大型垄断组织的形成等，各国在社会发展过程中出现了都市化以及随之而来的一系列复杂的社会问题，矛盾冲突甚至对抗成为一种普遍的社会现象。这就对国家控制和管理提出了新的要求，要求通过国家干预，来有效地减少、缓和、解决矛盾。在这种情况下，政府地位的增强、权力的加大、职能的扩展、责任的加重、管理方式的科学化是不可避免的。

公共行政学产生是有其理论渊源的。不少学者认为，它是在以下四种理论的基础上或直接促进下发展起来的。

（1）西方近代政治学尤其是国家学说，为公共行政学提供了有关国家权力（行政权）、民权民意、政府结构、政治过程等概念和范畴，提供了传统的理论和思辨的研究方法。

（2）君主制时代德、奥两国的官房学。官房学又译计臣学，主要研究如何有效地为国家（君主）管理财政、经济、行政等问题。官房学以后演变为公共财政学。

（3）普鲁士的任官制度和英国的文官制度。18世纪初期，普鲁士在西方首先创立了依据考试任用官吏的制度。1713年，普鲁士规定必须经过考试竞争才能任用法官，10年后进一步明确此规定适用其他官吏。英国则在1805年设立了常任文官，1854年正式确立了常任文官制度。文官制度为公共行政学的公共人事行政的研究提供了最主要的范畴和最早的规范，因而对公共行政学的形成具有直接的推动作用。

（4）西方资产阶级革命时代兴起的行政法学。行政法学与资产阶级革命几乎同期产生，其最初的宗旨是要反对和制止封建君主对资产阶级强权的、粗暴的甚至是肆无忌惮的干涉和掠夺，后来则演变为研究行政法律关系的学问。行政法学开创了"依法行政"思想源流，建立了"法制行政"的最初的理论规范，而这恰恰是迄今为止公共行政学的最重要的理论基础之一。

早期行政研究阶段的主要代表人物是两位美国人威尔逊和古德诺。他们对公共行政学的最大贡献，是突出和强调了公共行政活动及其研究在所有国家现象中的特殊意义，并为此提出了一系列的理论观点。

（二）科学管理时期（传统公共行政研究时期）

所谓"管理行政"，是指"在政治与行政二分的前提下，把行政过程从政治的领域中剥离出来，对公共行政进行独立的、纯粹的探讨"的公共行政模式。"管理行政"下，社会治理方式以管理为轴心，政府及行政人员以管理者面目出现，参与对社会、经济事务的管理与协调。科学管理时期以美国人泰勒1911年的《科学管理原理》一书为标志，到20世纪30年代行为科学兴起之前。在这一时期里，公共行政学在前一时期研究的基础上，同时受到科学管理理论的启发和影响，开始转向建立学科的基本框架体系的方向上来，其研究的重点，集中在谋求行政组织的合理化、行政过程的制度化、行政行为的效率化、行政方法的标准化。这一时期提出了公共行政学的研究目的、研究对象、理论范畴、管理原则、研究方法等一系列的规范，基本形成了公共行政学的学科体系，使之成为一门领域广泛、内容丰富、作用独特的独立学科，主要代表人物有怀特、古利克和厄威克等。

科学管理理论是一个广泛的概念，它是对这一时期一大批研究者的各种管理理论的总称或概括，科学管理理论的核心问题和所追求的首要目标是提高效率。其中以泰勒、亨利·法约尔、马克斯·韦伯最具代表性。科学管理理论是在美国企业管理落后，企业劳动生产率的提高和经济的发展远远落后于当时科学技术成果和国内外条件所提供的可能性的历史条件下产生的。面对这种情况，一批具有科学知识、又与企业管理有关的工程技术人员开始进行各种试验，试图将科技成果应用于企业的生产和管理之中，从而形成了一套科学的理论和方法，并迅速在工商业界得到推广，进而引起各行各业，包括政府的广泛的重视和吸收应用。他们的理论和方法直接对公共行政的理论和实践产生了重大影响。

弗雷德里克·泰勒开创了科学管理的源流，因而被称为"科学管理之父"。泰勒着眼于企业的基层管理，提出了以时间动作分析、工作定额制度、标准化管理、对工人进行职业培训和刺激性的差别工资等概念为核心的管理理论，因此被称为管理技术学派。在他的整个思想发展过程中，他始终注重从技术分析的角度研究工人的工作方式、工作过程和工作协作，试图通过最合理最有效的组织配合，来达到提高工人工作效率的目的。直至1911年在美国国会的证词，泰勒的组织管理理论完全形成，并成为这一时期组织管理思想和方法的主导学派。因此，他的理论被称为"泰勒制"，泰勒本人也因此被尊称为"科学管理之父"，开创了科学组织管理之先河。

亨利·法约尔，被誉为"管理理论之父"。早在1900年，法约尔就在国际采矿和冶金代表大会上提出了他的公共行政理论的思想。1908年，法约尔提出了公共行政的14项一般原则。1916年，法约尔又首次系统提出了公共行政的要素论。法约尔注重管理人员管理方法的改进，提出了以职能分工、统一指挥和14项管理原则等概念为核心的管理理论。

马克斯·韦伯，被誉为"组织理论之父"。他的官僚科层组织理论被认为是组织学的也是行政学的最重要的理论之一。韦伯认为，合理合法的职权是官僚概念的内涵。这种组织是应用于复杂组织的最有效形式，因而是已知的对人类进行必要管理的最合理形式。韦伯的官僚科层组织理论的形成曾经借助于他对政府组织的大量观察。对他来说，在大型公共行政工作中，官僚形式是不可避免的，在公共行政领域中，人们只能在官僚形式和外行之间选择。尽管如此，韦伯还是将他的理论称之为"理想的行政组织体系"。韦伯的最大贡献，就是提出和建立了官僚模型的组织理论，并因此被称为"组织理论之父"。

科学管理思想和方法在企业组织经营领域里的成功运用，鼓舞和推动了人们在其他方面的实践。这一时期的公共行政学家从科学管理理论中得到启迪，积极将这一理论的许多原理、原则吸收、移植到政府行政研究中去。他们根据科学管理理论的整体系统性原则，开始重视对公共行政过程的考察，从公共行政的总过程中研究其中各个重要环节以及各个环节间的联系；他们根据科学管理理论有关建立合适的组织原则，注重组织结构的研究，提出了公共行政中的组织原理；他们根据科学管理理论的计划性和程序性原则，主张行政工作也要先拟定管理计划目标，并采取目标分解法，把一个大的行政目标分解为若干层次的小目标，以保证总目标有计划有步骤地实现；他们根据科学管理的协调化原则，强调行政组织和所属行政人员之间的合作、协调一致和相互督促；他们根据科学管理理论的核心原则——效率原则，着力寻求提高政府工作效率和节省政府开支的途径、办法。总之，这一时期的行政学家在科学管理理论的影响下，根据企业经营管理的一些理论和原则，提出政府公共行政的一些原则、原理，力图以此来指导一切行政工作，达到提高行政效率的目的。

（三）行为科学时期（修正公共行政研究时期）

这一时期以艾顿·梅奥1933年的《工业文明的人类问题》为标志，到20世纪60年代系统管理学派兴起之前。这一时期是行为科学—人际关系管理理论盛行的时期。行为科学—人际关系学说并不是单独以公共行政学为研究对象的，而是一种非常广泛的社会科学研究对象。它使用反传统的研究方法，开拓了以人的行为和人际关系为中心的新的研究领域，所以有人称之为"新社会科学"。

1. "行为科学"的概念

行为科学的概念最早是由美国芝加哥大学的一些教授于 1949 年提出来的。起因于美国福特基金会资助该校"个人行为与人群关系"的研究计划,该计划简称行为科学。此后,行为科学就作为一种全新的社会科学概念而流行于世。

2. "行为科学"的发端

行为科学发端于美国的"霍桑试验"。从 1927 年到 1932 年,梅奥、罗特利斯伯格和怀特赫德三位哈佛大学教授在美国西方电气公司的霍桑工厂连续五年进行了新的试验,即著名的"霍桑试验"。通过对组织中人的行为的实证性研究,他们开创了行为科学——人际关系学说的理论先河。他们认为,对人格的尊重、参与、情绪发泄、社会平衡、士气、小团体及其制约、非正式组织等,是组织管理过程中决定性的因素,而法律、制度、规章、纪律、精密性等则是次要的。这样,他们就从根本上背弃了传统的管理学的主要理论,开创了一种新的管理理念和研究视角,进而奠定了行为科学的基础。

3. "行为科学"的主要内容

在实验的基础上,梅奥等人对他们的理论进行了阐述:梅奥发表了《工业文明的人类问题》《工业文明的社会问题》,罗特利斯伯格发表了《职工的生产率中的人的因素》,怀特赫德发表了《企业界的工人》,罗特利斯伯格和狄克逊合作发表了《管理与工人》等,从而奠定了人际关系——行为科学的理论基础。梅奥等人开创了以人、人的行为和人的社会关系为中心的新的研究方向,以及用社会—心理的观点和方法研究组织现象的先例,从而把组织管理过程中的活的因素——人及人际关系摆回到组织中来,并摆在最重要的位置之上。梅奥等人以实验的结果为依据,主要提出了以下三条原理:

(1) 工人是复杂的社会系统的"社会人",而不仅是"经济人"。所以,工人会追求金钱收入,但也会追求人与人之间的友情、安全感、归属感和受人尊重等,他们还有社会、心理方面的需求。因此,社会、心理因素是鼓励工人提高劳动生产率的基本途径。

(2) 企业中普遍存在着经常表现为某种团体的"非正式组织"。这些团体有自然形成而其成员必须服从的规范或惯例。并且,非正式组织同正式组织是相互依存的,对生产率存在直接的影响。

(3) 新型的领导能力在于,"要在正式组织的经济需求和工人的非正式组织的社会需求之间保持平衡",即通过提高职工的满足度而激励职工的"士气",从而实现提高生产率的目标。因为在职工的需要中,金钱只是其中的一部分,甚至不是重大的部分,更多的是感情、安全感、归属感等与人类情感、情绪相联系的需求。

4. 以西蒙为代表的决策理论学派

在行为科学时期,把有关行为科学的理论和方法引入公共行政研究领域,最著名和最有影响的人物是 H. A. 西蒙和 C. I. 巴纳德。

西蒙是行政学家中运用行为科学理论研究公共行政非常有成就的人之一。他力主用行为主义的观点和方法研究行政问题,提出要注意对人的行为、非正式组织、决策过程、信息沟通等动态的东西进行研究。他认为，行政组织理论主要以决策为基础，已形成一个更加系统、更加全面、更加成熟的现代组织理论体系。由于西蒙等人把行为科学的一套理论和方法引入行政学研究领域，形成了西方行政学中的一个新的学派，即所谓行为主义学派或逻辑实证主义学派。西蒙在行政学理论方面最突出的贡献，是把决策概念引入公共行政，建立了一个比较完整的决策理论体系。这一理论的主要论点包括：

（1）组织首先是一个决策过程。西蒙在对传统行政组织理论推崇的一些组织原则进行批评的基础上指出，决策充满组织管理过程，是组织的中心因素。领悟和把握一个组织结构和功能的最好方法在于对组织决策进行分析。

（2）组织影响论。西蒙认为，个人在组织成员地位上所做的有关组织的决定与纯粹关系个人的决定不同，前者受组织的影响。在他看来，组织影响力主要表现为权威、沟通、组织认同（或组织忠诚）、效率和训练五种。其中，权威和沟通是决策的外在影响力，组织认同（或组织忠诚）和效率是决策的内在影响力，训练在施行时与沟通性质相同，在施行后，组织成员经训练所获得的知识、技能、态度即成为内在影响力。权威、沟通、组织认同（或组织忠诚）、效率和训练五者相互关联，相互影响，共同影响组织成员，进而影响整个组织的效率。

（3）组织目标论。组织目标就是追求决策的合理性，而合理性取决于为实现某一目标而合理选择的手段。然而，人是有限理性的动物，任何组织或个人在手段和目的关系上不会完全整合。在决策过程中，由于决策者主观认识能力、知识、价值观等方面的限制，以及客观上时间、经费、情报来源等方面的制约，任何组织都不可能追求到"最理想""最优化"的决策，而只能是在当时条件下"令人满意"的决策。这也就是西蒙著名的"有限理性"决策原理。

（4）组织设计论。组织设计是组织理论中的一个老问题。西蒙对组织设计理论的新贡献在于，他将组织设计理论建构于决策理论基础之上，指出组织设计要有利于组织决策。

（5）组织平衡（诱因）论。西蒙发展了巴纳德的组织平衡思想，认为组织是由人组成的集体平衡系统，强调组织对个人诱因和个人对组织贡献之间的平衡。一方面，组织要根据个人的贡献提供诱因，即物质和精神的报酬；另一方面，组织之所以能提供诱因，又来源于成员个人对组织的贡献。

行为科学时期是"管理行政"时期行政组织理论发展的一个重要阶段。它批评了科学管理组织理论的不足（如静态的研究方法等）并有所超越。但是，它也存在明显的缺陷，如局限于对人和组织行为的研究，而忽视了对组织结构、法规与制度作用的探讨，忽略了组织外部环境的影响等。行政组织理论仍需进一步发展。

（四）系统科学时期（整合公共行政研究时期）

大约从20世纪40年代起，在第三次科技革命浪潮的有力冲击下，西方国家的整个管理思想在经历了一个多样化的青春期后逐步走向成熟。其主要标志是管理理论和方法愈益科学化、现代化，在整个社会现代化进程中起着越来越重要的作用。在行政学领域，由于现代社会科学、自然科学、技术科学以及管理科学新的理论和方法的不断引进，这门学科也大踏步前进而迈入了生命旺盛时期。

这一时期公共行政学发展的一个最显著的特色，是把许多社会科学、自然科学、技术科学的最新成果广泛地运用到行政学的研究中来，是行政学日益成为一门多种学科相互交叉、相互渗透的综合性学科。

该时期或许可以以孔茨发表于 1961 年的《管理理论丛林》一文为开端。在该文中，孔茨用"丛林混战"一词来描述和形容管理理论的名词、术语、定义、假设漫天飞舞，学派、理论、体系、方法林立的现象，由此提出了管理理论价值取向和价值目标混乱，造成学术研究和管理务实困难或迷茫的问题。1980 年，孔茨撰写《再论管理理论的丛林》一文，认为当时至少可以概括出社会系统学派、决策理论学派、系统管理学派、经验主义学派、权变理论学派、管理科学学派、组织行为学派、社会技术学派、经理角色学派、经营管理理论学派等学派。为了突破和摆脱"丛林混战"造成的困境，人们开始试图寻求一种能够较为有效地整合各种管理理论的新的基础。这就是后来的系统理论和权变理论。

1. 新研究的逻辑起点

1964 年，伊斯顿在《政治学评论》刊物上发表了《政治学的革命》一文，对行为主义的理论进行了抨击，认为制度研究与行为研究同等重要，研究方法与理论架构不可偏废，同时反对价值中立观，主张后行为主义革命。受此影响，管理学的研究主流开始发生转变。

2. 系统论的主要观点

人类早就有关于系统的概念，但多偏重于哲学的理解。一般认为，最早提出一般系统理论的是奥地利生物学家贝塔朗菲①。他在 20 世纪 20 年代末提出了有机系统理论的概念，其后，在 1937 年美国芝加哥大学的一次讨论会上，他首次正式使用了"一般系统理论"一词，并将系统（有机体）定义为"相互作用的诸要素的复合体"。这可以说是一般系统理论产生的标志。1968 年，贝塔朗菲出版了《一般系统理论的基础、发展和应用》一书，比较系统全面地阐述了他的动态开放系统理论。该书被西方学者认为是一般系统理论的经典著作。系统论的主要观点如下：

（1）系统论是对传统的科学管理和行为科学各自偏颇的否定。前者过分看重制度、纪律、标准化在组织管理中的有效性，后者过分强调人性激励、心理满足、自我实现对组织管理的合理性，因而都在实践中显露了相当的局限性，无法普遍适用于各类组织。同时，科学管理和行为科学也忽视了组织管理与广泛的社会环境之间的相互关系，因而限制了人们的视野。在这种情况下，用综合的、全面的、相互关联的观点来看待、分析和研究组织管理现象，寻求一种能够广泛适合于各种组织的理论架构就成为一种历史的要求，一般系统理论就是这种要求的产物。

---

① 贝塔朗菲（1901—1972），美籍奥地利生物学家，一般系统论和理论生物学创始人，20 世纪 50 年代提出抗体系统论以及生物学和物理学中的系统论，并倡导系统、整体和计算机数学建模方法以及把生物看作开放系统研究的概念，奠定了生态系统、器官系统等层次的系统生物学研究的基础。

（2）系统论为人们研究世界提供了新的指导思想和方法论，也为各个学科的沟通提供了前提。它强调组织的部分、部分之间的交互影响，部分之和组成的整体的重要性，强调组织对环境的影响和环境对组织的影响，把组织看成一个相互联系的、动态的、开放的系统，从而使人们对组织的一般性质和一般发展规律有了更深刻的认识。但是，一般系统观念却包含着比较高的概括性，它更倾向于"原则性"而不是"技术性"。

（3）系统管理理论提供了一种宏观的关于普遍联系和互动作用的管理思想，这无疑是正确的，但这还不够，必须同时强调组织管理的具体的、特定的特征。进入20世纪70年代以后，西方经历了一个以社会不安、经济混乱、政治骚动为特征的时代。在这个时代中，人们对生活和组织管理的准则都变得不确定了。"最佳途径""标准建议"和"通用方法"受到怀疑。正是在这种背景下，人们开始寻求更为具体、更为特殊的组织特征和相互关系的模式，寻求一般系统论在具体的组织管理过程中的作用和应用，权变观应运而生。

3. 以系统论为基础的权变观

权变观是20世纪70年代形成于西方的一种管理理论。所谓权变，就是权宜通达，应付变化。权变观是以系统理论为基础的，它否定一成不变、普遍适用的"最佳"管理理论和方法，认为每一种组织都有其特定的社会环境和内部条件，因此，随机应变，一切以时间、地点和条件为转移是组织管理行之有效的关键。权变观强调管理现象的多变性，但并不否认"类型"的意义。相反，它主张通过大量实例的研究和概括，来建立管理关系的基本类型。因此，"权变管理就是依据环境自变数、管理思想及管理技术因变数之间的函数关系来确定的一种对当时当地最有效的管理方式"。权变观的中心思想是，在承认系统关于组织与环境以及各个分系统之间存在相互联系、互动作用和一致性的基础上，制定特定条件下组织的最有效的管理方式。在权变组织的概念中，"它取决于"具有决定性意义。这意味着每一个特定的组织，都必须确切地了解自己所处情境的各种可变数，以及这些变数之间的相互关系和相互作用，把握组织原则和组织模式，一切都取决于时间、地点和条件。但一般系统论并没有被抛弃，而是在提供总体指导思想的基础上，由原则性转向灵活性，由标准化转向多样化。

这一时期管理理论的研究是十分活跃的。以卡斯特和罗森茨维克为代表的系统管理学派，以德鲁克为代表的经验主义学派，以伯法为代表的管理科学学派，以菲德勒为代表的权变理论学派，以明茨伯格为代表的经理角色学派，以伯恩斯和斯塔克为代表的机械—有机组织管理理论等，均在不同程度上对公共行政的研究产生了影响。

4. 以系统论为基础的生态行政学

一般系统理论与公共行政学相结合，形成了所谓的生态行政学。生态行政学原是研究生物与环境相互关系的一门自然科学。遵循系统论的观点将其引入行政现象的研究，于是就有了所谓生态行政学。其研究的基点，在于政府赖以生存和运作的生态系统的重要性，强调政府与其环境的互动和动态平衡。一般认为，最早运用生态观点来研究公共行政现象的是美国人高斯。他在1936年和1947年分别发表了《美国社会与公共行政》《公共行政的境界》和《政府生态学》等著作，阐述了政府及其行政行为与社会环境相互关系的重要性，强调政府与其生态环境的交互作用，从而开创了从社会文化的角度研究公共行政的先例。集生态行政研究之大成，用生态理论和模式来解释行政现象的则是美国人雷格斯。他认为，迄今为止，人类的行政模式可以分为融合型的农业型行政模式、棱柱型的过渡行政模式、绕射型的工业型行政模式三种模式。这三种模式反映不同社会形态的发展水平，因而能够适用和解释现代工业社会、传统社会和开发中社会国家的行政现象。雷格斯的生态模式以及上述理论在比较中确定各种行政类型的特质提供了一种研究框架。对这种特质的正确理解，对任何一种类型的行政制度都是十分重要的。此外，费富钠和普林休斯于1967年合著的《行政学》，奈格鲁夫妇于1973年合著的《现代行政学》等，当时均产生了一定的影响。

在这个时期，基于共同的历史背景，公共行政学提出和形成了两种彼此相关的价值取向和理论——新公共行政学和公共政策分析，从而大大拓展了公共行政学的研究范畴，丰富了公共行政学的学科内容，推进了公共行政学的发展。

5. 新公共行政学

1968年9月，由美国行政学家沃尔多[①]号召和资助，32位年轻的行政学者会聚于美国纽约州雪城大学的明诺布鲁克会议中心，试图通过回顾和检讨公共行政学的发展历程，讨论公共行政面临的问题，寻求公共行政未来的发展方向。会议提出了"新公共行政学"作为区别以往行政理论的理论标志，并以政府及其官员公共行政过程中的价值观和伦理观，作为新公共行政学的核心概念和关键性问题。弗雷德里克森成为新公共行政学的主要代表人物，其观点主要集中在1980年发表的《新公共行政学》一书中。会后，会议的成果由马林尼编辑成名为《迈向新公共行政：明诺布鲁克观点》的论文集，于1971年出版。1988年，即第一次明诺布鲁克会议20年之后，认同新公共行政观点的学者再次会聚雪城大学，试图总结第一次会议以来的发展变化，研讨所面临的新问题以及解决问题的途径。第二次明诺布鲁克会议之后，《公共行政评论》于1989年3、4月份以"第二次明诺布鲁克会议：公共行政的变迁纪元"为题专号刊登了会议的观点。概括起来说，新公共行政学的理论观点主要集中在以下几个方面：

（1）主张社会正义和社会公平。

（2）主张改革的、入世的、与实际过程相关的公共行政学。

（3）主张构建新型的政府组织形态。

（4）主张突出政府公共行政的"公共"性质。

（5）主张"民主行政"，并以此作为新公共行政的"学术识别系统"。新公共行政运动对公共行政学发展的影响是重大的、持久的，其中不乏一些建设性的争论。但他们的理论主张，尤其关于价值观、道德观和关注现实政策的主张，一直是当代公共行政学的中心议题之一。

---

① 德怀特·沃尔多（Dwight Waldo, 1913—2000）是美国政治学家和现代公共行政学者，他的一生致力于批判将官僚制和政府描述为科学或技术性的（即现在试图用公共管理取代公共行政）。基于沃尔多对现代官僚政府理论的贡献，他被认为是20世纪重要的政治学家之一。

6. 公共政策分析

公共政策分析也称政策科学、系统分析、政策研究、社会工程、系统工程等。有一种观点认为，公共政策分析将成为公共行政研究的主要领域。公共政策分析兴起的背景，在于现代政府政策条件和政策任务的复杂化：现代政府所面临的已不再是个别的、单一的、简单的和基本稳定或一再重复出现的社会矛盾和问题，而是大量的相互关联、相互制约的越来越具复杂性、尖锐性、普遍性、专业性、变化性和发展性的各种社会矛盾和问题。20世纪60年代至70年代，不少西方国家先后出现了众多的社会问题。社会公众因此对政府提出了强烈的转变政策、摆脱困境、实现社会正义和社会公平的诉求。与此相一致，社会公众所关注问题的焦点，更多的不再是抽象的理念或原则问题，而是那些与自身现实切身利益密切相关的特殊的公共政策问题、公共管理问题、公共服务问题。这就使一批有一定学术素养，同时具备相当实际经验的学者、科学家和政府官员深切感到，应当建立一种能够兼容各相关学科的优势，且能够解决各种现实公共政策问题的全新的学科。由此产生了公共政策分析。

一般认为，最初把政策与科学直接联系并赋之以现代意义的是美国政治学学者拉斯韦尔。人们通常把他与其同事于1951年合著的"政策科学：近来在范畴与方法上的发展"一文作为现代政策科学发端的标志。20世纪60年代，美国联邦政府率先吸收和采用了政策科学的研究成果，将其直接应用于联邦政府所面临的若干大型、复杂国策问题的研究和处理，成功地大规模集中和组织了专业力量和生产力量，解决了诸如国防、空间探索、高尖新科技开发等领域里的某些问题，从而引起了各国政府和世界的普遍重视。20世纪70年代，政策科学被普遍接受且得到迅速发展，期间，不仅涌现了大量的有关政策科学的专业性的研究咨询组织和学术刊物，而且政策科学无一例外地成了各工业发达国家主要大学的进修课程。在整个20世纪70年代，政策科学的理论和技术不仅在许多国家的各级政府得到了广泛运用，而且由于其潜力和普遍适用性，同时也在私营部门得到了推广。可以认为，政策科学是第二次世界大战以后，尤其是20世纪60年代之后最受注意的学科之一。进入20世纪80年代以来，政策科学的理论和方法已经成为工业发达国家政府乃至实业团体管理决策的基本方式，以至于形成了这样的现象：未作政策分析，不作政策决定。

公共政策（科学）并不是一个或几个学科的简单的集合、发展或更新，而是一个几乎全新的研究领域。由于它具有明显的跨学科的特点并被广泛应用于各行各业、各个领域，因而迄今为止，它所涉及的学科边界线是模糊的。但它的主体理论、主要技术方法以及基本的学科范畴，却是清晰可辨的。一般认为，公共政策所注重的，是运用人类社会一切可能的知识以及与知识相关联的直觉、判断力、创造力来更好地制定政策。其基本的价值衡量标准，是要设计出既符合社会大众的利益和政治、经济、文化、伦理观念，即具有社会可行性，又符合政策者的既得利益和意识、目标，即具有组织可行性的政策。与此同时，公共政策十分注重对政策制定系统本身的研究和改进。换言之，公共政策一方面强调政策适用者或社会对象的分析，另一方面则注重政策制定者及其所属系统、程序、方法的优化。

第三节 学习与研究公共行政学的意义和方法

一、学习与研究公共行政学的意义

行政学作为研究国家行政组织对社会公共事务进行有效管理的科学，在当代社会管理中起着越来越重要的作用。学习与研究行政学的根本意义在于：科学地发挥行政职能，有效地处理国家政务，为人民谋幸福，为民族谋振兴。

（一）学习与研究行政学，把握公共行政的实质和规律，有助于科学地发挥国家公共行政职能，实现公共行政的目标

历史唯物主义认为，生产力决定生产关系，经济基础决定上层建筑。而上层建筑又反作用于经济基础，生产关系反作用于生产力。公共行政是上层建筑的重要组成部分，它的状况如何，对社会上层建筑的其他部分，对经济基础以及对生产力都有着重要的影响作用。

公共行政是国家的组织管理活动。从它的职能来说，有建设的职能、保卫的职能、服务的职能。从它的任务来说，有管理经济、教育、科技、文化、体育、卫生、财政、公安、国防、外交等任务。从它的管理过程来说，有决策、计划、组织、指挥、协调、控制、监督、反馈等环节，周而复始。所以，公共行政的地位和作用至为重大，它的成败、好坏关系到国家的兴衰。并且，公共行政本身又是一个多因素、多环节、多变化的复杂系统，对其深刻的本质和有效运行的基本规律并不是轻而易举就能认识和掌握的。为此，我们必须努力学习和认真研究行政学，认识把握公共行政的本质和规律。

（二）学习与研究行政学，有助于建设有中国特色的社会主义，实现中华民族的伟大复兴

习近平总书记在十九大报告中提出："经过长期努力,中国特色社会主义进入了新时代,这是我国发展新的历史方位。"这是一个承前启后、继往开来的新时代，中华民族实现了从站起来、富起来到强起来的伟大飞跃，迎来了走向伟大复兴之路的崭新征程。"我国社会主要矛盾已经转化为人民日益增长的美好生活需要和不平衡不充分的发展之间的矛盾。"人民群众不仅对物质文化生活有更高要求，而且在民主、法治、公平、正义、安全、环保等方面的要求日益增长。但我国仍处于社会主义初级阶段，领导和团结全国各族人民，以经济建设为中心，坚持四项基本原则，坚持改革开放，自力更生，艰苦创业，为把我国建设成为富强民主文明和谐美丽的社会主义现代化强国是我们的基本路线。我们必须根据具体国情，从实际出发，借鉴别国的经验，探索有中国特色的公共行政理论和方法，以期实现我国公共行政的科学化。

（三）学习与研究行政学，有助于迎接当代科学技术革命的挑战

当代科学技术革命，推动了经济、文化、教育、军事等各个领域的飞速发展，推动着人类社会生活的变革。新的观念、新的生产方式、生活方式和工作方式的出现，使国家管理更加复杂化。面对这种情况，国家公共行政必须适应科学技术发展和社会进步的需要，为其提供良好的服务。国内外许多有识之士都认识到了管理在当代生活中的意义，认为科学、技术、管理是现代文明的"三鼎足"，认为科学技术和管理是现代文明进步的两个"车轮"。世界上一些重要的科学技术工程的成功，也是一靠科学技术，二靠组织管理。由此可见，面对科学技术革命的挑战，我们的主要任务之一就是要提高管理水平，提高工作效率。学习与研究行政学，正是为了适应这一时代的需要。

（四）学习与研究行政学，有利于推进公共行政体制改革

党中央、国务院历来高度重视公共行政体制改革。改革开放特别是十六大以来，我党不断推进公共行政体制改革，加强政府自身建设，取得了明显成效。经过多年努力，政府职能转变迈出重要步伐，市场配置资源的基础性作用显著增强，社会管理和公共服务得到加强；政府组织机构逐步优化，公务员队伍结构明显改善；科学民主决策水平不断提高，依法行政稳步推进，行政监督进一步强化；廉政建设和反腐败工作深入开展。从总体上看，我国的公共行政体制基本适应经济社会发展的要求，有力保障了改革开放和社会主义现代化建设事业的发展。

当前，正处于把我国建设成为富强民主文明和谐美丽的社会主义现代化强国新的历史起点，改革开放进入关键时期。面对新形势新任务，现行公共行政体制仍然存在一些不相适应的方面：政府职能转变还不到位，对微观经济运行干预过多；社会管理和公共服务仍比较薄弱；部门职责交叉、权责脱节和效率不高的问题仍比较突出；政府机构设置不尽合理，行政运行和管理制度不够健全；对行政权力的监督制约机制还不完善，滥用职权、以权谋私、贪污腐败等现象仍然存在。这些问题直接影响政府全面正确履行职能，在一定程度上制约了经济社会发展。深化公共行政体制改革势在必行。

习近平总书记在2023年第14期《求是》期刊发表的文章《深化党和国家机构改革 推进国家治理体系和治理能力现代化》中指出："深化党和国家机构改革，是贯彻落实党的二十大精神的重要举措，是推进国家治理体系和治理能力现代化的集中部署。继续推进党和国家机构改革，目的是推动党对社会主义现代化建设的领导在机构设置上更加科学、在职能配置上更加优化、在体制机制上更加完善、在运行管理上更加高效。"这就要求我们高度重视研究和解决改革过程中出现的新情况、新问题，加强公共行政学的学习和研究。

二、学习与研究公共行政学的方法

行政学是一门综合性的社会科学，其研究对象和内容十分广泛，因此，学习与研究行政学的方法也是多种多样的。这里简要介绍几种常用方法。

（1）唯物辩证法。马克思主义的唯物辩证法是我们学习与研究行政学的根本方法。这个方法告诉我们：存在决定意识，意识反作用于存在；经济基础决定上层建筑，上层建筑反作用于经济基础；一切事物都是互相联系的，不是孤立的；一切事物都是发展变化的，不是静止的；一切事物的存在与发展都是以时间、地点、条件为转移的，不是单一模式。唯物辩证法这个根本方法，将指导我们更有效地探索公共行政的规律，建设好有中国特色

的行政学。

（2）理论与实际相结合的研究方法。行政学是理论与实践相统一的学科。因此，一方面，要把握它的基本原理和方法，要多读书，勤于思考；另一方面，又要把理论知识同实际生活联系起来，研究国情，研究具体行政环境，运用理论指导实践活动，通过实践来验证和发展理论，只背理论或只埋头实践，都不可能真正掌握行政学。

（3）调查研究方法。行政实践是行政学生长和发展的肥沃土壤。因此，到公共行政实践活动中去进行科学的调查研究，有助于全面地理解行政学，有助于及时掌握新鲜经验和新的课题，推动行政学的发展。

（4）比较研究方法。有比较才能有鉴别，有鉴别才能有发展。这就要求我们对古今中外的公共行政理论和实践进行比较研究，通晓其利弊长短，从而全面深入地掌握行政学。

（5）案例分析方法。行政案例分析是理论与实践的结合点，通过案例分析，从个别到一般，从特殊到普遍，从感性具体经过科学抽象再到思维具体，从而深刻、全面地掌握行政学。

（6）个人研究与集体研讨相结合的方法。任何科学研究都既具有个人性又具有集约性。个人研究是基础，在个人研究的基础上进行集体研讨，发挥集体智慧，集思广益，互相切磋启发，有助于全面准确地掌握行政学。

学习与研究行政学的方法很多，要灵活、综合地运用各种方法。并且，既要重视传统的研究方法，也要注意在实践中创造有效的新方法。

本章小结

公共行政管理古已有之，是与人类有组织的活动紧密联系的行为。公共行政作为近代世界的历史性转折和深刻变化的结果，与民族国家紧密联系；在现实当中，公共行政在不同国家的经济、政治、历史文化等因素影响下有着迥然不同的实践。在西方发达国家，公共行政学已经发展成为政治学、社会学、法学、心理学、管理学等多学科相互交叉融合的综合性科学。在我国，随着中国特色社会主义建设事业的深入发展，公共行政学在推进行政改革和实现行政管理科学化的进程中起着越来越重要的作用，公共行政学正进入前所未有的蓬勃发展时期。

复习思考题

1. 简述公共行政学的一般含义。
2. 了解公共行政学的基本研究范畴。
3. 了解公共行政学的常用研究方法。
4. 了解公共行政学的学科特点。
5. 简述我国公共行政研究的特点和所面临的主要任务。

第二章 公共行政权力与公共行政行为

 **本章重点**

公共行政权力是公共行政活动的前提，公共行政就是行使行政权力的过程。本章主要讨论公共行政权力的含义、特征及类型，公共行政权力的来源及结构，公共行政权力的体制和运行原则；在认识和把握公共行政权力基本知识的基础上，对公共行政行为的含义、特征及其功能有更深入的认识。

第一节 公共行政权力概述

一、公共行政权力的含义

公共行政权力是政治权力的一种，是国家权力的重要组成部分。它是国家行政机关依靠特定的强制手段，为有效执行国家意志而依据宪法原则对全社会进行管理的一种资格与能力。

公共行政权古已有之，早在国家产生伊始，公共行政权就获得了存在的必要，人们为了获得安全、秩序等"公共物品"而聚集在一起，建立国家、社会，而这些"公共物品"有秩序地生产和分配又依赖于行政权的维系。① 奴隶社会及封建社会王权专制统治下，公共行政权与司法权、经济权等均归属于政府乃至君主个人，高度的集权致使"公共行政权之发动，几乎不受法规拘束，只需实施可能，得以任意出之"②。这种既无民主亦无分权、制衡的政治体制显然无法为行政法的产生提供任何制度基础。直到资产阶级革命取得胜利后，分权学说的提出以及资产阶级分权的实践使"行政权从国家的整体统治权中分离出来，成为与立法权、司法权相并列的一种独立的国家权力"③。公共行政权的分化与资本主义早期强调公民的自由和权利的自由主义思想之间的冲突，使通过法律严格限制行政权的行使领域成为必然，行政法由此产生。随着社会生活与国家事务日益复杂，政府的公共行政职能日趋庞大，以致公共行政权迅速扩张，这又使对公共行政权进行法律规制进一步成为普遍的社会需求，行政法也因此不断发展和完善。可见，公共行政权是行政法的理论基点，也是公共行政活动的内核和行政法的本源所在，它贯穿行政法的整个发展过程。行政法的发展和行政法学的理论研究中，诸如公共行政主体、公共行政行为、公共行政救济等众多

---

① 姜明安. 行政法与行政诉讼法[M]. 北京：北京大学出版社，高等教育出版社，2005.
② 范扬. 行政法总论[M]. 北京：中国方正出版社，2005.
③ 杨海坤，章志远. 中国行政法基本理论研究[M]. 北京：北京大学出版社，2004.

行政法学的基本范畴的产生均是以公共行政权为原点向外辐射的结果。

然而，公共行政权本身"又是一个动态的概念，其具体内容因社会的发展和时代的变迁而有所不同"①，因此，对公共行政权的界定困难重重。古今中外众多的学者都曾试图为公共行政权下一个清晰的定义，如有人将公共行政权界定为"执行法律的权力。它是总统根据'联邦宪法第二条的规定所享有的广泛的权力……它区别于制定法律以及对法律纠纷裁判的权力"②；也有人将公共行政权概括为"政府及国家各级行政机关执行法律，制定和发布行政规章，在法律授权范围内，完成公共行政的任务，处理解决问题的权力。它是国家权力体系中的一部分，与立法权和司法权构成国家权力"③，可谓众说纷纭。

就我国行政法学的论著和研究成果看，对公共行政权的表述也不尽相同，大致可归纳为以下几种：

（1）公共行政权"是由国家宪法、法律赋予的国家行政机关执行法律规范，实施公共行政活动的权力"④。国内以下一些学者有过此类表述：王连昌认为，"公共行政权是指国家行政机关执行法律、管理国家行政事务的权力，是国家权力的组成部分"⑤；胡建淼认为，"行政权是国家行政机关执行法律、管理国家行政事务和社会事务的权力，是国家政权的一个组成部分"⑥；姜明安认为，"行政权是指执行、管理权，主要是指国家行政机关执行国家法律、管理国家内政外交事务的权力"⑦。

（2）现代意义上的公共行政权是指"行政机关职务范围内的法定权力和非行政机关行使管理国家和社会公共事务的法定权力"⑧。朱新力认为，公共行政权是指"行政机关职务范围内的法定权力和非行政机关行使的法定的管理国家行政事务的权力"⑨。

（3）公共行政权是指"国家或其他行政主体担当的执行法律，对行政事务进行直接、连续、具体管理的权力，是国家权力的组成部分"。

（4）"行政权是国家行政机关或其他特定的社会公共组织对公共行政事务进行直接管理或主动为社会成员提供公共服务的权力"⑩。

上述定义虽然表述有所不同，但究其内涵和实质，我们依然可以发现学者们在对公共行政权这一概念的理解上的一些共同之处：

（1）公共行政权是行政主体所享有的一项国家权力。在早期的行政法理论中，享有公共行政权的主体被严格限定为行政机关，而排除了社会领域或个人享有行政权的情形。但是，随着国家管理形态的变化，公共行政本身内涵不断丰富，公共行政权专属于行政机关，

---

① 杨海坤，章志远. 中国行政法基本理论研究[M]. 北京：北京大学出版社，2004.
② 胡建淼. 公权力研究——立法权，行政权，司法权[M]. 杭州：浙江大学出版社，2005.
③ 贾湛，彭剑锋. 公共行政学大辞典[M]. 北京：中国社会科学出版社，1989.
④ 罗豪才. 行政法学[M]. 北京：北京大学出版社，1996.
⑤ 王连昌. 行政法学[M]. 北京：中国政法大学出版社，1994.
⑥ 胡建淼. 行政法与行政诉讼法[M]. 北京：高等教育出版社，1999.
⑦ 姜明安. 行政法与行政诉讼法[M]. 北京：北京大学出版社，高等教育出版社，2005.
⑧ 张正钊. 比较行政法[M]. 北京：中国人民大学出版社，1998.
⑨ 朱新力. 行政法学[M]. 杭州：浙江人民出版社，2002.
⑩ 杨海坤，章志远. 中国行政法基本理论研究[M]. 北京：北京大学出版社，2004.

有学者就曾指出,"与国家和社会重大利益相关的管理职能由国家行政机关所独有,如有关国防、外交、财政、规划、经济调控、市场监管等职能;而大量的执行性、操作性事务尤其是公共服务的供给职能则完全可以由某些社会公共组织代为行使,如对律师的培训、考核、违纪惩戒等事务就可以由非政府组织部门的律师协会掌管"[①]。可见,将有关行政事务交由非公权性质的其他组织完成,即法律、法规对特定社会组织进行授权的情形日益普遍,公共行政权的享有主体已经从行政机关扩展到经法律、法规授权的非政府社会公共组织。此外,对于公共行政权的国家权力属性,即它为区别于立法权、司法权的一项国家权力已经得到学界的普遍认可。

(2) 公共行政权是一种管理公共事务和提供公共服务的权力。对于公共行政权以管理公共行政事务为内容,包括执行国家的法律、管理国家行政事务等,学界普遍不存在争议,这也是早期公共行政权的核心内容。然而,随着社会的发展和公共行政本身内涵的丰富,现代意义上的公共行政权对政府提出了更高的要求,即"国家除了要提供个人需要的社会安全,还要为公民提供作为经济、社会和文化条件的各种给付和设施","提供为人们生活所必要的条件和给付"。因此,基于以上分析,我们对公共行政权可以作这样的界定:现代意义上的公共行政权是国家行政机关或其他特定的社会组织进行公共行政活动,包括管理公共行政事务和为社会成员提供公共服务的国家权力。

正确理解公共行政权力的含义,需要把握以下几个方面的内容:

(1) 公共行政权力的主体必须是国家行政机关及其工作人员。除国家行政机关以外的其他国家机关,甚至许多非国家机关的社会政治组织和团体中都存在公共行政活动。但是,公共行政权力作为与立法权、司法权并行的国家权力的重要部分,其主体只能是国家机关中专门行使行政职能的那部分机关及其工作人员,其他国家机关以及非国家机关的组织和团体,尽管也存在负责日常管理工作的职能,但从根本上讲并不具有公共行政权力的全部内容和特征,所以不能把这种权力称为公共行政权力,充其量只能称其为"行政性权力"或"准行政权力"。

(2) 公共行政权力的根本目标是贯彻国家意志、实现公共利益。国家意志代表着社会强势集团或统治阶级的根本利益,并以公共意志的形式出现,集中体现在国家的法律法规、法令政策等方面,名义上代表着全社会的利益即公共利益。因此,执行国家意志并实现社会公共利益就成为公共行政权力运行的根本目标。

(3) 公共行政权力的作用方式主要是强制性地推行政令。公共行政权力要有效地执行国家意志,落实社会公共利益,强制就成为必要的手段和基本的依靠。公共行政权力作为国家权力的重要组成部分,以合法性为基础,以国家强制力或暴力威慑权力作为国家权力重要组成部分,以合法性为基础,以国家强制力或暴力威慑为后盾,无须公共行政客体的接受和认同即可推行各项法律法规、法令政策,对于拒不接受者或违反者享有强制执行的权力和制裁的权力。因此,公共行政权力的行使方式主要表现为强制性地推行政令,公共

---

① 杨海坤,章志远. 中国行政法基本理论研究[M]. 北京:北京大学出版社,2004.

行政权力行使的强制性成为行政机关开展公共行政活动的保障和后盾,在管理社会事务中经常性地起作用,成为公共行政权力有效执行国家意志的显著特征。

(4) 公共行政权力的客体具有普遍性,是以整个社会为对象的国家权力。现代国家公共行政权力行使的范围极为广泛,几乎涉及社会生活的各个领域,涉及社会公众一生的所有事务。不仅涉及社会治安、税务、外交、军事等方面的事务,而且还包括经济、科技、教育、文化、卫生、社会福利、环境保护等方面的事务。因此,公共行政权力以各社会的个体、团体和组织为影响对象,具有普遍性和广泛性的特点。

二、公共行政权力的特征

通过对公共行政权力含义的理解我们可以看出,公共行政权力作为国家权力体系中一种特殊的权力形式,除具有一般国家权力所表现出来的阶级性、强制性和普遍性等特点之外,还有自身的独特性。这主要表现在以下几个方面:

(1) 执行性。从整个国家权力运行过程看,公共行政权力是在国家意志形成之后,履行输出的功能,即承担组织、实施、实现国家意志的功能。因而,公共行政权力具有派生性,属于执行性权力,它本身不是目的而是手段,是实现国家意志的手段。公共行政权力的目的并不是来自于行政系统本身,而是来自于公共行政权力之外。作为派生性的权力,公共行政权力必须执行赋予它权力的公民或国家代议机关的意志。

(2) 一元性。从公共行政权力主体的权威来看,公共行政权力的一元性主要表现在两个方面:① 在一个国家内部,拥有和行使公共行政权力的组织系统只能有一个,否则将会影响到公共行政权力的强度、轨道和效能,并最终影响公共行政权力目标的实现。② 在一个国家的行政系统中,只能存在一个权力中心,否则容易出现"政出多门"的现象,带来行政客体的无所适从感。集中和统一是公共行政的特点,这也是由公共行政权力作用的方向和方式决定的。

(3) 单向性。从公共行政权力主体的意志来看,公共行政权力具有单向性。公共行政权力的行使一般不必征得公共行政权力客体的同意,不以客体的自愿为前提,即公共行政权力客体的意志必须服从权力主体的意志。也就是说,相对方是否应当承担某种社会义务,能否使用或利用某种公共资源,其行为是否侵犯了公共利益,都由公共行政权力主体的意志决定,不需要公共行政权力客体的认可或同意。尽管随着行政民主化的发展,现代社会中的行政相对方已经有机会广泛地参与行政决策以及行政行为的实施,但这种参与仍然主要是起一种建议的作用,这种建议是否被采纳或被接受将取决于行政主体的意志。即使公众的建议被采纳或被接受,最终仍然是以行政主体的意志来体现。因此,公共行政权力的行使是行政主体的单方面意志的鲜明体现。

(4) 公益性。从公共行政权力行使的目的来看,公共行政权力具有公共利益性。权利的享有和行使,一般是以权利主体自身利益的实现为主要目的。但是公共行政权力是一种公权力,它的存在和行使绝不是为了追求公共行政权力主体自身的利益,而是为了实现社会公共利益。公共利益是社会中个人利益和各个组织、团体利益的一种整合。在现代社会中，公共利益通过国家的法律、法规和政策等表现出来。公共行政权力的设置和行使，是要通过执行国家的法律、法规、政策等，来维护和实现公共利益。因此，国家行政机关及其公务员在行使行政权力时，必须以为社会公众提供服务为导向，以实现社会公共利益为宗旨。如果以权谋私，那就偏离了行政权力行使的目的。

（5）优益性。从公共行政权力行使的保障条件来看，公共行政权力具有优益性。由于公共行政权力的行使是国家意志之执行、公共利益之维护，国家为公共行政权力的有效行使设定了一系列的保障条件，使得行政机关在行使公共行政权力时依法享有一定的行政优先权和受益权。行政优先权和受益权统称优益权，是指国家为确保行政机关有效地行使职权，履行职责，而以法律、法规等形式赋予行政机关享有的各种职务上和物质上的特权。

（6）扩张性。从公共行政权力的增长趋势来看，公共行政权力具有明显的扩张性。公共行政权力自我扩张的根源在于公共行政权力的自身结构、公共行政权力的性质以及公共行政权力的客体的状况。从公共行政权力结构的角度看，公共行政权力的运行是呈现自上而下、层级节制的放射状，每经过一个节点，公共行政权力的影响范围都会进一步扩大；从公共行政权力性质的角度看，各级权力行使者通常会有扩大权力的本能冲动，就使得公共行政权力具有一种无限延伸的动力；从公共行政权力客体的角度看，随着社会的不断发展，需要政府管理的社会事务不断增多，公共行政权力的作用范围也不断扩大，公共行政权力必然要随之增大。这三种因素相互作用，公共行政权力的扩张就难以避免。

除上述特征外，在公共行政权力运行过程中，还存在其他的一些特征使之得益于立法权和司法权相区分，如公共行政权力所具有的执行性使之与立法权相区别；公共行政权力的效率优先性使之与司法权的公平优先性相区别；而公共行政权力的应变性又与司法权和立法权的稳定性相区别；等等。这些特征同样反映出了公共行政权力的独特之处。

三、公共行政权力的类型

要进一步理解和认识公共行政权力，就需要对它进行分类研究。根据不同的标准，可以对公共行政权力进行不同的划分。

（一）公共行政事务权、财产管理权与组织人事权

根据公共行政权力的内容划分，公共行政权力分为行政事务权、财产管理权与组织人事权。公共行政权力是国家行政机关对国家和社会事务进行决策、组织、指挥、协调和控制的权力，其内容主要是围绕"人、财、物"进行的管理与规范。从这个角度来看，行政事务权、财产管理权与组织人事权构成了公共行政权力的基本内容。

1. 公共行政事务权

公共行政事务权是指国家行政机关依法对国家经济、社会发展等公共事务进行管理的权力，主要包括安全保障、经济发展、文化建设、社会保障等方面的权力。

2. 财产管理权

财产管理权即财权，是指国家行政机关为促进公共利益的实现，依法在全社会范围筹

集财政资金并合理管理、使用财政资金的权力。财权是对国家财政收益和财政支出进行管理调控的权力，包括财政行政立法权、财政税费征管权、财政收益支配权、财政预算管理权、财政会计管理权、财政审计监察权、财政收支监督权、财政执法复议权及其他财政管理权。在我们国家，国务院授权国资委承担着对国有资产的管理权和处分权，但这只是政府的经济管理职能的体现，是代表出资人对国有资产保值增值的经营性活动进行监管，国有资产收益通过上缴税收、地租和红利等大多进入国家财政，而后当然纳入政府财产管理权范畴。

3. 组织人事权

组织人事权包括行政组织权与人事管理权两个方面，是指国家行政机关对行政组织机构的设立、变更、撤销及对行政机关人员的职责权限的设定、变更和废止的权力。

（二）公共行政立法权、公共行政执行权、公共行政权、公共行政司法权

根据公共行政行为方式划分，公共行政权力分为公共行政立法权、公共行政执行权、公共行政权、公共行政司法权。

1. 公共行政立法权

公共行政立法权是指行政机关依法享有的发布和制定具有普遍约束力的规范性文件的权力。由于行政环境与行政事务的复杂性，仅靠立法机关的立法已远远满足不了履行职责对法律的需要，于是，宪法和法律便赋予行政机关以一定范围内的立法权，允许行政机关为履行职责的需要，根据法律的精神和原则，制定行政法规和规章，用以调整各种行政关系，规范行政相对方的行为。

2. 公共行政执行权

公共行政执行权指行政机关根据有关法律、法规的规定或者有关上级部门的决定、命令等，具体执行行政事务的权力。行政机关作为国家权力机关的执行机关，在公共行政活动中要依法执行立法机关与行政机关的决议。在我国，行政机关既要执行上级行政机关、同级人大或权力机构的决议，还要执行行政法规和规章赋予的权力、经济与社会发展计划与预算等。

3. 公共行政权

公共行政机关依法对国家事务和社会公共事务进行管理的权力都属于公共行政权的范畴，具体包括行政许可、行政确认、行政监督、行政处罚等方面的权力。它们分别是指行政机关对公民、法人和其他社会组织的行为予以批准许可、确认证明、监督检查、处罚强制的权力。

4. 公共行政司法权

公共行政司法权是指行政机关为保护公民或组织的合法权利，依法对某些争议或纠纷做出裁决的权力，包括行政仲裁权、行政复议权等。裁决争议、处理纠纷的权力本来属于司法机关，但是随着现代社会的发展和科技的进步，公共行政涉及的问题越来越复杂化和

专业化，于是，法律赋予行政机关以一定范围内的司法权，允许行政机关在公共行政过程中裁决和处理与公共行政有关的民事、行政争议和纠纷，如有关商标、专利、医疗事故、交通事故、劳动就业以及资源权属等方面的争议和纠纷。

（三）奖酬型公共行政权力与制约型公共行政权力

根据公共行政权力存在和发生作用的基础划分，公共行政权力分为奖酬型公共行政权力与制约型公共行政权力。

1. 奖酬型公共行政权力

奖酬型公共行政权力是公共行政权力主体通过正面奖赏给予公共行政权力客体某种利益，以赢得客体服从的权力。这种权力的基础和前提是公共行政权力主体拥有或控制公共行政权力客体所需要的资源。也就是说，对资源的占有和支配是奖酬型公共行政权力存在的前提和基础。

2. 制约型公共行政权力

制约型公共行政权力也叫惩罚权力，是公共行政权力主体通过对违反规章制度的公共行政权力客体实施处罚，以迫使公共行政权力客体的行为符合行政权力主体的意愿和要求的权力。这种权力类型带有明显的强制性，其存在主要是基于公共行政权力客体对制度的服从。

第二节 公共行政权力的来源与结构

一、公共行政权力的来源

公共行政权力不是自发产生的，它是社会分化出管理职能的产物。在现代国家，公共行政权力都需要经过法定程序授予，法律成为公共行政权力最重要的来源。但是，由于法律多是抽象和原则的规定，不能一一列举，法律所允许的授权、有法律效力的惯例等，都能成为公共行政权力的来源。

（一）法律

法律是公共行政权力的主要来源。法律包括国家的根本大法——宪法和一般性的普通法律，宪法规定根本性的公共行政权力，普通法律规定一般性的公共行政权力。法律规定公共行政权力的基本方式有两种，即概括和列举。所谓概括，就是法律在授予公共行政权力的时候只做较为宏观的规定，不一一列举，其运用具有一定的弹性。所谓列举，就是法律在授予公共行政权力的时候明确规定项目和内容，凡是没有列举的权力则不得行使。

（二）授权

公共行政权力以法定的行政机关和行政人员行使为原则，但由于行政事务本身十分庞杂，行政领导很难包揽一切，必须把一部分行政工作转授给下级的其他行政机关或行政人员代为行使，从而产生行政授权问题。因而行政授权也成为公共行政权力的重要来源。所谓公共行政授权，是指行政组织系统内部上级行政机关把某些权力授予下级行政机关或职能机关，以便下级能够在上级的监督下自主地处理行政事务。授权者对被授权者有指挥和监督的权力，被授权者对授权者承担完成任务并报告的责任。

（三）惯例

由于公共行政的范围广泛、内容复杂，相应地，公共行政权力也难以由法律一一明确规定。凡是没有法律明文规定的行政权力，可以按照与宪法精神不相抵触的原则，依据具有法律效力的行政惯例决定其归属。因此，具有法律效力的行政惯例也成为公共行政权力的一种来源。

（四）法理

法理也可以成为公共行政权力的来源之一。所谓法理，是指人们具有共识的、人类生活所应当遵守的规范，如正义观念、自然法则、社会生活规律等。法理是法律的来源，法律是公共行政权力的来源，在没有法律规定以及没有行政惯例可以援引的时候，也可以依据法理来判定公共行政权力的归属。因而法理在某些时候也成为公共行政权力的来源。

二、公共行政权力的结构

公共行政权力的结构体现着公共行政活动中的权力分工，是公共行政权力整体性的关系状态和有序性的活动过程，包括静态结构和动态结构两个方面。

（一）公共行政权力的静态结构

公共行政权力的静态结构是指公共行政权力经过一定程序分配，在与不同的主体相结合之后，形成的一种网络结构。它表现为公共行政权力关系及其制度安排的总格局，是公共行政活动赖以展开的基本框架。公共行政权力的静态结构通常表现为一定的行政人员、行政机关、行政职位、行政职权等要素的组合形式，包括纵向的层级结构和横向的部门结构。从纵向的层级结构来看，公共行政权力结构与行政组织的金字塔结构相一致，体现出公共行政权力在垂直方向的稳固而有秩序的上下级制度和等级制原则。它包括明确的法规，分工明确、各负其责、经过培训考核的公务人员，严密的财务制度和办公机关。在这种权力结构中，存在着一种上级机关对下级机关的控制关系，形成自上而下的指挥链。从横向部门结构上看，公共行政权力结构存在着水平方向的差异，这主要来自公共行政活动所需要的专业化分工，表现为功能、资源、技术和信息等方面的差别。

（二）公共行政权力的动态结构

公共行政权力不仅是一种静态的存在，更是一种动态的运行，它只有在运行中才能履行其功能，实现其目的。公共行政权力在其运行过程中必然呈现一种动态结构，这种动态结构是由公共行政权力作用的方向、方式、轨道、层级、时间和结果等要素结合在一起所构成的权力运行模式，体现着公共行政权力的实际内容。

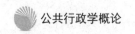

第三节 行政行为概述

一、行政行为的含义及特征

行政行为是公共行政法律关系的客体,即双方当事人的权利义务指向的对象。双方当事人围绕行政行为形成法律关系。行政主体有权依法实施行政行为,行政相对人则负有服从的义务。有广义和狭义之分。广义概念的行政行为是指国家行政机关及其行政人员实施公共行政活动的总称,包括决策行为、计划行为、指挥行为、领导行为、执行行为、监督行为等。狭义概念的行政行为仅仅是指国家机关及其行政人员,在公共行政活动中,基于行政权力所实施的能够发生法律效果的行为,如行政命令、行政处分、行政裁量等。本章所论述的行政行为是指广义的行政行为。行政行为是行政主体行使行政职权、能够产生行政法律效果的所有管理行为。行政行为是行政主体所作出的行为。

行政行为具有以下几方面的特征:

(1) 行政行为是执行法律的行为,任何行政行为均须有法律根据,具有从属法律性,没有法律的明确规定或授权,行政主体不得做出任何行政行为。

(2) 行政行为具有一定的裁量性,这是由立法技术本身的局限性和公共行政的广泛性、变动性、应变性所决定的。

(3) 行政主体在实施行政行为时具有单方意志性,不必与行政相对方协商或征得其同意,即可依法自主做出。即使是在行政合同行为中,在行政合同的缔结、变更、解除与履行等诸方面,行政主体均具有与民事合同不同的单方意志性。

(4) 行政行为是以国家强制力保障实施的,带有强制性,行政相对方必须服从并配合行政行为。否则,行政主体将予以制裁或强制执行。这种强制性与单方意志性是紧密联系在一起的,没有行政行为的强制性,就无法实现行政行为的单方意志性。

(5) 行政行为以无偿为原则,以有偿为例外。行政主体追求的是国际和社会公共利益,其对公共利益的集合、维护和分配,应当是无偿的。当特定行政相对人承担了特别公共负担,或者分享了特殊公共利益时,则应该是有偿的,这就是公平负担和利益负担的问题。

二、行政行为生效的基本条件

行政行为生效的基本条件,是指行政行为合法成立生效所应具备的基本要素,或者说是应当符合的条件。

(一) 行政行为的主体应当合法

这是行政行为合法有效的主体要件。所谓主体合法,是指实施行政行为的组织必须具有行政主体资格,能以自己的名义独立承担法律责任。只有具备行政主体资格的组织所为的行政行为才是有效的行为。行为主体的合法应包括以下几项具体要求:

(1) 行政机关合法。指实施行政行为的行政机关必须依法成立,并具有行政主体资格。

(2) 人员合法。行政行为总是通过行政主体的工作人员具体实施,这些人员必须具备一定的条件,所实施的行政行为方有效。

(3) 委托合法。委托合法是指作为行政主体的行政机关基于实施行政活动的需要,依法委托社会团体或群众组织、公民个人代表行政机关实施某种行政活动。主体合法要求行政机关的委托必须合法,所为的行政行为才能有效。委托的合法性表现在三个方面:其一,委托的行政机关必须具有合法的委托权限;其二,接受委托者必须具备从事行政活动的能力;其三,被委托者必须在委托权限内实施行政行为。

(二) 行政行为应当符合行政主体的权限范围

权限合法,是指行政行为主体必须在法定的职权范围内实施行政行为,必须符合一定的权限规则。这是行政行为合法有效的权限方面的要件。法律针对不同的行政主体或其不同的职能确定了相应的职责、权限。行政主体只能依据法定职权实施行政行为,否则无效。同时,任何行政职权都有一定的限度,法律在确定行政主体的职权时,在地域、时间等方面设定了各种限度,这些限度是行政主体所不能超越的。

(三) 行政行为内容应当合法、适当

这是行政行为的内容要件。行政行为的内容合法,是指行政行为所涉及的权利、义务,以及对这些权利、义务的影响或处理,均应符合法律、法规的规定和社会公共利益。所谓行政行为的内容适当,是指行政行为的内容要明确、适当,而且应当公正、合理。行政行为内容合法、适当包括以下几项要求:

(1) 符合法律、法规的规定。

(2) 符合法定幅度、范围。

(3) 行政行为的内容必须明确具体。

(4) 行政行为的内容必须适当。

(5) 行政行为必须公正、合理。

(四) 行政行为应当符合法定程序

所谓程序,是指行政行为的实施所要经过的步骤。程序是行政行为的基本要素,因为任何行政行为的实施都要经过一定的程序表现出来,没有脱离行政程序而存在的行政行为。行政行为符合法定程序有以下两项具体要求:

(1) 必须符合与该种行政行为性质相适应的程序要求。

(2) 必须符合程序的一般要求,如说明理由规则、表明身份规则、听取意见规则等。行政机关违反法定程序,其行为也属无效或应当予以撤销的理由之一。

三、行政行为的分类

行政行为按照不同的标准可划分不同的类型。

(一)抽象行政行为和具体行政行为

这是基于行为适用范围对行政行为所做的一种划分。

抽象行政行为是指国家行政机关制定法规、规章和有普遍约束力的决定、命令等行政规则的行为。抽象行政行为的种类,可以分为执行性抽象行政行为、补充性抽象行政行为、自主性抽象行政行为。

(1)执行性抽象行政行为,是指为执行法律或者上位规则制定具体实施细则的行政行为,其特征是不创设新的权利义务。

(2)补充性抽象行政行为,是指根据法律或者上位规则规定的基本原则和基本制度,对原法律或者上位规则需要补充完善的事项作出规定的抽象行政行为,其特征是在基本原则和基本制度约束下创设一部分补充性的新的权利义务。

(3)自主性抽象行政行为,是指行政机关直接对法律或者上位规则尚未规定的事项,在根据宪法和组织法规定的管理权限内,根据公共行政的实际需要自主创设权利义务的抽象行政行为。

具体行政行为是指行政主体针对特定的对象,就特定的事项所作出的处理决定,主要有行政征收、行政征用、行政给付、行政奖励、行政裁决、行政处罚、行政确认、行政许可、行政强制措施、行政监督检查等具体行政行为。

(1)行政征收是指行政机关根据法律的规定,无偿和强制地取得相对人财物的具体行政行为。行政征收包括税收征收和行政收费。其中行政收费,是指行政机关因为提供公共服务、提供国家资源使用权和进行公共行政而收取的费用,如水资源费、排污费、教育附加费。

(2)行政征用是指行政主体为了公共利益的需要,依照法定程序强制征用相对人财产或者劳务,并给予相对人适当补偿的具体行政行为。行政征用也属于具体行政行为,但与行政征收是存在差别的,行政征用一般是有偿的。

(3)行政给付也称行政物质帮助,是指行政机关依法对特定的相对人提供物质利益或与物质利益有关的权益的具体行政行为,如依法发放抚恤金、社会保险金、最低生活保障费。

(4)行政奖励是指行政主体依照法定条件和程序,对为国家和社会做出重大贡献的公民、法人或者其他组织,给予物质或者精神鼓励的具体行政行为,如国家科学技术奖励。

(5)行政裁决是指行政机关根据法律授权,对当事人之间发生的与公共行政活动密切相关的特定的民事纠纷的审查与裁决的行为。

(6)行政处罚是指行政主体对构成行政违法行为的公民法人或者其他组织实施的行政法上的制裁。

(7)行政确认是指行政主体依法对相对方的法律地位、法律关系和法律事实进行甄别,使之获得法律效果的行政行为。

(8)行政许可是指行政机关根据公民、法人或者其他组织的申请,经依法审查,准予其从事特定活动的行为。

（9）行政强制措施是指行政主体为了实现一定的行政目的，而对特定的行政相对人或者特定的物做出的，以限制权利和科以义务为内容的、临时性的强制行为。行政强制措施具有特定性、临时性和非制裁性（预防性和制止性）。

（10）行政监督检查是指行政主体依法定职权，对公民、法人或者其他组织遵守法律、法规、规章，执行行政命令、决定的情况进行核查、监督的行为。行政监督检查本身并不对公民法人或者其他组织的实体性权利、义务产生实质影响，它只是为相对人设定程序性义务或者对其权利行使进行一定限制。

（二）羁束行政行为和自由裁量行政行为

根据行政行为受法律羁束的程度，行政行为分为羁束行政行为和自由裁量行政行为。

（1）羁束行政行为是指法律明确规定了行政行为的范围、条件、形式、程序、方法等，行政机关没有自由选择的余地，只能严格依法实施而做出的行政行为。

（2）自由裁量行政行为是指法律仅仅规定行政行为的范围、条件、幅度和种类等，是由行政机关根据实际情况决定如何适用法律而做出的行政行为。

（三）依申请的行政行为和依职权的行政行为

标准是行政机关是否以当事人的申请作为开始具体行政行为的条件，行政行为分为依申请的行政行为和依职权的行政行为。

（1）依申请的行政行为是指行政行为以相对人的申请为前提条件，行使行政权力而做出的行政行为。

（2）依职权的行政行为是指行政机关主动行使行政权力而做出的行政行为。

（四）要式行政行为与非要式行政行为

以做出是否必须具备法定形式为标准，可将行政行为分为要式行政行为与非要式行政行为。

（1）要式行政行为是指必须具备某种特定形式或遵守特定程序才能产生行政法律效果的行政行为，如档案规章的公布行为。

（2）非要式行政行为是指不需具备特定形式或遵守特定程序，只要行政主体针对具体情况采取了适当的方式即可产生行政法律效果的行为，如汶川地震灾区档案公共行政部门在抢险中发布即时口头命令的行为。

（五）行政立法、行政执法与行政司法行为

以行政权作用的方式和实施行政行为所形成的法律关系为标准划分，行政行为分为行政立法、行政执法与行政司法行为。

（1）行政立法行为，是行政主体以法定职权和程序制定带有普遍约束力的规范性文件的行为。

（2）行政执法，是指行政主体依法实施的直接影响相对方权利和义务的行为，或者对个人、组织的权利和义务的行使和履行情况进行监督检查的行为；包括行政许可、行政确认、行政奖励等。

（3）行政司法，是指行政机关作为第三者，按照准司法程序审理特定的行政争议或民事争议案件所作出的裁决行为；它所形成的法律关系是以行政机关为一方，以发生争议的双方当事人各为一方的三方法律关系，具体包括行政裁决、行政复议等。此外，还有一些特殊的行政行为，如行政终局裁决行为、国家行为等。

（六）单方行政行为与双方（多方）行政行为

以行政法律关系相对方参与意思表示的作用为标准，将行政行为分为单方行政行为与双方（多方）行政行为。

（1）单方行政行为是指不需要相对方同意仅依行政主体单方意思即可成立的行政行为，如档案公共行政部门对发生档案违法现象的单位做出责令限期改正的决定的行为。

（2）双方（多方）行政行为是指需要相对方同意、行政主体与相对方达成一致的意思表示才能成立的行政行为，如某县档案局与农民签订代存土地承包合同的协议的行为。

除了以上的分类外，还可以依据其他标准将行政行为分为附条件行政行为与不附条件行政行为，实体性行政行为与程序性行政行为等多种类别。

同一行政行为，按照不同的分类标准，可以划归不同的类型，如国家档案局制定部门规章的行为，既是行政立法行为、抽象行政行为，又是依职权行政行为，还是单方行政行为。

四、行政行为的功能

行政功能是指行政行为所发生的实际效果。通常可以分为以下四个方面：

（1）维持功能。这是行政行为的首要功能，即国家机关及其行政人员通过其行政行为，在社会中建立起合理的、能够为社会上大多数人所接受的生活规范以及道德标准，作为人民的生活准则。

（2）管制功能。在社会生活中，每个人、每个团体都具有双重性，即自我性和社会性。这种双重性之间必然会有矛盾和冲突。为此，国家行政机关及其行政人员就必须以公正的态度，站在超然的立场上，采取必要的行政行为做适当的管制，使矛盾与冲突趋于缓和。

（3）裁判功能。在人们的社会生活中，必然会发生一些矛盾和冲突，能够解决这些问题的角色只能是国家。国家从社会中产生，又凌驾于社会之上，它总是以公正的面目出现，以国家强制力为后盾，对于争执的双方都有权威性。其中大部分的争执和纠纷由国家行政机关，依据法律和有关规定进行裁判。

（4）发展功能。社会是不断发展变化的，作为国家行政机关，负有管理社会的重任。在实施行政行为、管理全社会的实际活动中，国家行政机关能够把握住社会的发展程度和发展趋势，也能够发现社会中存在的主要问题、工作方法上的优劣，以及行政人员的素质如何，从而调整工作体制、完善行政决策，改善行政行为和工作方法，提高行政人员的素质，促进行政机关及其行政人员自身的进步与完善，最终促进全社会的进步与发展。

本章小结

所有公共行政权力都要通过公共行政权力的运行来实现，因此，公共行政权力是一切行政现象的基础。公共行政权力作为一种权力现象，既有一般权力的共同特征，也有不同于其他权力的特殊内容、结构、功能及发展规律。作为行使公共行政权力的国家行政行为主体所实施的行政行为对整个社会都会产生广泛而深刻的影响，因此，了解公共行政行为的种类、特点对于选择恰当的行为方式并有效实现行政行为的功能具有重要意义。

 复习思考题

1. 简述公共行政权力的含义。
2. 简述公共行政权力的特征。
3. 分析公共行政权力分配与政治授权之间的不同。
4. 简述公共行政行为的分类。
5. 简述公共行政行为的功能。

第三章 公共行政环境

本章重点

公共行政环境对行政管理有直接的影响和作用,本章重点介绍公共行政环境的含义、特点,公共行政环境与公共行政之间的辩证关系。掌握我国现阶段公共行政环境的特点,当前我国公共行政环境对公共行政提出的新要求。

第一节 公共行政环境概述

一、公共行政环境的提出

公共行政环境是公共行政生态理论的重要内容,它的提出得益于生态学和公共行政生态学的出现和发展,是生态学和公共行政生态学的理论与方法在公共行政组织研究上的应用与发展。

从20世纪50年代开始,随着人口剧增、能源紧张、环境污染、资源破坏等一系列环境危机的加深,人们对生态环境问题开始给予越来越多的普遍关注和高度重视。"保护环境,拯救地球"的强烈呼声促进了生态学的迅速发展,公共行政生态学也在这样的时代背景下应运而生并得以壮大。1936年,美国哈佛大学教授J.M.高斯发表了《美国社会与公共行政》,首次提出公共行政生态问题,公共行政组织管理与公共行政环境之间的关系问题。1947年,他又发表了《政府生态学》,进一步阐述了公共行政生态学的理论和方法。1951年和1961年,美国夏威夷大学东西文化研究中心教授里格斯分别发表了《比较公共行政模式》和在此基础上写成的《公共行政生态学》,他将公共行政组织的社会背景、文化背景、意识形态背景等与公共行政组织行为和公共行政现象联系起来进行考察,并依据公共行政组织的经济环境把公共行政组织划分为三种理想模型:融合型,即农业公共行政形态;棱柱型,即过渡公共行政形态;衍射型,即工业化公共行政形态。

里格斯从与高斯不同的研究视角出发,进一步发展了高斯的理论。他在更广泛的范围内分析了公共行政和经济、社会、技术、政治以及通信等因素之间的关系,确立了公共行政生态学的基本思想。此后,公共行政环境研究就受到行政学界和行政活动家们越来越广泛的关注,人们开始从考察公共行政环境这一新的途径来研究公共行政组织。20世纪80年代公共行政学研究恢复以来,我国公共行政学界投入了极高的热情来研究这一问题,涌现出了一批有影响的论著,推动了现代生态学的发展。现代生态学认为,现代人应成为生态人,必须具备生态道德和生态责任,注重生物圈规律,这就向我们的公共行政生态研究提出了更迫切的要求,要求我们研究公共行政组织时必须重视公共行政环境分析,注重分析行政组织有机体在生存和运行过程中所受的各种生态环境机制的影响。

二、公共行政环境的含义及特点

公共行政环境是公共行政的前提、依据和实施影响的对象。公共行政环境和公共行政的有机统一,是公共行政生态学的基本要求,是党的实事求是思想路线在公共行政领域的贯彻和实行。

(一)公共行政环境的含义

公共行政环境是指存在于公共行政主体之外,围绕公共行政活动和公共行政现象的外部境况,并直接或间接作用或影响公共行政的自然环境、社会环境等各种因素的总和。公共行政活动和公共行政环境之间相互依存、相互作用、相互影响,二者融合成一个特殊的生态系统。因此,正确认识、努力创造科学的公共行政环境,对于实现公共行政的高效化、科学化、现代化具有十分重要的作用。公共行政环境的含义主要包括以下三方面:

(1)公共行政环境是存在于公共行政主体之外的客观因素,公共行政的主体在公共行政活动中会受到自然条件和社会条件的影响和制约。

(2)公共行政与公共行政环境之间相互依存、相互作用,构成公共行政系统。公共行政作为政府的功能或活动,受到公共行政环境的制约;公共行政活动本身也在不断创造、改变着公共行政环境。

(3)公共行政环境对公共行政直接或间接的作用是有规律的。只有正确认识行政环境及其发展规律,才能深刻全面地认识公共行政,把握公共行政运行的客观规律,推动国家公共行政的发展。

(二)公共行政环境的特点

(1)复杂性。公共行政环境是一个极其复杂的系统。它不仅包括行政组织所面临的经济、政治、文化、民族、宗教、国际社会等外部的宏观环境,而且还包括行政组织内部诸如组织成员、物资设备、行政经费等物质性的内部环境,以及由组织结构、权力配置、管理模式、人际关系、沟通激励、组织文化等要素与相互关系所组成组织气候等非物质性的内部环境。如此众多的环境因素在特定的公共行政活动中所产生的影响、作用各不相同。

(2)变动性与不确定性。任何一个行政组织的环境都并非一成不变。无论是行政组织的外部环境,还是行政组织的内部环境,都随时间、空间及其他因素的变化而不断发生变化。特别是在现代社会,世界变化日新月异,公共行政环境特别是公共行政组织的外部环境,变化速度越来越快,变化幅度越来越高,变化程度越来越深。同时,随之带给行政组织的不确定因素也越来越多,越来越剧烈。

(3)差异性。各国公共行政的差异既表现在地理位置、地形地貌、气候资源等自然条件方面,也表现在社会结构、经济发展、政治制度、民族文化、人口构成、历史文化等方面,它造成了各国各地区公共行政风格的特殊性。

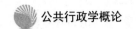

（4）综合性。公共行政环境诸因素是相互联系、相互制约的，某一环境因素的变化常会引起一系列环境因素的变化。多种环境因素的综合作用决定某一事物的变化。

三、公共行政环境的分类

公共行政环境是公共行政系统赖以存在和发展的外部条件的总和。这些条件有物质的、精神的；有有形的、无形的；有自然界的、社会界的。总之，凡是作用于公共行政系统，并为公共行政系统反作用所影响的条件和因素，都可能属于公共行政环境的范围。

（一）按地域分类

按地域分类，可将公共行政环境分为国际公共行政环境和国内公共行政环境。

1. 国际公共行政环境

国际公共行政环境是指一个国家与世界各国家、地区之间的政治、经济、文化、自然地理等方面的关系以及其他国与国之间的相互关系。国际公共行政环境包括国际社会环境条件和国际自然环境条件两个方面：

（1）国际社会环境条件是指国际社会的政治、经济、文化等发展情况。当前国际社会环境的总趋势是和平与发展。这是当今世界的两大主题。但是，在认识国际形势缓和趋势的同时，还必须看到缓和中有紧张，对话中有对抗。

（2）国际自然环境条件指的是全世界生态环境的变化。当前，全世界生态环境的恶化，已对人类的生存构成巨大威胁。例如，大气中臭氧层遭到破坏、气候变暖，水土流失、土地沙化，一些生物濒临绝种，艾滋病、水灾、地震等全球性问题威胁着整个人类，影响着各国公共行政目标的实现。

从整体上看，目前国际公共行政环境呈现全球化的趋势，许多问题需要全球合作的治理。这就给各国公共行政带来了机遇，同时也带来了挑战。

2. 国内公共行政环境

国内公共行政环境指的是一个国家自身的社会与自然环境。由于世界各国的历史发展、文化传统以及地理位置等的不同，世界各国的国内环境差异很大。国内公共行政环境包括社会和自然两大领域：公共行政社会环境有经济环境、政治法律环境、精神文化环境、人口民族历史传统等环境；公共行政自然环境主要是作用于公共行政系统的一个国家的地理位置和自然资源。这些自然资源又可以划分为生态资源、生物资源和矿物资源。

（二）按公共行政环境对公共行政作用的层次分类

按公共行政环境对公共行政作用的层次，可将公共行政环境分为宏观公共行政环境、微观公共行政环境和中观公共行政环境。

（1）宏观公共行政环境，即通常所说的国情，包括国际的社会、自然环境和国内的社会、自然环境。尤其是国内社会环境，与公共行政的关系最为密切，有人称它为一国行政系统的"生长气候"。宏观公共行政环境对行政活动的影响很大，有时甚至是决定性的。

（2）微观公共行政环境，是指一个行政机构内部甚至一个行政领导班子内部的具体情况，包括结构是否合理，责任是否明确，人际关系是否良好，工作方法是否科学，等等。这些因素对公共行政活动的影响是直接的。有一个良好的微观公共行政环境，这个公共行政机构就能有行政高效率。

（3）中观公共行政环境，是指公共行政系统的组织结构和运行情况，包括行政组织的结构是否合理，职权划分是否明确，沟通是否顺畅，制度是否健全，等等。这些因素对公共行政活动同样有着直接的影响。

此外，还可以从不同的内容上，将公共行政环境分为政治环境、经济环境、文化环境、自然环境等；从公共行政环境作用的效果上，可将公共行政环境分为良性的公共行政环境和恶性的公共行政环境；等等。

第二节　公共行政与公共行政环境

一、公共行政与公共行政环境的辩证关系

公共行政与公共行政环境相互作用、相互制约、相辅相成的关系构成了二者间基本的辩证关系。这种关系从公共行政方面表现为适应公共行政环境、改造公共行政环境；从公共行政环境方面表现为制约公共行政、推动公共行政。

行政环境对行政的影响主要表现在：

（1）公共行政环境是公共行政系统的生存和发展空间。环境特征决定了公共行政的时代特征及其发展方向与目标。公共行政活动是适应外部环境的需要而产生的，不同的外部环境需要制约着公共行政活动的目标、规模及行为方式。公共行政系统只有与外部环境不断地进行物质、能量与信息交换，才能求得生存，才能发挥其效能与作用，才能服务于社会与人民。

（2）公共行政环境决定着公共行政的框架与结构，规定了公共行政运行的基本规则。公共行政环境中的政治、经济因素直接决定了行政体制、行政机构、行政运行机制与方式等行政方面的基本问题。理解行政的内涵，必须从分析、把握其所处的环境入手，公共行政是环境的外在体现。

（3）公共行政环境影响乃至决定公共行政职能的内容及其实现，政府承担哪些职能及哪些职能的履行程度受经济环境的影响最大。计划经济体制与市场经济体制下政府职能明显不同，差别的根源在于不同体制对政府提出的要求不同。

（4）公共行政环境影响着公共行政过程。公共行政活动的开展受所处环境的直接影响，这种影响主要表现在两个方面：一是对公共行政决策的影响。政党政治、权力体制状况直接影响着公共行政决策的开展。二是对公共行政执行的影响。公共行政执行是否畅通无阻，很大程度上取决于环境对公共行政执行的支持、配合与参与程度。

公共行政环境对公共行政的决定和影响作用，并不意味着公共行政只是消极、被动地适应环境，相反，公共行政是积极的行政。公共行政在适应外部环境的基础上，根据自身发展和社会整体发展的需要，对环境发展提出积极的建议、意见，并通过采取相应措施限

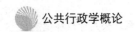

制或鼓励某些行为的实施来达到改善环境和控制环境的目的。这样便发挥了公共行政对环境的积极功能。当然，如果公共行政发展滞后，公共行政对环境的发展势必产生负面影响，这时，受外界压力的影响，公共行政改革将不可避免。

综上所述，公共行政与外部环境之间存在着互动关系，二者互相制约，互相推动，使公共行政在推动社会发展的同时，自身也得到了发展。既然如此，就必须重视公共行政环境与公共行政关系的研究，从中寻求公共行政活动的规律，进而增强公共行政实践的针对性、实效性。

二、自然环境对公共行政的影响

自然环境中的宇宙环境和地球环境，都与公共行政存在某种联系。由于宇宙环境对公共行政的影响甚微，因此，我们将着重研究地球环境对公共行政的影响。

（一）地理环境影响、决定生产方式和经济基础，进而制约着国家公共行政的形成和发展

四大文明古国的诞生与兴盛均依赖于特定的地理条件，即位于亚热带、暖温带地区及大河流的中下游流域。温和的气候、肥沃的土壤、丰富的水源与平坦的地势，促进了生产力的发展、剩余产品的出现、私有制的产生，进而促进了国家的产生。古埃及、古巴比伦、玛雅等古典文明的兴衰就与气候变迁和生态环境的变异息息相关。就中国而言，中华文明的东移南迁与这一时期中纬度地带自然环境的变迁密切相关。资本主义最先在地中海沿岸萌芽，继而在西欧临海国家或地区发展，与这一地区优越的地理位置、开放的地理环境以及丰富的"生产资料的自然资源"等地理条件无不相关。地理环境开放或封闭程度的不同、自然资源的差异导致了资本主义生产方式或工商文明在欧洲各地产生的时间先后不同。

（二）地理环境影响国家综合国力的强弱，制约着公共行政的财力基础与功能发挥

地理环境是综合国力的重要组成部分，地理空间与自然资源是一个国家能力发展的基石，国家的力量来源于它所安身立命的领地和资源，一个国家领地与资源的状况直接影响到这个国家公共行政的财力基础以及它对内、对外行使职能的程度和效力。自然资源丰富、国土面积广的国家较自然资源匮乏、国土面积小的国家而言，生产力的发展速度要快，综合国力要强，公共行政的权力体系和功能要更加健全和完善。

（三）地理环境性状影响社会的政治结构，进而影响公共行政的权力设置

俄国哲学家普列汉诺夫提出："自然环境对社会结构的影响是无可争辩的，自然环境的性质决定社会环境的性质。"以中国封建社会的社会结构为例，中国版图辽阔，地区之间常被高山、大河阻隔，地域之间差异显著。因此，在自然经济条件下的封建中国，要想克服和限制由于地理环境而造成的地域间的分离和隔绝倾向，就必须不断地从政治上强化中央集权的力量。这样，辽阔且多山河的地理环境就在一定程度上形成了中央集权的政治结构，也在一定程度上造成了公共行政机构的超速发展和过分庞大以及行政权力的过分集中。

（四）地理环境条件影响国家实体与公共行政的安全和稳定状况

某些国家四周或有山脉、沙漠，或有海洋包围，或有茂密的森林、大片的沼泽阻碍，

这些都是国家安全的天然屏障，使这些国家有良好的防守条件，有利于阻碍外敌的入侵，有利于国家安全，有利于公共行政的安全和稳定。如历史上埃及、法国等国，封闭的地理环境都在保护国家安全上起到过一定作用。而周围地理条件不利则容易遭到外敌的蹂躏，例如：文明古国巴比伦东西两面是平坦辽阔的草原，这样的地形条件成为游牧民族进入平原的通道，因而历史上先后被东西两面来的外族征服。

（五）环境问题可衍生国家内部与国家之间的政治问题，从而影响到公共行政

环境问题可以成为影响统治阶级政权的因素。如1985年，荷兰政府由于筹措环保费用发生分歧而垮台，成为世界上第一个因环境问题而垮台的政府。同时，许多环境问题诸如核泄漏、酸雨等跨国环境污染会引起国家公共行政之间的政治合作或政治纠纷等。另外，由于环境问题的恶化，许多西方发达国家的绿党、环境党日益成为一支重要的政治力量。目前，法国、德国等国的绿党（或环境党）人士已有不少在政府中占据要职，影响到了公共行政的成员与功能设置。

三、社会环境对公共行政的影响

（一）经济环境对公共行政的影响

公共行政作为行政系统的重要组成部分，属于社会的政治上层建筑。从这一角度讲，经济环境是公共行政外部环境中最基本的方面，也是影响公共行政最重要、最深层的环境。经济环境对公共行政的影响可以概括为以下两个方面。

1. 生产力对公共行政的影响

生产力的发展状况为公共行政的存在和运行提供物质基础。公共行政总是在一定的物质条件基础上存在和运行的，物质条件充足与否和技术装备精良与否直接关系到公共行政运行效率的高低，而这些都与一定时期的生产力发展状况密切相关。同时，从宏观上看，生产力的发展状况还是行政经费能否充足、公共行政能否顺利运转的保证。

生产力的发展水平制约着公共行政的功能发挥。公共行政有其内在的机构、体制和制度，但人们设计这些形式总要受到经济条件的制约，只能在一定条件下建立公共行政，不同的生产力水平要求设置不同的部门，履行不同的功能。自然经济社会中，商品生产极不发达，公共行政的经济功能极其微弱，与之相应的经济管理部门也很少。市场经济条件下，社会化大生产要求国家对经济宏观调控能力和社会管理功能加强，与之相适应，宏观经济管理部门和相关的社会保障部门也得到了强化。

2. 生产关系对公共行政的影响

基本生产关系直接决定公共行政的性质和变化。生产关系是人们在生产过程中形成的人与人之间的关系，包括生产资料所有制形式、人际关系和产品分配形式等，它是社会中一切上层建筑赖以建立的经济基础。公共行政作为政治上层建筑的组成部分，经济基础的性质和变化决定它的性质与变化。

具体的经济体制影响公共行政的功能配置和运行模式。经济体制是生产关系的具体表

现形式，它规定着经济资源的配置形式。在自然经济体制下，经济资源由自发的习惯经验配置，无须政府的直接干预与协调，因而公共行政的经济功能、社会功能微弱，而政治功能、社会功能较为突出。在计划经济体制下，政府对社会经济活动实行直接而全面的指令管理，从而导致经济管理的行政部门林立，政企不分。在市场经济体制下，经济资源主要由市场配置，兼由政府适当干预。与之相适应，政府宏观调控需要公共行政设立相应的管理部门。

（二）政治环境对公共行政的影响

1. 国家制度对公共行政的影响

国家制度分为国体和政体两方面。其中，国体直接决定公共行政的基本性质，政体规定公共行政的具体形式和地位。

国体直接决定公共行政的基本性质。国体即"国家的类型"，是指具有相同特征的国家的集合。它是一个国家最基本的政治制度，体现一个国家的阶级性质。公共行政作为国家政权的心脏，它的性质由国家的性质决定。所以，国体直接决定着一个国家公共行政的阶级性质。我国公共行政的阶级性，集中表现为工人阶级领导的、以工农联盟为基础的人民民主专政。

政体规定公共行政的具体形式和地位。政体即"政权组织的形式"，也就是国家的统治形式或组织形式。它规定整个政治系统（包括行政系统）各机构的组成形式与相互关系，因而也决定公共行政在整个政治系统中的具体形式与地位作用。与议会制政体相对应的公共行政形式是内阁制，政府的存废更要以议会为基础；与总统制相对应的公共行政形式中，总统直接掌管政府，总统由全民选举，对选民而不对议会负责，总统与议会之间相互制衡。在我国人民代表大会政体中，人民代表大会统一行使国家权力，政府是人民代表大会的执行机关，由它产生并对其负责。

2. 政党制度对公共行政的影响

政党制度影响公共行政的稳定性和功能发挥。政党制度是指政党参与国家权力运营的形式、途径和制度。它反映的是政党与政权的关系，分为一党制、两党制和多党制。一般而言，在一党制下，公共行政的机构设置、人员配备和功能发挥比较稳定，政策有较强的连续性，执政党与公共行政能保持较长期的密切关系，党政双方能保持在政见上的一致性。但一党制容易导致党政不分，以党代政，损害公共行政的独立性。在两党制与多党制下，公共行政主要官员和政策随执政党的更迭而变化，公共行政的机构、人员、政策与运行不够稳定，但政治中立的文官制度可在一定程度上弥补这一不足，进而增强纠错机制的灵活性，有利于行政决策与执行的完善。我国实行的是中国共产党领导的多党合作制，它既可以吸收一党制与多党制的优点，又可以避免其缺点；既有利于我国公共行政的稳定，又有利于纠正行政决策与执行的失误。

3. 法律制度对公共行政的影响

法律制度规定并保障公共行政的地位和职权。公共行政是国家机器的组成部分之一，在整个国家机构体系中居于重要地位，享有特殊权力。在现代社会，公共行政的地位、权限等都是由法律规定和予以保障的。在我国，国务院是最高国家行政机关，也是最高权力机关的执行机关，实行总理负责制；地方各级公共行政都依据《宪法》《国务院组织法》和《地方各级人民代表大会和地方各级人民政府组织法》规定的权限行使职权。

法律制度规范和约束公共行政的行政行为。公共行政除了必须遵循《宪法》《国务院组织法》和《地方各级人民代表大会和地方各级人民政府组织法》外，它的具体行政行为还受《行政诉讼法》、《行政复议条例》等法律规范的约束。《行政诉讼法》规定，"公民、法人或者其他组织认为行政机关和行政机关工作人员的行政行为侵犯其合法权益，有权依照本法向人民法院提起诉讼"。《行政复议条例》总则第一条规定，"为了维护和监督行政机关依法行使职权，防止和纠正违法或者不当的具体行政行为，保护公民、法人和其他组织的合法权益，根据宪法和有关法律，制定本条例"。

4. 公众舆论对公共行政的影响

公众舆论为公共行政提供动力或产生斥力。公共舆论是"以人们内心深处的政治文化价值体系为标准，并经一定渠道由社会大众表达的对当前政治事务和公共生活的意见"。公众舆论是公众对政治生活问题和意见的表达，它往往以此构成政治输入，公共行政的工作就是把公众舆论的输入转变为政府的输出，以回应公众舆论。因此，公众舆论影响着公共行政的行政行为。在"公民社会"呼声日愈强烈的今天，公众舆论对公共行政的影响也日益明显。这种影响主要表现在以下两个方面：提供动力——维护和监督；产生斥力——反对和颠覆。当公众舆论与政府回应相一致时，它可以帮助政府较快、较有力地形成决策，使决策在运行过程中损耗降低，从而维护公共行政系统运行的稳定可靠。当公众舆论与政府输出的分歧较大时，再加上一些其他因素，它往往对公共行政产生巨大的破坏力。1997年亚洲金融危机后，东南亚各国出现的政府危机就是典型的例证。

（三）文化、民族和宗教对公共行政的影响

1. 行政文化对公共行政的影响

文化有广义和狭义之分，本书中研究的是狭义的文化，即以价值观和行为模式为核心的社会意识形态。狭义的文化对公共行政的影响是通过行政文化来实现的，行政文化是社会文化在行政领域的表现，是人们关于公共行政的价值观念以及与该价值观念相对应的公共行政的行为模式。

行政文化在一定程度上控制公共行政。行政文化是在公共行政成员的具体活动中形成的，它对公共行政及其成员的活动进行自觉或不自觉的控制，从而使公共行政的活动沿着一定行政文化的价值取向运转。首先，它规定公共行政行为的价值取向。行政价值观念影响行政性质，它通过公共行政领导和成员的导向作用来引导公共行政的行为。其次，它规定公共行政的明确目标。行政文化中的目标文化帮助人们设计行政行为的具体步骤、程序和方式，预测行政行为的结果和影响，引导公共行政为此而奋斗。最后，它规定公共行政成员的行为准则。公共行政成员的仪表、言谈、举止等都要受到行政文化的影响和制约。

行政文化对公共行政产生聚合力量。共同的文化导致人们的行为在特定的时空中趋向同一。强有力的行政文化具有团结行政人员的作用，它促使公共行政成员为提高行政效率和行政效益而努力工作。行政目标为公共行政确立凝聚点，团体行政意识的不断强化使公共行政产生凝聚力，行政理想的不断强化为公共行政提供凝聚剂。

行政文化对公共行政运作产生影响。伴随着人类活动，社会历史和文化的不断发展与进化，文化内部诸要素的变化、发展以及公共行政系统的发展，行政文化不断地自我更新和进化。行政文化的变革与更新必将成为公共行政进一步发展的重要动力，促使公共行政发生变革。

2. 民族环境对公共行政的影响

民族环境影响公共行政的设置。世界上有单一民族的国家，但更多的是多民族国家。在多民族国家中，民族成分多样，分布区域广泛，民族经济发展不平衡，必然存在民族问题。为解决民族问题，国家需要根据民族特点设立专门的公共行政机构来管理少数民族事务。我国根据"大杂居、小聚居"的民族特点实行民族区域自治制度，在民族地区设立公共行政机构，保证了民族之间的团结。

民族凝聚力影响公共行政的凝聚力。一个公共行政特别是国家公共行政是否具有凝聚力，在很大程度上取决于该公共行政所处的民族环境是否和谐、融洽。民族环境的优劣、民族之间向心力和离心力比重的高低，直接影响到公共行政凝聚力的大小、强弱。

民族习俗在一定程度上制约公共行政权力的行使。公共行政权力具有强制性，但由于民族之间差异性和发展的不平衡性，公共行政在民族地区运用权力时，应考虑具体的民族风俗、文化和历史情况。忽视民族习俗，不适宜地运用行政权力容易损害民族感情，引起民族矛盾。因此，公共行政在行使行政权力时，应视具体情况变通使用近似的权力或终止某项权力。例如，控制人口的计划生育权力，在某些少数民族地区不适用。

3. 宗教环境对公共行政的影响

宗教是一种复杂的社会历史现象，是人们对于想象中的超自然的神灵的信仰和崇拜。影响组织的宗教环境要素包括宗教组织、宗教教徒、宗教意识、宗教政策、宗教活动、宗教在国家中的地位等。

在政教合一的国家里，宗教制约公共行政的机构设置和职权行使。在这些国家，神权高于一切，国家公共行政的设置和职权的规定无不受宗教的影响；在一些没有成文宪法的国家里，伊斯兰教创始人穆罕默德的遗训和《古兰经》就是法律条文，公共行政的设置与活动都须以此为依据；在一些宗教盛行的国家里，公共行政成员以宗教道德规范代替行政道德规范，并以此来协调公共行政成员的行为和公共行政内部关系。

宗教在一定条件下可以推动公共行政的管理活动。当国家能够对宗教问题合理解决、对宗教能够适当地控制和利用时，宗教在一定程度上可以成为国家统治的工具，从而推动公共行政的各项活动，有利于行政目标的实现。同时，宗教所宣传的一些"剔除邪恶、与人为善"的教义在一定程度上可以引导教徒弃恶从善，在客观上有利于社会的稳定和公共行政活动的开展。

而宗教在一定条件下也可以妨碍公共行政的管理活动。宗教作为客观存在，是一种不可忽视的社会力量。当它被与国家力量相对抗的社会势力控制或利用时，它就会成为公共行政活动的障碍。同时，宗教和迷信又往往鱼龙混杂，一些不法之徒打着宗教的幌子宣传封建迷信、诈骗钱财、煽动对社会的不满情绪，不利于社会的团结和公共行政活动的开展。

（四）国际社会环境对公共行政的影响

影响公共行政的国际社会环境包括国际关系、国际形势、重大国际事件、国际组织和国际法等。

（1）国际关系的发展和国家之间的密切交往，影响公共行政的机构设置和政策职能。国际交往由来已久，20世纪以来，特别是第二次世界大战（以下简称"二战"）以来，国际交往日益频繁，交往领域日益扩大，交往形式也日趋多样。国家之间既相互依赖和合作，又相互排斥和竞争，这种相互依赖和制约的关系必然影响到各国政府的机构设置和政策职能。现代国家外交部、国防部及大量驻外行政机构的设置，正体现了国际社会环境的重要性。

（2）国际形势特别是战争与和平的宏观国际形势，在相当程度上影响着国家公共行政的稳定。战争年代，政治局势变化频繁，公共行政结构因战争破坏或战时需要，必须采取灵活多样的形式；和平年代，政治局势相对缓和，局部冲突不甚激烈，公共行政较为稳定。

（3）突发的重大国际事件，会促使一些相关国家设立专门处理这些事件的临时性公共行政机构。例如，在"9·11"事件发生后，美国政府为了应付恐怖活动，保障国家安全，专门设立了一些行政机构来处理这些突发性事件。同样，其他国家如英国、德国、日本、韩国等因形势的需要，也相继设立了这类行政机构。

（4）国际组织和国际法在一定程度上制约着各国公共行政的活动。从国家派生出来的国际组织是各成员国政府依据共同的条约成立的；国际法是国际社会公认的行为准则和规范，缔约国的公共行政在行使职权时，必定要受国际组织有关条约、协议和国际法的制约和影响。

综上所述，为保持行政生态的平衡，既要求行政活动以行政环境为依据，根据行政环境提供的条件来确定行政职能、行政目标、行政发展战略，依据行政环境提供的条件来从事行政活动，同时又要发挥改变、塑造、控制行政环境的反作用，从而使行政环境更加优化，使其朝满足行政活动要求的方向发展。这一点尤为重要，因为我们的任务不仅在于认识世界，更重要的是改造世界。

第三节 中国现阶段公共行政环境

一、中国特色社会主义进入了新时代——我国发展新的历史方位

十九大报告在总结改革开放和社会主义现代化建设的历史性成就的基础上，对我国社会主要矛盾做出新论断的前提下提出了中国特色社会主义进入了新时代的历史方位。二十大报告对十九大以来五年和新时代十年的伟大变革做了系统总结。

十九大以来的五年，是极不寻常、极不平凡的五年。党中央统筹中华民族伟大复兴战略全局和世界百年未有之大变局，召开七次全会，分别就宪法修改，深化党和国家机构改革，坚持和完善中国特色社会主义制度、推进国家治理体系和治理能力现代化，制定"十四五"规划和二〇三五年远景目标，全面总结党的百年奋斗重大成就和历史经验等重大问题作出决定和决议，就党和国家事业发展作出重大战略部署，团结带领全党全军全国各族人民有效应对严峻复杂的国际形势和接踵而至的巨大风险挑战，以奋发有为的精神把新时代中国特色社会主义不断推向前进。

五年来，我们坚持加强党的全面领导和党中央集中统一领导，全力推进全面建成小康社会进程，完整、准确、全面贯彻新发展理念，着力推动高质量发展，主动构建新发展格局，蹄疾步稳推进改革，扎实推进全过程人民民主，全面推进依法治国，积极发展社会主义先进文化，突出保障和改善民生，集中力量实施脱贫攻坚战，大力推进生态文明建设，坚决维护国家安全，防范化解重大风险，保持社会大局稳定，大力度推进国防和军队现代化建设，全方位开展中国特色大国外交，全面推进党的建设新的伟大工程。我们隆重庆祝中国共产党成立一百周年、中华人民共和国成立七十周年，制定第三个历史决议，在全党开展党史学习教育，建成中国共产党历史展览馆，号召全党学习和践行伟大建党精神，在新的征程上更加坚定、更加自觉地牢记初心使命、开创美好未来。特别是面对突如其来的新冠肺炎疫情，我们坚持人民至上、生命至上，坚持外防输入、内防反弹，坚持动态清零不动摇，开展抗击疫情人民战争、总体战、阻击战，最大限度保护了人民生命安全和身体健康，统筹疫情防控和经济社会发展取得重大积极成果。面对香港局势动荡变化，我们依照宪法和基本法有效实施对特别行政区的全面管治权，制定实施香港特别行政区维护国家安全法，落实"爱国者治港"原则，香港局势实现由乱到治的重大转折，深入推进粤港澳大湾区建设，支持香港、澳门发展经济、改善民生、保持稳定。面对"台独"势力分裂活动和外部势力干涉台湾事务的严重挑衅，我们坚决开展反分裂、反干涉重大斗争，展示了我们维护国家主权和领土完整、反对"台独"的坚强决心和强大能力，进一步掌握了实现祖国完全统一的战略主动，进一步巩固了国际社会坚持一个中国的格局。面对国际局势急剧变化，特别是面对外部讹诈、遏制、封锁、极限施压，我们坚持国家利益为重、国内政治优先，保持战略定力，发扬斗争精神，展示不畏强权的坚定意志，在斗争中维护国家尊严和核心利益，牢牢掌握了我国发展和安全主动权。五年来，我们党团结带领人民，攻克了许多长期没有解决的难题，办成了许多事关长远的大事要事，推动党和国家事业取得举世瞩目的重大成就。

十八大召开至今已经十年。十年来，我们经历了对党和人民事业具有重大现实意义和深远历史意义的三件大事：一是迎来中国共产党成立一百周年，二是中国特色社会主义进入新时代，三是完成脱贫攻坚、全面建成小康社会的历史任务，实现第一个百年奋斗目标。这是中国共产党和中国人民团结奋斗赢得的历史性胜利，是彪炳中华民族发展史册的历史性胜利，也是对世界具有深远影响的历史性胜利。

十年来，我们坚持马克思列宁主义、毛泽东思想、邓小平理论、"三个代表"重要思想、科学发展观，全面贯彻新时代中国特色社会主义思想，全面贯彻党的基本路线、基本方略，采取一系列战略性举措，推进一系列变革性实践，实现一系列突破性进展，取得一系列标志性成果，经受住了来自政治、经济、意识形态、自然界等方面的风险挑战考验，党和国家事业取得历史性成就、发生历史性变革，推动我国迈上全面建设社会主义现代化国家新征程。

我们创立了新时代中国特色社会主义思想，明确坚持和发展中国特色社会主义的基本方略，提出一系列治国理政新理念新思想新战略，实现了马克思主义中国化时代化新的飞跃，坚持不懈用这一创新理论武装头脑、指导实践、推动工作，为新时代党和国家事业发展提供了根本遵循。

我们全面加强党的领导，明确中国特色社会主义最本质的特征是中国共产党领导，中国特色社会主义制度的最大优势是中国共产党领导，中国共产党是最高政治领导力量，坚持党中央集中统一领导是最高政治原则，系统完善党的领导制度体系，全党增强"四个意识"，自觉在思想上政治上行动上同党中央保持高度一致，不断提高政治判断力、政治领悟力、政治执行力，确保党中央权威和集中统一领导，确保党发挥总揽全局、协调各方的领导核心作用，我们这个拥有九千六百多万名党员的马克思主义政党更加团结统一。

我们对新时代党和国家事业发展作出科学完整的战略部署，提出实现中华民族伟大复兴的中国梦，以中国式现代化推进中华民族伟大复兴，统揽伟大斗争、伟大工程、伟大事业、伟大梦想，明确"五位一体"总体布局和"四个全面"战略布局，确定稳中求进工作总基调，统筹发展和安全，明确我国社会主要矛盾是人民日益增长的美好生活需要和不平衡不充分的发展之间的矛盾，并紧紧围绕这个社会主要矛盾推进各项工作，不断丰富和发展人类文明新形态。

我们经过接续奋斗，实现了小康这个中华民族的千年梦想，我国发展站在了更高历史起点上。我们坚持精准扶贫、尽锐出战，打赢了人类历史上规模最大的脱贫攻坚战，全国八百三十二个贫困县全部摘帽，近一亿农村贫困人口实现脱贫，九百六十多万贫困人口实现易地搬迁，历史性地解决了绝对贫困问题，为全球减贫事业作出了重大贡献。

我们提出并贯彻新发展理念，着力推进高质量发展，推动构建新发展格局，实施供给侧结构性改革，制定一系列具有全局性意义的区域重大战略，我国经济实力实现历史性跃升。国内生产总值从五十四万亿元增长到一百一十四万亿元，我国经济总量占世界经济的比重达百分之十八点五，提高七点二个百分点，稳居世界第二位；人均国内生产总值从三万九千八百元增加到八万一千元。谷物总产量稳居世界首位，十四亿多人的粮食安全、能源安全得到有效保障。城镇化率提高十一点六个百分点，达到百分之六十四点七。制造业规模、外汇储备稳居世界第一。建成世界最大的高速铁路网、高速公路网，机场港口、水利、能源、信息等基础设施建设取得重大成就。我们加快推进科技自立自强，全社会研发经费支出从一万亿元增加到二万八千亿元，居世界第二位，研发人员总量居世界首位。基础研究和原始创新不断加强，一些关键核心技术实现突破，战略性新兴产业发展壮大，载人航天、探月探火、深海深地探测、超级计算机、卫星导航、量子信息、核电技术、新能源技术、大飞机制造、生物医药等取得重大成果,进入创新型国家行列。

我们以巨大的政治勇气全面深化改革,打响改革攻坚战,加强改革顶层设计,敢于突进深水区,敢于啃硬骨头,敢于涉险滩,敢于面对新矛盾新挑战,冲破思想观念束缚,突破利益固化藩篱,坚决破除各方面体制机制弊端,各领域基础性制度框架基本建立,许多领域实现历史性变革、系统性重塑、整体性重构,新一轮党和国家机构改革全面完成,中国特色社会主义制度更加成熟更加定型,国家治理体系和治理能力现代化水平明显提高。

我们实行更加积极主动的开放战略,构建面向全球的高标准自由贸易区网络,加快推进自由贸易试验区、海南自由贸易港建设,共建"一带一路"成为深受欢迎的国际公共产品和国际合作平台。我国成为一百四十多个国家和地区的主要贸易伙伴,货物贸易总额居世界第一,吸引外资和对外投资居世界前列,形成更大范围、更宽领域、更深层次对外开放格局。

我们坚持走中国特色社会主义政治发展道路,全面发展全过程人民民主,社会主义民主政治制度化、规范化、程序化全面推进,社会主义协商民主广泛开展,人民当家作主更为扎实,基层民主活力增强,爱国统一战线巩固拓展,民族团结进步呈现新气象,党的宗教工作基本方针得到全面贯彻,人权得到更好保障。社会主义法治国家建设深入推进,全面依法治国总体格局基本形成,中国特色社会主义法治体系加快建设,司法体制改革取得重大进展,社会公平正义保障更为坚实,法治中国建设开创新局面。

我们确立和坚持马克思主义在意识形态领域指导地位的根本制度,新时代党的创新理论深入人心,社会主义核心价值观广泛传播,中华优秀传统文化得到创造性转化、创新性发展,文化事业日益繁荣,网络生态持续向好,意识形态领域形势发生全局性、根本性转变。我们隆重庆祝中国人民解放军建军九十周年、改革开放四十周年,隆重纪念中国人民抗日战争暨世界反法西斯战争胜利七十周年、中国人民志愿军抗美援朝出国作战七十周年,成功举办北京冬奥会、冬残奥会,青年一代更加积极向上,全党全国各族人民文化自信明显增强、精神面貌更加奋发昂扬。

我们深入贯彻以人民为中心的发展思想,在幼有所育、学有所教、劳有所得、病有所医、老有所养、住有所居、弱有所扶上持续用力,人民生活全方位改善。人均预期寿命增长到七十八点二岁。居民人均可支配收入从一万六千五百元增加到三万五千一百元。城镇新增就业年均一千三百万人以上。建成世界上规模最大的教育体系、社会保障体系、医疗卫生体系,教育普及水平实现历史性跨越,基本养老保险覆盖十亿四千万人,基本医疗保险参保率稳定在百分之九十五。及时调整生育政策。改造棚户区住房四千二百多万套,改造农村危房二千四百多万户,城乡居民住房条件明显改善。互联网上网人数达十亿三千万人。人民群众获得感、幸福感、安全感更加充实、更有保障、更可持续,共同富裕取得新成效。

我们坚持绿水青山就是金山银山的理念,坚持山水林田湖草沙一体化保护和系统治理,全方位、全地域、全过程加强生态环境保护,生态文明制度体系更加健全,污染防治攻坚向纵深推进,绿色、循环、低碳发展迈出坚实步伐,生态环境保护发生历史性、转折性、全局性变化，我们的祖国天更蓝、山更绿、水更清。

我们贯彻总体国家安全观，国家安全领导体制和法治体系、战略体系、政策体系不断完善，在原则问题上寸步不让，以坚定的意志品质维护国家主权、安全、发展利益，国家安全得到全面加强。共建共治共享的社会治理制度进一步健全，民族分裂势力、宗教极端势力、暴力恐怖势力得到有效遏制，扫黑除恶专项斗争取得阶段性成果，有力应对一系列重大自然灾害，平安中国建设迈向更高水平。

我们确立党在新时代的强军目标，贯彻新时代党的强军思想，贯彻新时代军事战略方针，坚持党对人民军队的绝对领导，召开古田全军政治工作会议，以整风精神推进政治整训，牢固树立战斗力这个唯一的根本的标准，坚决把全军工作重心归正到备战打仗上来，统筹加强各方向各领域军事斗争，大抓实战化军事训练，大刀阔斧深化国防和军队改革，重构人民军队领导指挥体制、现代军事力量体系、军事政策制度，加快国防和军队现代化建设，裁减现役员额三十万胜利完成，人民军队体制一新、结构一新、格局一新、面貌一新，现代化水平和实战能力显著提升，中国特色强军之路越走越宽广。

我们全面准确推进"一国两制"实践，坚持"一国两制"、"港人治港"、"澳人治澳"、高度自治的方针，推动香港进入由乱到治走向由治及兴的新阶段，香港、澳门保持长期稳定发展良好态势。我们提出新时代解决台湾问题的总体方略，促进两岸交流合作，坚决反对"台独"分裂行径，坚决反对外部势力干涉，牢牢把握两岸关系主导权和主动权。

我们全面推进中国特色大国外交，推动构建人类命运共同体，坚定维护国际公平正义，倡导践行真正的多边主义，旗帜鲜明反对一切霸权主义和强权政治，毫不动摇反对任何单边主义、保护主义、霸凌行径。我们完善外交总体布局，积极建设覆盖全球的伙伴关系网络，推动构建新型国际关系。我们展现负责任大国担当，积极参与全球治理体系改革和建设，全面开展抗击新冠肺炎疫情国际合作，赢得广泛国际赞誉，我国国际影响力、感召力、塑造力显著提升。

我们深入推进全面从严治党，坚持打铁必须自身硬，从制定和落实中央八项规定开局破题，提出和落实新时代党的建设总要求，以党的政治建设统领党的建设各项工作，坚持思想建党和制度治党同向发力，严肃党内政治生活，持续开展党内集中教育，提出和坚持新时代党的组织路线，突出政治标准选贤任能，加强政治巡视，形成比较完善的党内法规体系，推动全党坚定理想信念、严密组织体系、严明纪律规矩。我们持之以恒正风肃纪，以钉钉子精神纠治"四风"，反对特权思想和特权现象，坚决整治群众身边的不正之风和腐败问题，刹住了一些长期没有刹住的歪风，纠治了一些多年未除的顽瘴痼疾。我们开展了史无前例的反腐败斗争，以"得罪千百人、不负十四亿"的使命担当祛疴治乱，不敢腐、不能腐、不想腐一体推进，"打虎"、"拍蝇"、"猎狐"多管齐下，反腐败斗争取得压倒性胜利并全面巩固，消除了党、国家、军队内部存在的严重隐患，确保党和人民赋予的权力始终用来为人民谋幸福。经过不懈努力，党找到了自我革命这一跳出治乱兴衰历史周期率的第二个答案，自我净化、自我完善、自我革新、自我提高能力显著增强，管党治党宽松软状况得到根本扭转，风清气正的党内政治生态不断形成和发展，确保党永远不变质、不变

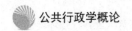

色、不变味。

新时代十年的伟大变革，在党史、新中国史、改革开放史、社会主义发展史、中华民族发展史上具有里程碑意义。走过百年奋斗历程的中国共产党在革命性锻造中更加坚强有力，党的政治领导力、思想引领力、群众组织力、社会号召力显著增强，党同人民群众始终保持血肉联系，中国共产党在世界形势深刻变化的历史进程中始终走在时代前列，在应对国内外各种风险和考验的历史进程中始终成为全国人民的主心骨，在坚持和发展中国特色社会主义的历史进程中始终成为坚强领导核心。中国人民的前进动力更加强大、奋斗精神更加昂扬、必胜信念更加坚定，焕发出更为强烈的历史自觉和主动精神，中国共产党和中国人民正信心百倍推进中华民族从站起来、富起来到强起来的伟大飞跃。改革开放和社会主义现代化建设深入推进，书写了经济快速发展和社会长期稳定两大奇迹新篇章，我国发展具备了更为坚实的物质基础、更为完善的制度保证，实现中华民族伟大复兴进入了不可逆转的历史进程。科学社会主义在二十一世纪的中国焕发出新的蓬勃生机，中国式现代化为人类实现现代化提供了新的选择，中国共产党和中国人民为解决人类面临的共同问题提供更多更好的中国智慧、中国方案、中国力量，为人类和平与发展崇高事业作出新的更大的贡献！

二、中国特色社会主义进入新时代及其历史意义

（一）新时代的五大内涵

十九大报告提出了我们已经进入了新时代，2021年11月11日中国共产党第十九届中央委员会第六次全体会议通过《中共中央关于党的百年奋斗重大成就和历史经验的决议》明确表述为"中国特色社会主义新时代是承前启后、继往开来、在新的历史条件下继续夺取中国特色社会主义伟大胜利的时代，是决胜全面建成小康社会、进而全面建设社会主义现代化强国的时代，是全国各族人民团结奋斗、不断创造美好生活、逐步实现全体人民共同富裕的时代，是全体中华儿女勠力同心、奋力实现中华民族伟大复兴中国梦的时代，是我国不断为人类作出更大贡献的时代。"

"五个是"就是新时代的五个方面的含义，可归纳为伟大胜利的时代、现代化强国的时代、共同富裕的时代、中华民族伟大复兴中国梦的时代、为人类做出更大贡献的时代。我们不但要为我们自己的国家做出贡献，也要不断地为人类做出更大贡献。

（二）新时代的社会主要矛盾

十九大报告指出，中国特色社会主义进入新时代，我国社会主要矛盾已经转化为人民日益增长的美好生活需要和不平衡不充分的发展之间的矛盾。我们要在继续推动发展的基础上，着力解决好发展不平衡不充分问题，大力提升发展质量和效益，更好满足人民在经济、政治、文化、社会、生态等方面日益增长的需要，更好推动人的全面发展、社会全面进步。

十九大报告对我国社会主要矛盾的分析是一个全新的、重要的提法。必须充分认识到，我国社会主要矛盾的变化是关系全局的历史性变化，对党和国家公共行政工作提出了许多新要求。

（三）新时代的历史意义

十九大报告指出，中国特色社会主义进入新时代，在中华人民共和国发展史上、中华民族发展史上具有重大意义，在世界社会主义发展史上、人类社会发展史上也具有重大意义。

（1）在中华人民共和国发展史和中华民族发展史上的意义。十九大报告提出，中国特色社会主义进入新时代，意味着近代以来久经磨难的中华民族迎来了从站起来、富起来到强起来的伟大飞跃。

（2）在世界社会主义发展史上的意义。社会主义已有500多年历史。20世纪90年代初苏联解体。此后，社会主义出现了很大危机，也就是在这一阶段，中国特色社会主义崛起，并克服"苏联模式"的弊端，使社会主义得到了新生。今天我们看到，中国特色社会主义真正发挥出社会主义的优越性，开始形成了对资本主义的优势，开始超越资本主义。因此，中国特色社会主义进入新时代，在人类社会的发展史上确实具有重大意义。这是我们分析的新时代的内涵实质。

三、中国现阶段社会环境对公共行政的要求

十八大以来，国内外形势变化和我国各项事业发展都给我们提出了一个重大时代课题，这就是必须从理论和实践结合上系统回答新时代坚持和发展什么样的中国特色社会主义、怎样坚持和发展中国特色社会主义，包括新时代坚持和发展中国特色社会主义的总目标、总任务、总体布局、战略布局和发展方向、发展方式、发展动力、战略步骤、外部条件、政治保证等基本问题，并且要根据新的实践对经济、政治、法治、科技、文化、教育、民生、民族、宗教、社会、生态文明、国家安全、国防和军队、"一国两制"和祖国统一、统一战线、外交、党的建设等各方面做出理论分析和政策指导，以利于更好坚持和发展中国特色社会主义。

新时代给党和政府提出了明确的要求。明确坚持和发展中国特色社会主义，总任务是实现社会主义现代化和中华民族伟大复兴，在全面建成小康社会的基础上，分两步走，在21世纪中叶建成富强、民主、文明、和谐、美丽的社会主义现代化强国；明确新时代我国社会主要矛盾是人民日益增长的美好生活需要和不平衡不充分的发展之间的矛盾，必须坚持以人民为中心的发展思想，不断促进人的全面发展、全体人民共同富裕；明确中国特色社会主义事业总体布局是"五位一体"、战略布局是"四个全面"，强调坚定道路自信、理论自信、制度自信、文化自信；明确全面深化改革总目标是完善和发展中国特色社会主义制度、推进国家治理体系和治理能力现代化；明确全面推进依法治国总目标是建设中国特色社会主义法治体系、建设社会主义法治国家；明确党在新时代的强军目标是建设一支听党指挥、能打胜仗、作风优良的人民军队，把人民军队建设成为世界一流军队；明确中国特色大国外交要推动构建新型国际关系，推动构建人类命运共同体；明确中国特色社会主义最本质的特征是中国共产党领导，中国特色社会主义制度的最大优势是中国共产党领导，党是最高政治领导力量，提出新时代党的建设总要求，突出政治建设在党的建设中的重要地位。

新时代要求党和政府公共行政活动必须把习近平新时代中国特色社会主义思想作为全党全国人民为实现中华民族伟大复兴而奋斗的行动指南，必须长期坚持并不断发展。新时代中国特色社会主义思想的精神实质和丰富内涵，要在各项工作中全面准确贯彻落实。

（一）坚持党对一切工作的领导

党政军民学，东西南北中，党是领导一切的。必须增强政治意识、大局意识、核心意识、看齐意识，自觉维护党中央权威和集中统一领导，自觉在思想上、政治上、行动上同党中央保持高度一致，完善坚持党的领导的体制机制，坚持稳中求进工作总基调，统筹推进"五位一体"总体布局，协调推进"四个全面"战略布局，提高党把方向、谋大局、定政策、促改革的能力和定力，确保党始终总揽全局、协调各方。

（二）坚持以人民为中心

人民是历史的创造者，是决定党和国家前途命运的根本力量。必须坚持人民主体地位，坚持立党为公、执政为民，践行全心全意为人民服务的根本宗旨，把党的群众路线贯彻到治国理政全部活动之中，把人民对美好生活的向往作为奋斗目标，依靠人民创造历史伟业。

（三）坚持全面深化改革

只有社会主义才能救中国，只有改革开放才能发展中国、发展社会主义、发展马克思主义。必须坚持和完善中国特色社会主义制度，不断推进国家治理体系和治理能力现代化，坚决破除一切不合时宜的思想观念和体制机制弊端，突破利益固化的藩篱，吸收人类文明有益成果，构建系统完备、科学规范、运行有效的制度体系，充分发挥我国社会主义制度优越性。

（四）坚持新发展理念

发展是解决我国一切问题的基础和关键，发展必须是科学发展，必须坚定不移贯彻创新、协调、绿色、开放、共享的发展理念。必须坚持和完善我国社会主义基本经济制度和分配制度，毫不动摇巩固和发展公有制经济，毫不动摇鼓励、支持、引导非公有制经济发展，使市场在资源配置中起决定性作用，更好发挥政府作用，推动新型工业化、信息化、城镇化、农业现代化同步发展，主动参与和推动经济全球化进程，发展更高层次的开放型经济，不断壮大我国经济实力和综合国力。

（五）坚持人民当家做主

坚持党的领导、人民当家做主、依法治国有机统一是社会主义政治发展的必然要求。必须坚持中国特色社会主义政治发展道路，坚持和完善人民代表大会制度、中国共产党领导的多党合作和政治协商制度、民族区域自治制度、基层群众自治制度，巩固和发展最广泛的爱国统一战线，发展社会主义协商民主，健全民主制度，丰富民主形式，拓宽民主渠道，保证人民当家做主落实到国家政治生活和社会生活之中。

（六）坚持全面依法治国

全面依法治国是中国特色社会主义的本质要求和重要保障。必须把党的领导贯彻落实到依法治国全过程和各方面，坚定不移走中国特色社会主义法治道路，完善以宪法为核心的中国特色社会主义法律体系，建设中国特色社会主义法治体系，建设社会主义法治国家，发展中国特色社会主义法治理论，坚持依法治国、依法执政、依法行政共同推进，坚持法治国家、法治政府、法治社会一体建设，坚持依法治国和以德治国相结合，依法治国和依规治党有机统一，深化司法体制改革，提高全民族法治素养和道德素质。

（七）坚持社会主义核心价值体系

文化自信是一个国家、一个民族发展中更基本、更深沉、更持久的力量。必须坚持马克思主义，牢固树立共产主义远大理想和中国特色社会主义共同理想，培育和践行社会主义核心价值观，不断增强意识形态领域主导权和话语权，推动中华优秀传统文化创造性转化、创新性发展，继承革命文化，发展社会主义先进文化，不忘本来、吸收外来、面向未来，更好构筑中国精神、中国价值、中国力量，为人民提供精神指引。

（八）坚持在发展中保障和改善民生

增进民生福祉是发展的根本目的。必须多谋民生之利、多解民生之忧，在发展中补齐民生短板、促进社会公平正义，在幼有所育、学有所教、劳有所得、病有所医、老有所养、住有所居、弱有所扶上不断取得新进展，深入开展脱贫攻坚，保证全体人民在共建共享发展中有更多获得感，不断促进人的全面发展、全体人民共同富裕。建设平安中国，加强和创新社会治理，维护社会和谐稳定，确保国家长治久安、人民安居乐业。

（九）坚持人与自然和谐共生

建设生态文明是中华民族永续发展的千年大计。必须树立和践行"绿水青山就是金山银山"的理念，坚持节约资源和保护环境的基本国策，像对待生命一样对待生态环境，统筹山水林田湖草系统治理，实行最严格的生态环境保护制度，形成绿色发展方式和生活方式，坚定走生产发展、生活富裕、生态良好的文明发展道路，建设美丽中国，为人民创造良好生产生活环境，为全球生态安全做出贡献。

（十）坚持总体国家安全观

统筹发展和安全，增强忧患意识，做到居安思危，是我们党治国理政的一个重大原则。必须坚持国家利益至上，以人民安全为宗旨，以政治安全为根本，统筹外部安全和内部安全、国土安全和国民安全、传统安全和非传统安全、自身安全和共同安全，完善国家安全制度体系，加强国家安全能力建设，坚决维护国家主权、安全、发展利益。

（十一）坚持党对人民军队的绝对领导

建设一支听党指挥、能打胜仗、作风优良的人民军队，是实现"两个一百年"奋斗目标、实现中华民族伟大复兴的战略支撑。必须全面贯彻党领导人民军队的一系列根本原则和制度，确立新时代党的强军思想在国防和军队建设中的指导地位，坚持政治建军、改革强军、科技兴军、依法治军，更加注重聚焦实战，更加注重创新驱动，更加注重体系建设，更加注重集约高效，更加注重军民融合，实现党在新时代的强军目标。

（十二）坚持"一国两制"和推进祖国统一

保持香港、澳门长期繁荣稳定，实现祖国完全统一，是实现中华民族伟大复兴的必然要求。必须把维护中央对香港、澳门特别行政区全面管治权和保障特别行政区高度自治权有机结合起来，确保"一国两制"方针不会变、不动摇，确保"一国两制"实践不变形、不走样。必须坚持一个中国原则，坚持"九二共识"，推动两岸关系和平发展，深化两岸经济合作和文化往来，推动两岸同胞共同反对一切分裂国家的活动，共同为实现中华民族伟大复兴而奋斗。

（十三）坚持推动构建人类命运共同体

中国人民的梦想同各国人民的梦想息息相通，实现中国梦离不开和平的国际环境和稳定的国际秩序。必须统筹国内国际两个大局，始终不渝走和平发展道路、奉行互利共赢的开放战略，坚持正确义利观，树立共同、综合、合作、可持续的新安全观，谋求开放创新、包容互惠的发展前景，促进和而不同、兼收并蓄的文明交流，构筑尊崇自然、绿色发展的生态体系，始终做世界和平的建设者、全球发展的贡献者、国际秩序的维护者。

（十四）坚持全面从严治党

勇于自我革命，从严管党治党，是我们党最鲜明的品格。必须以党章为根本遵循，把党的政治建设摆在首位，思想建党和制度治党同向发力，统筹推进党的各项建设，抓住"关键少数"，坚持"三严三实"，坚持民主集中制，严肃党内政治生活，严明党的纪律，强化党内监督，发展积极健康的党内政治文化，全面净化党内政治生态，坚决纠正各种不正之风，以零容忍态度惩治腐败，不断增强党自我净化、自我完善、自我革新、自我提高的能力，始终保持党同人民群众的血肉联系。

本章小结

公共行政环境是客观存在的多因素的总和，包括国内外政治、经济、文化、自然等各个方面，它影响并制约行政管理的性质、目标、职能、组织、观念、方法等；同时，行政管理对环境也有反作用，公共行政的发展必须深刻认识并把握新时代中国特色社会主义的基本社会环境。

复习思考题

1. 简述公共行政环境的含义。
2. 简述公共行政环境的分类和特征。
3. 简述我国现阶段公共行政环境的主要特点。
4. 试论公共行政环境和公共行政管理的辩证关系。
5. 试论公共行政生态学的基本思想。

第四章 公共行政职能

**本章重点**

公共行政职能是以政府为主的公共部门在社会管理过程中所具有的职责和功能，体现着国家公共行政活动的性质和方向，是国家行政活动的前提和依据。何为公共行政职能？这是本章学习的基础。本章学习还应重点掌握公共行政职能体系包括什么，公共行政职能转变的必然性和方向是什么。

第一节 公共行政职能概述

一、公共行政职能的概念及特征

公共行政职能也称行政职能，是指政府为实现国家利益和满足社会发展的需要而负有的职责和功用。简言之，即政府担负的职责和应起的作用。公共行政职能反映政府活动的实质及行政活动的内容与方向。

公共行政职能是国家职能的一个重要组成部分。国家职能从结构上讲是由行政职能、立法职能和司法检查职能三部分构成的。公共行政职能受其他国家职能的制约，同时也反作用和影响其他国家职能的实施。可见公共行政职能是与其他国家职能紧密相连的。

公共行政职能又是国家职能的表现和具体执行。国家职能从内容上讲分为政治统治职能和社会管理职能两个方面。而国家的这两个职能的作用是通过行政职能的具体执行和实施表现出来的。没有行政职能的具体实施，国家的职能、任务、使命都将难以实现。能否准确地把握各个历史时期的行政职能的重点，关系着国家的兴衰成败。行政职能是由行政环境、国家的根本制度和社会发展形势等客观条件所决定的，不是由人的主观意志所决定的。

公共行政职能与国家其他职能有着明显的区别，这表现为它有其自身的特性：

（1）差异性。不同性质的国家，在阶级统治和管理这两个基本方面，其本质是不同的。作为整个政权机关组成部分的政府，代表着特定国家占统治地位的阶级的利益和意志，政府具有镇压敌对阶级、维护其统治的职能。行政与政治、国家具有紧密的联系，不同类型的国家，行政职能有着不同的阶级属性。同时，各国社会、历史、文化及经济发展状况等国情方面的差异，行政层级、管理主体和客体等方面的不同，决定了各国政府职能的范围、重点有所不同。

（2）共同性。任何类型国家的行政职能，都是为了实现其国家利益和满足社会发展的需要，任何国家的政府都具有政治职能、经济职能和社会职能。从政府对国家社会生活诸领域所进行的管理活动的过程和方式看，任何国家的政府都具有计划、组织、协调、控制和监督等运作职能。这是由公共行政活动自身内在的普遍规律性所决定的。

（3）阶段性。同一国家在不同的历史阶段，由于社会经济、政治和科学技术的不断发展，不同历史时期国际国内形势的变化，政府的存在价值和行为方向亦将随之而有所改变，行政职能的内容、主次、作用等都必然发生一系列变化。

二、公共行政职能的作用

（一）公共行政职能是国家行政活动的前提和依据

公共行政职能是国家职能的具体体现，它决定了政府活动的性质和方向、范围和内容。因此只有准确地界定了政府的职能，才能为政府活动提供依据和前提。只有按照公共行政职能来实现行政系统的运作，才能保证行政运行机制的科学化、程序化。

（二）公共行政职能是建立行政组织的依据

行政组织是行政活动的主体。行政组织设置的科学、合理，行政活动才能有效地进行和发挥作用。要建立精简、效能、统一的行政机构，就必须依据公共行政职能来设置。公共行政职能的变化决定着行政组织机构也必然随其做相应的变化。行政组织机构出现的臃肿、膨胀、重叠问题，往往是没有依据职能去设置或调整行政机构所致。

（三）公共行政职能是确定行政活动方式的依据

公共行政职能的性质不同决定了行政活动的方式变化。政府统治性与保卫性职能，决定了行政活动方式只能是直接的、纵向的，即以行政命令为主的方式；而政府的管理性、服务性职能又决定了行政活动的方式是间接的、横向的，即以法律方式、经济方式来间接管理和协调行政活动。不同的部门如公安部门、经济部门、文化部门、科研部门、外交部门等因其行政职能不同，其活动的方式也不同。

（四）公共行政职能是衡量行政效率的标准和依据

行政活动的目的在于追求高效率。评价一个行政系统工作效率的高低，其实质是看它实现其职能的程度。行政职能作为政府各部门职责，同时又是各部门的行政目标，因此最大限度地实现职能的同时，也就是实现行政目标的过程，只有将二者有机地统一起来，才能达到较高的行政效率。

第二节　公共行政职能体系

公共行政职能的内容可以从静态与动态两个角度来理解。从静态结构的角度看，行政职能由四项基本职能构成。从动态的角度看，行政职能又是一个功能运行的过程，由五项职能组成。静态的基本职能规定了动态的运行职能运行的方向、程序、方式及方法，而运行职能则制约和影响着基本职能实现政府目标的程度和所产生效能的大小。二者相互联系、相互作用，成为一个有机联系的职能体系。

一、政府的基本职能

（一）政治职能

政府的政治职能是指政府维护和实现阶级统治，保卫国家利益和社会安全的职责。政治职能鲜明地反映了国家的阶级本质和政府行政活动在一定时期内的基本方向、方式和作用。政治职能主要是通过有效地发挥国防、公安、安全、司法、监察等职能部门的作用来实现的。具体内容如下。

1. 阶级专政职能

国家是阶级统治的工具。任何掌握国家统治权的阶级为了维护它的政治统治和经济利益，总是要对敌对势力行使专政职能，即镇压的职能。这种阶级专政职能是根据国内外阶级斗争形势而定。形势尖锐时要强化，形势和缓时可适当弱化。但绝不能放弃阶级专政职能。

2. 军事保卫职能

一切主权国家都具有为保卫国家领土完整、主权独立，防御外来侵略和颠覆活动的军事保卫职能，为本国的经济建设和各项事业的发展创造良好的环境。

3. 社会治安职能

巩固政权需要有一个稳定的社会秩序。因此，各国政府都要制裁危害社会治安、扰乱社会秩序的违法行为，打击、惩办和改造各种犯罪分子。我国人民民主专政的国家性质决定了政府的社会治安职能的实质是维护广大人民群众的利益，对破坏社会主义制度的敌对分子和其他刑事犯罪分子的各种犯罪活动进行打击和制裁，以维护国家经济建设和改革开放的可喜形势，保证以经济建设为中心的各项方针政策的执行。

4. 民主政治职能

我国《宪法》规定："中华人民共和国的一切权力属于人民。"因此，人民参加管理是社会主义制度的根本要求。尤其是在计划经济向市场经济转变的重要时期，加强民主政治建设具有积极的意义。建设有中国特色的社会主义民主政治，必须不断加强民主政治职能，完善人民参政议政和民主监督机制，提高行政机关活动的公开性和民主性。充分发挥民主政治职能，有利于增强人民对社会的责任感，调动各方面的积极性，与其他职能相互作用，产生整体效应。

5. 国际交往职能

每个国家都是国际大家庭的成员。随着国家之间的关系和交往日益密切，政府的对外关系和参与国际共同事务管理的职能也在日益扩大。我国在独立自主、自力更生的基础上实行开放政策，广泛参与国际政治事务，参与国际经济、文化、科技的交流与竞争，促进国家间的友好合作，维护世界和平，反对侵略战争和霸权主义，为社会主义现代化建设创造一个良好的外部环境。

（二）经济职能

政府经济职能是指国家行政机关领导、组织、管理、规划社会经济的职责。经济职能是政府的最主要、最基本的职能。政府经济职能的内容、范围、方式和手段受制于一国的经济体制及生产力发展状况。

我国目前正处于向市场经济体制的转型阶段，因此，建立与市场经济相匹配的政府经济职能，为市场经济体制建立和创造良好的环境，并引导国民经济持续、快速、健康地发展，是我国政府经济工作的一项极其重要的内容。具体说，我国现阶段政府的经济职能的内容主要有以下几个方面。

1. 计划指导职能

我国目前正处于传统的计划经济与初生的市场经济并存阶段，旧的未去，新的方生，中间产生了种种冲突和矛盾，因此政府要统一、协调全国的经济管理就必须打破原有的指令性计划体制，建立新的指导性计划体制，以弥补市场机制不成熟之不足，确保经济的平衡发展。世界经济的发展过程也充分证明，完全自由的、政府不加干预的经济是不存在的。政府以计划指导来影响、制约整个社会经济的运行是可行的。

我国转型期的政府经济职能中的计划职能应具有指导性、间接性、政策性特征。指导性是指政府通过制定中长期计划来规定经济发展方向、制定经济和社会发展战略、发布经济总量指标、提供主要信息、预测经济发展态势来指导和影响经济发展。指导性计划不具有行政强制性和约束力，它体现了政府对市场运作的宏观把握，有极高的参考价值和指导作用。间接性表现为政府的经济计划是通过市场机制，运用财政、税收、金融、投资等经济杠杆和经济政策及法律规范来实施的。政策性表现为政府通过制定、出台方针、政策、目标性的计划来协调、规划、调控、影响经济的发展。

2. 培育、完善市场机制职能

在转型时期对政府而言，培育和完善市场运行机制是政府经济职能的一项重要内容。政府对市场发育有着积极的推动作用。世界上发达资本主义国家的成功经验证明了这一点。政府培育和完善市场的实质是为市场的发育创造良好的条件，即运用立法和行政手段来克服垄断和其他妨碍竞争的行为，保证市场竞争的公正性，排除对平等竞争的一切干扰。在我国目前状况下，要培育、完善市场机制最为重要和迫切的任务是建立和健全市场秩序，其具体内容为：

（1）建立公平的竞争秩序。从根本上讲就是建立市场的竞争规则。政府作用的实质是保护和鼓励真正的自由竞争。政府要从大多数人的利益出发，制定并解释有关保护竞争规则的法规，并在市场上强制执行这些法规，从而维护市场竞争的秩序，保护那些通过智慧和努力去竞争取胜的企业和个人。

（2）建立稳定的社会秩序。将市场竞争的风险尽可能地控制在最小范围内和最低程度上是政府义不容辞的职责。因此政府要通过宏观政策手段来进行国民收入的再分配，通过税收制度和社会保障制度及相应的法律规范来消除市场竞争中所产生的贫富悬殊的分配不公现象，从而维护社会的稳定。

（3）建立有效的经济运行秩序。经济活动在总量平衡中正常运行，这是经济发展的基础和前提。因此，政府要通过制定和实施宏观政策，运用直接、间接的调控手段来保持这种总量的平衡从而避免经济增长中大起大落的失衡状况，建立起正常而有效的经济运行秩序。

市场机制的培育和完善必须要有完备的法制来规范和保障，通过各种经济法律和法规来引导、推进、规范、保障市场经济的运行，这是世界发达的市场经济国家提供给我们的成功经验。在使用法律手段的同时，还要以行政手段来克服垄断和其他妨碍市场经济机制建立的行为，以弥补目前我国因法制、法规不健全而产生的后果，克服有法不依、执法不严的现象。

3. 宏观调控职能

宏观调控职能是政府经济职能的一个重要内容，也是政府经济管理的一种重要手段。尤其在我国目前市场机制不完全成熟，新旧体制交错发挥作用时期，政府宏观调控作用的发挥有着重要的意义。我国目前加强宏观控制的具体方式应为：

（1）间接调控与直接调控并用。从发展的方向上讲应以法律、经济方式的间接调控为主，但就我国目前状况而言，应以直接调控为主，并注意把两者结合起来并用，即软硬兼施。如把原本属于间接调控的信贷资金，通过额度分配和限制规模等行政干预措施，转化为直接、间接并用，从而达到宏观调控的目的。

（2）结构调控与总量调控并重。在转型期，经济发展的外延性往往造成结构调控落后于总量调控，而结构调整又有利于总量的平衡，因此要将二者有机地结合起来，以结构调控不能滞后为前提来调节总量。

（3）建立计划、财政、金融三大调控系统之间的彼此制约机制。要使计划调控高于财政、金融调控，使后两者体现前者的要求，同时在三者之上设置一个更高的、统一的、权威的调控机构，使之能够实施更高层次的调控，否则，宏观调控的效果是难以完善的。

（4）经济、法律、行政手段并用。在转型期，三种手段应相辅相成地使用，使之相互补充、日趋完善。这其中行政手段在其他手段不具备的情况下，将发挥重要作用，可以通过行政手段的约束，来促使经济手段和法律手段更好地发挥作用。

总之，宏观调控是我国政府转型期经济职能的一项重要内容。随着我国市场经济体制逐步成熟和完善，其政府的控制力度将随之减弱，但政府的这一职能是不会消失的。它的强弱取决于经济运作的需要。

4. 服务职能

在我国转型时期，政府的一项重要任务就是必须从"管企业"转向"管社会"，即为社会和企业服务，把企业原来所承担的社会职能转移出来，为企业解脱重负，为社会经济发展服务。因此，政府的服务职能应具有如下几方面的内容：

（1）为企业生产和经济发展提供基础条件。在我国目前条件下，企业对一些投资大、周期长、利润少、风险大的基础设施和公共设施，如能源、铁路、交通、航空、供电、邮政、供水、环境保护、医疗、卫生、教育等无能为力，而这些基础设施和公共设施又是经济发展的基础。因此，政府应投资建设和管理这些基础设施，从而减轻企业负担，并为工商企业活动提供便利条件。亚洲"四小龙"经济起飞的具体道路虽然不同，但在政府集中财力投资建设基础设施和公共设施方面却有着一致的基本经验。

（2）发展教育，培育人才。发达的教育事业是全民族科学文化、知识技能得以提高的基础和依据，也是经济腾飞的必要条件。因此，政府要把教育放在首要位置，要提高重视程度，增大教育经费的投入，注意人才的培训和人才的管理，从而保证企业具有大批专门的人才和高质量劳动力，这一点也是西方发达国家经济发展的成功经验。

（3）提供信息服务。政府通过向全社会公布国民经济和社会发展规划，公开宏观经济和相应的重大经济调节方案，发布宏观经济运行和市场走势信息等为市场经济运作提供导向和服务。同时，国家应在政府机构设立专门的机构，收集信息，进行统计，研究分析，并向企业提供咨询，从而为企业决策服务。

（4）建立社会主义保障体系。政府通过建立和完善失业保障制度、医疗卫生制度、退休养老制度、社会保险制度等而形成社会保险体系，以解除企业的后顾之忧。

5. 检查监督职能

政府部门有力、统一、高效的监督是市场经济中不可缺少的组成部分。市场经济虽然要求各个经济主体具有充分的独立性和自主性，同时又要求经济运行不能失去控制，而能将两者统一起来的手段就是检查监督。我国转型期政府对经济活动的监督可分为宏观经济监督和微观经济监督。宏观经济监督是对国民经济计划执行情况、财政信贷的收支情况、产业结构的调整情况、社会收入分配、重大项目投资等宏观经济活动所进行的监督和检查。微观监督是对企业、事业单位的财政收入、经济效益和遵守财经法规的情况进行监督。目前，我国最重要的是使经济监督制度化、规范化。

在转型期，政府对经济活动监督的手段可分为行政监督和法制监督。行政监督要求政府建立完善的经济监督体系，使行政监察、工商公共行政、审计监督、技术监督、海关监督等形成完善的监督体系，发挥监督作用，使行政监督规范化。政府的经济监督是通过法律监督来实现的。政府实施法律监督现阶段应把行政立法和执法放在首位。要尽快制定一系列经济法规，尽快建立和完善市场经济的执法机构，从而真正做到有法可依、有法必依、执法必严、违法必究，以法律监督来规范、促进经济发展。

（三）文化职能

政府的文化职能是指政府领导、组织、管理科学、教育、文化、卫生、体育等事业的职责。政府文化职能的范围广泛，内容丰富，不同时代、不同类型的国家，政府文化职能的内容、范围、管理方式、影响力都不同。现代各国政府普遍地越来越重视教育和科学文化的发展。政府文化职能的主要内容如下。

1. 发展科学技术的职能。

科学技术是第一生产力。振兴经济，增强综合国力，必须发展科学技术。政府要制定科学技术发展战略重点、方针、政策；组织力量进行研究、试制、鉴定、推广、应用；开展科技情报交流、引进和普及科学知识。

2. 发展教育的职能

科学技术的发展靠人才，人才的成长靠教育。政府应把教育摆在优先发展的战略地位，优化教育结构，大力加强基础教育，积极发展职业教育、成人教育和高等教育；各级政府要增加教育投入，鼓励多渠道、多形式社会集资办学和民间办学；各级政府要加强师资队伍的培养和建设，扩大学校办学的自主权，促进教育同经济、科技的密切结合，为社会生产力的发展服务。

3. 发展文化事业的职能

政府要坚持文化为人民服务、为社会主义服务的方向。坚持百花齐放、百家争鸣、古为今用、洋为中用、推陈出新的方针，推进文化体制的改革，完善文化事业的有关政策制度；管理文学、艺术、新闻、出版、报刊、戏剧、电影、电视、广播、文物、图书馆、博物馆等各项文化事业；搞好民族文化、社区文化、村镇文化、企业文化、校园文化，抵御封建的、资本主义的腐朽没落文化的侵袭，保证文化事业有利于社会主义精神文明建设的发展方向。

4. 发展体育、卫生的职能

增强人民体质，保障人民健康是关系到全民族素质的一件大事。政府要开展体育运动，提高体育运动的技术水平。要修建各种体育设施，建立各类体育学校，普及群众体育活动。

政府管理医疗卫生的职能主要是：预防疾病，开展爱国卫生运动，防治传染病、地方病、职业病，搞好农村预防保健、妇幼保健，办好各级各类医院，加强药品质量管理，提高医疗人员的职业道德，树立"救死扶伤，治病救人"的好思想、好风尚。

（四）社会职能

政府社会职能是指政府所承担的社会管理、社会服务和社会保障、环境保护、人口控制的职责。社会职能是公共行政活动中内容最丰富、最广泛的一项基本职能。随着社会和经济的发展，世界各国政府的这项职能的范围不断拓宽，领域不断扩大。现阶段我国政府这一职能的主要内容如下。

1. 社会福利职能

政府制定福利政策，开展社会福利生产，创办包括社会福利院、儿童福利院在内的各种社会福利事业，管理和维护各种福利设施。当然，社会福利的根本问题还是政府不断解决住房、交通、园林、水电、煤气等城乡基础设施，为城乡居民的生活创造方便条件。

2. 社会救济职能

政府对发生洪水、地震、火灾、冰雹、飓风、干旱等自然灾害严重地区的人民给予救济，对社会上的孤寡老幼、军烈属、残疾人、生活困难户等给予救济，其目的是帮助他们摆脱贫穷困难，使他们的基本生活条件得到保障。

3. 社会保险职能

保险事业是关系社会稳定的大事,应当大力抓好。政府对离退休人员实行养老保险,对国家机关工作人员实行医疗保险,对军烈属、革命残废军人、复员退伍军人实行特殊保险。政府筹建社会保险基金,发展保险事业,建立社会保障体系,从物质上保障人民生有所乐、老有所养、病有所医、死有所葬,免除后顾之忧。

4. 环境保护职能

加强环境保护、治理污染是我国的一项基本国策。随着工业化进程,我国面临着环境污染蔓延和生态环境恶化的严峻形势,政府环境保护的职能日益繁重。根据经济建设、城乡建设、环境建设同步规划、同步实施、同步发展的原则,积极治理污染,搞好环保工作。对水源保护区、自然保护区、名胜古迹组织环境监测,分析环境状况,提出防治污染的对策和战略规划,确保生态平衡,为子孙后代留下一个优美的环境。

5. 社会服务职能

政府提供劳动就业;开展人民调解工作;健全居民委员会和村民委员会的组织并指导其开展工作;举办婚姻介绍、家庭服务介绍、职业介绍;建立殡仪馆,推行火葬,办理骨灰寄存;开展普法宣传教育;等等,为社会提供尽可能多的方便,尽最大努力调解人民内部的矛盾,促进社会文明。

二、政府的运行职能

政府职能作用的发挥是一个过程,从过程的角度看,政府的运行职能可分为计划、组织、协调、控制、监督五项职能,下面分别述之。

(一)计划职能

计划职能是指体现公共行政的目的性和规划性的职能。政府在充分掌握国家、地区或行业的资源状况的条件下,预测国际国内社会经济发展的前景和动向,从而确定行政活动的目的和目标,设计多种管理方案,并进行优化选择,按照预定的方法、途径及步骤、环节贯彻实施。因此,各类行政计划的制定和实施,可以使行政活动各个环节得到有机衔接,共同运作,起到指导、预测和统一安排的作用。

计划职能是公共行政运作程序中的首要职能,是管理的核心。计划职能的发挥程度如何,决定着整个公共行政过程中各环节的效能及其总体效能。计划职能运行的一系列程序包括:① 调查研究;② 发展预测;③ 总体设计;④ 具体设计;⑤ 方案选择;⑥ 实施修正。计划职能的实质在于根据客观实际情况,设计并选择优化目标以及为实现这一目标规划最佳程序和方法等。

(二)组织职能

组织职能是体现政府公共行政整体性和凝聚性功能的职能。这是实现公共行政目标和管理效能的关键性职能,其内容包括组织机构设置、组织内部的责权划分、人员配备等,以建立起有效的行政组织体系并能够进行有效的指挥协调、控制和监督,从而使公共行政成为组织性较强的社会活动。

建立合理而有效的行政组织，首先，要根据职能设置相应的部门和机构。这就是把公共行政的总体职能分解为若干具体职能，按照不同类型的具体职能划分部门。其次，根据各部门具体职能的分解和调整，划分并设置下层机构。职能的分解，要一直延伸到具体的职务和岗位，定编定员，并制订出每个职位的权力和责任。由此，根据职权责建立起完整的权力体系，使整个公共行政组织做到职能明确、权责分明。公共行政目标的实现，必须以能够有效运转、结构合理的行政组织作为基础。如果行政组织机构重叠、层次繁杂、编制膨胀、结构松散僵化、责权划分不清，那么任何良好的计划都不会得到准确的贯彻执行，也不可能产生良好的整体效能。

（三）协调职能

协调职能是指公共行政过程中平衡各类行政关系、调节各种利益因素的职能。行政协调职能作用在于消除组织之间、组织与个人之间、组织成员之间、组织上下级之间的矛盾，照顾各方利益，改善相互之间的关系，减少行政过程中的功能消耗。建立和谐的、相互促进的联系，从而协同一致地实现行政目标，使公共行政运行有效化、高效化。行政协调的范围包括：协调行政系统各部门之间、中央行政机构与地方行政机构之间、政府部门与企事业单位之间、行政活动各环节之间的关系。实现行政协调的途径和方法是多种多样的，主要有：统一目标、统一政策、明确权责、完善体制、有力的监督、充分的沟通、兼顾各界的利益和要求等。

（四）控制职能

控制职能是指行政组织掌握行政目标实施过程，防止和纠正偏离目标行为的职能。发挥行政控制职能，通常包括以下几个环节。

1. 确立可行的控制标准

这是整个控制过程的基础。只有建立起一套完整的具体的控制标准，才能检查执行的成效和偏差，并采取相应的纠正措施。控制标准与行政计划、目标具有内在的一致性，是其具体的或计量的规定。控制标准应该是完整的、客观的、具体的和可考核的。

2. 获取准确的偏差信息

这是指依据控制标准，对管理行为偏差予以检查和预测，从而获得管理的实际结果与预定标准之间的偏差信息。其方法主要有两种：前导预测，即在实际偏差出现以前进行预测，分析偏差的趋势；及时调查，即在行政计划执行过程中，对被控对象的行为及工作成效进行检查，将所得结果与相应的控制标准进行比较，找出偏差。

3. 采取有效的措施进行调节

这是指确定偏差的性质、层次、程序和范围，找出产生偏差的全部原因，并根据其影响大小排出顺序，确定偏差产生的根本性原因，制定纠正偏差、实施控制的具体措施，包括综合地运用法规、计划、政策、政令、财政、物价、税收、金融等控制杠杆和手段。

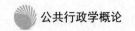

（五）监督职能

监督职能是指保证公共行政系统廉洁高效和优化运作的职能。目的在于根据行政目标、计划和控制标准，在整个运行过程中用强制或非强制手段保证调节的进行和纠正措施的落实，从而保障行政过程的正常进行和行政系统的有序运转。具体而言，监督职能的发挥是政府按法定权限、程序和方式，对各级行政机关及工作人员是否遵纪守法、勤政廉洁实施监督。同时通过审计、工商行政、银行、税收、物价、产品质量、卫生检疫、技术安全、海关等部门，对广泛的社会公共事务实行检查监督。

综上所述，政府静态的基本职能与动态的运作职能相互配合，相互交叉，形成了政府职能作用的整体效能。任何政府职能的运作都是这种动态与静态职能的统一。

第三节 公共行政职能转变

公共行政职能并非是一成不变的，它与一国政治、经济、社会环境的变化以及公共行政权力关系的变化有着密切的联系，并随之发生变化。各国政府的公共行政和公共行政效率正是在政府职能范围不断扩大、内容不断丰富、程度深浅适度的发展变化中逐渐完善提高的。

一、公共行政职能转变的必然性

公共行政职能转变是指国家公共行政机关在一定时期内，根据国家和社会发展的需要，对其职能的范围、内容和方式做出调整和变革。

（一）公共行政职能转变是适应公共行政环境发展变化的必然要求

任何公共行政都是在一定的公共行政环境下展开的，公共行政与公共行政环境是互动的关系，公共行政环境是公共行政活动进行的前提和基础，一定的公共行政又改变着公共行政环境。因此，当公共行政环境发生变化时，公共行政职能必须随之进行调整和改变。另一方面，公共行政的对象是国家事务、社会公共事务和机关内部事务。随着社会经济、政治、文化的发展，国家事务、社会公共事务和机关内部事务，从内容到范围都将会发生巨大变化，公共行政对象的改变，也要求变革行政职能。

（二）公共行政职能转变是公共行政科学化和技术手段现代化的必然结果

随着社会科学的发展和技术的不断进步，公共行政的手段发生了相应的变化。现代管理普遍采用系统论、信息论、控制论等科学技术方法，运用心理学、现代数学的成果进行定性和定量的研究分析。特别是电子计算机和各类办公自动化系统的产生和发展，如办公自动化、电子政务、无纸化办公等，已成为现代公共行政发展的必然趋势。这一切必然改变政府的管理方式和管理职能。

（三）从世界各国公共行政职能发展的历史实践看，世界各国的公共行政职能都在不断发展变化着

这种发展变化的总趋势表现在以下三个方面。

1. 公共行政职能涵盖面逐渐扩大

人类建立国家政权初期,由于经济、政治及社会发展水平所限,政府公共行政职能比较简单。进入近代,由于经济、政治及社会不断发展,各国政府职能增加了广泛的内容。进入现代,由于人口激增,工业发展,资源减少,环境恶化,交往频繁,各国政府职能更加广泛和复杂化。今后,人类社会自身、人类同自然界关系的发展,还会给各国政府提出新的问题和任务,从而使各国政府行政职能的涵盖面进一步扩大。

2. 公共行政的宏观职能日益强化

现代政府的管理方式日益从直接的微观管理转向间接的宏观管理,政府在公共行使职能时不再是对所有管理对象进行直接的、具体的指导和命令,而是采取间接的宏观调控方式。

3. 在公共行政职能体系中,政府社会服务职能的地位日益上升

即使政府履行政治职能、经济职能和文化职能,也由传统的管制转向了服务。服务是政府职能发展的总趋势。

总之,只有转变公共行政职能,才能适应社会的发展,才能适应行政环境的变化,才能实现公共行政的科学化,提高行政效能。当然,我们在强调政府职能转变的共性的同时,不可否认,由于各国的国情不同,各国政府职能转变又有其自身的特殊性。

二、我国公共行政职能的转变

(一)我国公共行政职能转变的背景

党中央、国务院历来高度重视公共行政体制改革。改革开放特别是党的十八大以来,不断推进公共行政体制改革,加强政府自身建设,取得了明显成效。经过多年努力,政府职能转变迈出重要步伐,市场配置资源的基础性作用显著增强,社会管理和公共服务得到加强;政府组织机构逐步优化,公务员队伍结构明显改善;科学民主决策水平不断提高,依法行政稳步推进,行政监督进一步强化;廉政建设和反腐败工作深入开展。从总体上看,我国的公共行政体制基本适应经济社会发展的要求,有力保障了改革开放和社会主义现代化建设事业的发展。

当前,我国正处于建设社会主义现代化强国的新的历史起点,改革开放进入关键时期。面对新形势新任务,现行公共行政体制仍然存在一些不相适应的方面。政府职能转变还不到位,对微观经济运行干预过多,社会管理和公共服务仍比较薄弱;部门职责交叉、权责脱节和效率不高的问题仍比较突出;政府机构设置不尽合理,行政运行和管理制度不够健全;对行政权力的监督制约机制还不完善,滥用职权、以权谋私、贪污腐败等现象仍然存在。这些问题直接影响政府全面正确履行职能,在一定程度上制约经济社会发展。深化公共行政体制改革势在必行。

深化公共行政体制改革,要高举中国特色社会主义伟大旗帜,以习近平新时代中国特色社会主义思想为指导,深入贯彻落实新发展理念,按照建设服务政府、责任政府、法治

政府和廉洁政府的要求，着力转变职能、理顺关系、优化结构、提高效能，做到权责一致、分工合理、决策科学、执行顺畅、监督有力，为建设社会主义现代化强国提供体制保障。

通过深化公共行政体制改革，实现政府职能向创造良好发展环境、提供优质公共服务、维护社会公平正义的根本转变，实现政府组织机构及人员编制向科学化、规范化、法制化的根本转变，实现行政运行机制和政府管理方式向规范有序、公开透明、便民高效的根本转变，建设人民满意的政府。

（二）我国公共行政职能转变的的内容

1. 深化公共行政体制改革要以政府职能转变为核心

加快推进政企分开、政资分开、政事分开、政府与市场中介组织分开，把不该由政府管理的事项转移出去，把该由政府管理的事项切实管好，从制度上更好地发挥市场在资源配置中的基础性作用，更好地发挥公民和社会组织在社会公共事务管理中的作用，更加有效地提供公共产品。

2. 要全面正确履行政府职能

改善经济调节，更多地运用经济手段、法律手段并辅之以必要的行政手段调节经济活动，增强宏观调控的科学性、预见性和有效性，促进国民经济又好又快发展。严格市场监管，推进公平准入，规范市场执法，加强对涉及人民生命财产安全领域的监管。加强社会管理，强化政府促进就业和调节收入分配职能，完善社会保障体系，健全基层社会管理体制，维护社会稳定。更加注重公共服务，着力促进教育、卫生、文化等社会事业健康发展，建立健全公平公正、惠及全民、水平适度、可持续发展的公共服务体系，推进基本公共服务均等化。

3. 各级政府要按照加快职能转变的要求，突出管理和服务重点

中央政府要加强经济社会事务的宏观管理，进一步减少和下放具体管理事项，把更多的精力转到制定战略规划、政策法规和标准规范上，维护国家法制统一、政令统一和市场统一。地方政府要确保中央方针政策和国家法律法规的有效实施，加强对本地区经济社会事务的统筹协调，强化执行和执法监管职责，做好面向基层和群众的服务与管理，维护市场秩序和社会安定，促进经济和社会事业发展。按照财力与事权相匹配的原则，科学配置各级政府的财力，增强地方特别是基层政府提供公共服务的能力。

4. 合理界定政府部门职能，明确部门责任，确保权责一致

理顺部门职责分工，坚持一件事情原则上由一个部门负责，确需多个部门管理的事项，要明确牵头部门，分清主次责任。健全部门间协调配合机制。

本章小结

公共行政职能是国家职能的一个重要组成部分，它阐释的是政府为实现国家利益和满足社会发展需要而扮演的角色、履行的职责和功能作用。不同国家或地区，以及同一国家

在不同时间阶段，其公共行政职能的方式和内容也有所差异。为适应社会发展的变化和需要，公共行政职能要伴随外部环境和内部机构的变化而适时地调整。根据一定标准，我国公共行政职能体系主要由基本职能和运行职能组成。自新中国成立以来，党和国家一直很重视推进我国政府职能转变。面对新形势新任务，我国现行公共行政体制仍然存在一些不相适应的方面，尤其是政府职能转变还不到位。这些问题直接影响政府全面正确履行职能，在一定程度上制约了经济社会发展，全面深化公共行政体制和推进公共行政职能转变势在必行。

复习思考题

1. 什么是公共行政职能？研究公共行政职能的意义何在？
2. 我国公共行政职能体系包括哪几部分？
3. 如何理解公共行政职能转变的必然性？
4. 试述如何在社会主义市场经济条件下认识政府的角色和作用。

第五章 公共行政组织

**本章重点**

组织是管理的物质存在形式,任何公共行政的问题都与行政组织相联系。作为国家机器的主要组成部分,公共行政组织在公共行政中占有重要地位。如何认识公共行政组织?公共行政组织的构成要素和类型有哪些?公共行政组织的原则是什么?如何完善公共行政组织结构?本章对这些问题予以重点阐述。

第一节 公共行政组织概述

一、公共行政组织的内涵

"组织一词原指群体的一种类型。"①对于公共行政组织的内涵,公共行政学界目前还未达成统一共识。国内外很多学者结合自己的研究领域,根据不同标准对公共行政组织做出了不同的解读,其中有以下三种代表性观点:

(1)广义和狭义之分。从广义上说,公共行政组织是指为执行一定事务而将从事共同工作的人们通过权责和任务分配结成系统协调的组织机构;从狭义上说,则指为执行国家的政务所结成的有系统的组织机构,特指国家的公共行政组织。

(2)静态和动态之分。从静态上说,公共行政组织是指国家为执行政务而依法组建的行政机关体系;从动态上说,则指公共行政机关作为管理系统发挥领导和管理国家政务职能而产生的各种组织活动。

(3)阶级属性与社会属性之分。从阶级属性上说,公共行政组织是国家政治生活中居于主导地位的阶级推行本阶级意志的组织工具;从社会属性上说,则是国家为实现社会目的而通过一定的法律程序所建立和规定的、有着一定行政目标、人员设置、权责分配、结构形态、财物所有的行政机关体系,其组织行为受国家强制力的保障。②

二、公共行政组织的特征

公共行政组织作为一种特殊而又典型的社会组织,既具有一般社会组织的普遍属性,又具有一般国家组织的共同特征。

(1)阶级性。阶级性是国家公共行政组织的本质特征。国家是统治阶级用来维护本阶

---

① 邓肯·米切尔. 新社会学词典[M]. 蔡振扬,等译. 上海:上海译文出版社,1987:310.
② 张国庆. 公共行政[M]. 4版. 北京:北京大学出版社,2017:137.

级利益、维护社会统治秩序、调节社会各种关系的工具，国家的意志就是统治阶级的意志。公共行政组织作为国家职能的承担者，其核心就是维护统治阶级的利益，其管理活动过程必然会表现出鲜明的阶级性。从根本上说，公共行政组织建立和运行的目的就在于维护统治阶级的利益，贯彻统治阶级的意志。我国公共行政组织的阶级性，集中体现为工人阶级领导的、以工农联盟为基础的人民民主专政。

（2）社会性。"政治统治到处都是以执行某种社会职能为基础，而且政治统治只有在它执行了它的这种社会职能时才能持续下去"。[①]阶级性是公共行政组织的核心，而社会性则是公共行政组织的基础，二者是公共行政组织两重性的突出表现。国家公共行政组织要从根本上维护统治阶级的利益、维护社会的统治秩序，就必须履行社会管理任务，以管理社会公共事务作为自己的重要职能。公共行政组织的社会性和阶级性在人民当家做主的社会主义国家中是一致的，目的都是为了实现广大人民群众的根本利益。而在剥削阶级统治的国家中，公共行政组织维护人民利益的社会性只是表面的，实质上是为了谋求统治阶级的根本利益；只有在不违背统治阶级根本利益的前提下，才承认所谓的人民大众的利益。

（3）权威性。政府公共行政组织作为国家权力的执行机关，代表国家行使这种权力，是国家权力的具体实行者、体现者。它以整个社会生活为自己的控制对象，拥有凌驾于整个社会之上的权威，运用各种手段来维持社会的政治秩序、经济秩序和文化生活秩序。公共行政组织管辖的对象，包括社会的各种团体和全体公民，都有义务而且必须服从公共行政组织一切合法的规定、命令，服从公共行政组织的指挥、领导和管理。在宪法和法律的范围内，在公共行政组织的权责范围内，不允许其他任何组织、团体和个人与之相抗衡。对于不服从者，要用法律和政纪进行制裁和惩戒。强制服从是公共行政组织权威性的突出特征。

（4）法制性。公共行政组织是依法代表国家行使行政权力的机构，具有很强的法制性。公共行政组织的建立、撤销要以国家宪法和有关法律为依据，并在宪法和法律规定的范围内活动。公共行政组织的基本要素，即任务、责任和权力，也要由国家宪法和法律赋予。公共行政组织成员的职责、权利、义务，国家行政机关行使职权和实施管理的原则、方式、程序等，都必须以法律为基本依据，不得越出宪法和法律规定的范围。依法行政并对其活动承担相应的法律责任，是公共行政组织法制性特征的又一突出表现。法制既是公共行政组织活动的依据，又是公共行政组织活动的手段之一。法制性是公共行政组织权威性的基础，离开了法制，违背了宪法和法律的规定，公共行政组织就不能真正维护其权威性。

（5）系统性。公共行政组织是依法设置的，由若干要素按照一定的目标结构、层次结构、部门结构、权力结构组成的职责分明、协调有序的有机系统。在这个系统中，它按不同区域、不同层次、不同管理功能进行划分，并设置相应的组织机构，形成一个纵横交错且具有制约和隶属关系的权责体系。从纵向看，它包括中央政府、各级地方政府和各类基层公共行政组织单位，形成了一个金字塔型的层级结构。从横向看，每一层级的公共行政

[①] 马克思，恩格斯. 马克思恩格斯选集：第3卷[M]. 北京：人民出版社，1995：523.

组织内部都有横向部门的划分，这些部门分工协作，领导和管理各有关的事务。这样，公共行政组织各层级、部门和单位在系统的结构中各司其职、各得其所，充分发挥部门的个体效应和系统的整体效应，使国家行政活动协调有序地进行。

（6）发展性。公共行政组织作为一个开放的社会系统，受各国不同时期的历史条件、政治制度、经济条件、文化传统、科技水平等因素的影响与制约，其内部结构、体制和手段必须随社会的发展和环境的变化而不断加以调整和变革，以适应形势发展的需要。与此同时，公共行政组织也将通过行使国家行政权力，积极实施公共行政，以推动社会的发展与进步。公共行政组织在与社会交互作用的动态平衡过程中相互促进，共同发展。

三、公共行政组织的构成要素

行政组织是按照一定的规则和形式建立起来的正式组织，行政组织的构成包括以下八种要素：

（1）组织目标。组织目标是在一定时期内组织活动的期望成果，是组织使命在一定时期内的具体活动，是衡量组织活动有效性的标准。一个没有目标的组织，本身就失去了建立和存在的必要。组织目标表明了对一个组织所要处理的事务、完成的工作和努力方向的要求。组织目标从执行的角度可划分为法定目标和操作目标；从任务的角度，可划分为工作目标和自身建设目标；从职责关系的角度，可划分为整体目标、部门目标、单位目标和个人目标；从时间角度可划分为长期目标、中期目标和短期目标；等等。

（2）职能范围。职能范围是根据组织目标对行政组织所要完成的工作任务、职责及其作用的总体规定，它确定了行政组织行使职权的活动和作用范围，是决定赋予行政组织何种权力、如何设置机构、如何进行管理的主要因素和依据。职能范围从其性质的角度考虑，可划分为政治职能和行政职能；从专业领域的角度考虑可划分为经济、教育、文化、军事、人事等多种职能；从管理的角度考虑可以划分为计划、组织、控制、指挥、协调等职能。一般来说，组织目标是较为抽象的，而职能范围则是对组织目标的具体体现，因此，明确确定职能、改变或转变职能往往是行政组织改革或机构改革的重要问题。

（3）机构设置。机构设置是根据组织目标、职能范围在行政组织内部按单位进行设定的结果。机构的任务：协助和具体办理政府和政府职能部门的各项事务或机关内部事务。如上所述，组织是人们相互协作的表现，这种协作是建立在分配或分工的基础之上的。组织内部的分工首先表现为岗位设置。由于组织目标和职能是从纵向和横向两个方面逐步分解为各个部分或各个层次的，所以机构设置也沿着这两个方面进行。

（4）岗位设置。岗位设置是在机构设置的基础上进一步按个人职责明确工作分配或分工的结果；数量按管辖范围和实际情况而定，如直辖市设市长1人，设区的市的副市长为3~5人，不设区的市设副市长2~4人。它为组织目标、工作任务、权力和职责具体落实到个人身上奠定了基础，如果把组织比做一个活的有机体，各种机构则是它的器官，而岗位是它的最小单位——细胞。

（5）权责关系。权责关系即权力和职责的分配关系，它是行政组织内部分配、指挥系统、运行程序、沟通渠道、各种机构和岗位在组织中的地位、作用及其内在联系的具体表现，是一个组织井然有序地进行工作的保证。如果没有明确的权责关系，必然会造成组织内部的失调和混乱。权责关系的确定是与机构设置和岗位设置一起进行的。

（6）规章制度。规章制度是用正式文件或书面规定的形式明确组织目标、职能、任务、内部分工、工作程序、权责关系等活动方式的一种手段，它对组织中的机构和成员有一定强制性的约束力，要求其共同遵守和执行。有没有规章制度是正式组织与非正式组织最明显的区别之一，它保证了行政组织的整体性、连续性、稳定性及其成员的组织性和纪律性。

（7）物质因素。物质因素包括经费、设备、办公场所和用品等行政组织进行活动必不可少的条件和资源，它常常以一种实物形态表现出组织的存在，标志着组织规模、社会地位和实力。同时，物质因素也是组织完成各种工作任务、实现各种目标的保证。

（8）人员构成。人是组织的生命和灵魂。任何组织都是由人组成的，组织目标的实现和组织任务的完成都离不开其成员的努力。一个组织，即使它的物质形态还存在，但是如果没有组织成员，也不成为一个组织。组织和其成员是同步发展的。组织素质是其成员素质的整体表现，组织效率是其成员的工作结果，组织发展是其成员的工作能力、技术水平或工作绩效的提高。组织成员的工作与活动是与上述七种要素密切相关的。

四、公共行政组织的类型

目前我国行政组织的类型，按职权和管辖范围，可以分为最高国家行政机关和地方国家行政机关。我国的最高国家行政机关是国务院及所属的工作部门，地方国家行政机关是地方各级人民政府及其所属的工作部门。按照工作性质、职能和作用来划分，我国的行政组织又可以分为以下几种类型：

（1）领导机关。领导机关也称首脑机关，是指中央人民政府和地方各级人民政府的行政首脑机关，是各级政府的指挥和决策中心。它的主要任务是对所辖区域的行政工作进行统一领导。领导机关在整个行政组织系统中起统率作用，对职权范围内的各项重要工作进行领导和决策，以贯彻执行党和国家的法规、政策，完成国家和地区的各项任务。

（2）职能机关。职能机关也称执行机关。职能机关是在行政领导机关的直接领导下，负责组织和管理某一方面行政事务的机关，职能机关是各级政府领导机关组成部门，它的主要任务是贯彻、执行领导机关的方针、政策、指示、决定，领导或指导业务上相同的下属行政机关，相互配合地为实现行政机关总目标服务。

（3）办公机关。办公机关是领导机关根据需要而设置的内部办事机关，其任务是协助行政首脑办理专门事项，掌管本行政机关的综合工作。中央和地方各级政府的办公厅（室）、秘书处（科），都属办公机关。办公机关是辅助机构。

（4）派出机关。派出机关是指一级政府根据事务管理的需要，在辖区内所设立的代表机关。派出机关不行使一级国家行政机关的职权，主要任务是督促下级国家行政机关贯彻执行上级国家机关的有关指示和决定，并检查其执行情况，以及完成国家行政机关交办的任务。在我国，国家行政机关的派出机关主要有两大类：一类是省级、市辖区级人民政府的派出机关,包括省、自治区人民政府的派出机关——地区行政公署和市辖区的区人民政府的派出机关——街道办事处。另一类是专指县级人民政府某一职能机关的派出机关,如工商行政管理所、税务所和公安派出所等。

(5)直属机关。直属机关是在领导机关的统一领导下,主管某一方面专门性业务的行政机关,它和职能机关不同,不属于领导机关的组成部门,在法律上的地位略低于领导机关的组成部门。如国家物价局、国家统计局、国家工商行政管理局、海关总署等,是国务院的直属机关。

(6)咨询机关。咨询机关是近年来我国机构改革中发展起来的机构。它的主要任务是调查研究、掌握信息,为领导机关出谋划策和完成领导机关首长委托办理的特殊工作。国务院的经济研究中心、经济法规研究中心、价格研究中心,以及各部委内设立的政策法规司,各省、自治区、直辖市人民政府设立的政策研究室等,均属咨询机关。

(7)信息机构。信息机构是专门负责信息的收集、加工、传递、储存,为领导机构和有关部门提供各种行政信息、沟通情况的情报服务机构,如统计局、信息中心、情报室、档案室、资料室等。信息机构也是现代行政决策体制的重要组成部分,是行政组织科学化、现代化的重要保障。

五、公共行政组织在公共行政中的作用

(一)公共行政组织是政府职能的载体

公共行政组织是政府职能的载体,政府职能是公共行政组织的灵魂。公共行政组织的工作任务、制度、结构、功能和人员、发展目标等均由公共行政组织的职能来决定。没有完整高效的公共行政组织,政府职能不可能被履行。

(二)公共行政组织是公共行政的主体

公共行政组织是国家对社会事务进行公共行政的主体,是进行公共行政活动的物质基础和力量源泉。一切公共行政活动都是由公共行政组织来进行的。尽管公共行政组织的成员个体在某种意义上具有承担公共行政活动和处理公共管理事务的权力和责任,但是,从根本上讲,成员个体的权责仍然来自于公共行政组织的职位关系。因此,公共行政组织是公共行政事务的承担者、实施者和责任者,是公共行政的主体。没有公共行政组织这一主体,政府就无法行使其行政职能、履行其国家管理的职责。

(三)公共行政组织是公共行政人员的归属

公共行政组织是公共行政人员的归属。首先,公共行政组织把孤立的公共行政人员聚合到一起,把他们联系起来,通过分工与合作,将孤立的个体结合成一个能动的团体,使全体工作人员朝着组织的目标共同努力。组织通过分工,使每个公共行政人员各负其责、各司其职,有效地发挥个人的专长。同时,通过合作、协调和配合,汇聚组织成员单个的力量,充分发挥各自的长处和优点,产生一种新的组织合力,使组织的集体力量大于各个体力量简单相加之和。其次,公共行政组织是公共行政人员工作的物理环境和精神家园的

总和。公共行政组织内部的物质设置、职责关系等构成公共行政人员工作的主要条件，影响和支配公共行政人员工作绩效的发展。同时，公共行政组织内部的组织文化、组织心理、人际关系是公共行政人员的精神家园，也是制约公共行政人员工作积极性的重要因素。

（四）公共行政组织是公共行政活动的支点

组织与人事是一切管理活动的两个基本支点，它们构成了管理活动的基本框架。在公共行政活动中，公共行政组织是公共行政人员的载体，没有公共行政组织就没有公共行政人员，更谈不上公共行政人员作用的发挥和政府职能的履行。同时，组织的纵横结构、机构设置、权责分配是否科学，组织制度是否健全，又是公共行政人员能否发挥正面作用的关键。公共行政组织是公共行政人员之间分工是否明确、合理，合作是否协调，沟通是否顺畅，关系是否融洽的物质保证，是行政活动顺利开展的必要条件。总之，科学有效的公共行政组织能充分发挥每个行政工作人员的主动性、积极性，能使他们发挥所长，更有效地开展工作。反之，如果公共行政组织的建立和运行缺乏科学合理的原则和依据，组织管理混乱，则会妨碍公共行政人员积极性、主动性的发挥，行政活动也就无法顺利开展。

第二节 公共行政组织的原则

公共行政组织原则是为公共行政行为提供指导的一种基本方法，是使公共行政组织长期稳定、平衡、有效和充满活力的一系列的一般性规范或法则。我国公共行政组织，其基本原则从根本上说是由我国国家的社会主义制度所决定的。概括地说，我国行政组织所遵守的基本原则有以下几个方面。

一、目标原则

根据经济和社会发展的需要，公共行政职能必然发生转变，使行政组织机构必须有增有减，不管是增还是减，都必然适应职能的需要，必然符合经济社会发展的客观规律。在设置上，要及时发现经济和社会中的新因素、新需要，要调整职能并迅速在行政组织机构设置上做出反应。

职能需要原则是指在明确行政组织目标的前提下，根据政府各个部门的不同功能来设置具体的行政组织机构。要按行政总目标的要求，将一定时期政府所承担的职能，层层分解为若干具体的目标和职能，然后按照一个部门或机构只能管理同一目标的原则，合理配置职能并设置相应的机构。这样做，可以避免机构因人设位、因人设机构而造成的机构重叠、重复设置的弊病，也能避免不顾实际需要，强求上下对口设置机构的做法。同时，根据职能需要原则设置机构，不仅能保持行政机构的相对稳定性，也能根据社会经济和各项事业发展的需要及时调整机构。

二、精干效能的原则

精干效能原则是指行政组织机构要精简、人员要精干、效能要提高。我国《宪法》明确规定:"一切国家机关实行精简的原则。"精干效能是行政组织的综合性反映。机构精简,政务简化,才能办事灵便,实现以最少数量的人力、物力、财力,获得最大的社会效益。遵循精干效能原则,必须做到:第一,机构要精简,层次要简化。第二,定编定员,精干人员,克服人浮于事,办事效率低的现象。第三,职能归类,避免交叉重复。要把党政、政企、政事职能分开,行政机构根据职能需要,撤销重叠机构,合并同类或相近的职能机构,提高办事效率。

三、完整统一的原则

完整统一的原则就是指在设置各级行政机构时,从系统的角度考虑问题,使各级部门行政机构组成上下贯通、左右协调的有机统一的优化整体,步调一致地去实现总体目标。贯彻完整统一原则需做到以下几点:

(1) 职能目标完整统一。行政组织职能目标是行政组织存在的基础。每个行政组织机构在政府职能的总目标下,分解制定分目标。局部目标要服从总体目标。要实行目标归类,同类行政目标要归同一个行政组织来管理。各个组织机构都要发挥各自功能,为实现国家总任务和政府职能总目标更好地服务。

(2) 机构设置完整统一。行政组织之间,要明确隶属和制约关系,要明确下级对上级的服从关系。任何行政组织都是政府整体的一部分,从而形成一个统一完整的权力体系。凡是政府职能范围内的事务,都应有相应的机构来管理。职能机构设置要完整配套。功能完备齐全。机构设置的名称和级别也要大体上统一,不能自立称号、随意升格,以免造成混乱。

(3) 领导指挥统一。政府机构要成为公共行政的主体,成为强有力的指挥系统。在公共行政活动中,要由上级行政机关或首长统一领导和指挥,形成一个指挥的垂直系统,一般要实行首长制。一个行政机构,需要几个部门协调配合的管理活动,也要有一个领导核心,不能实行多头领导,要力求避免出现"政出多门"、多头指挥的现象。

四、权力集中与分散相结合的原则

行政组织是一个庞大复杂的权力系统,要使行政组织有高效率,必须实行权力集中与分散相结合的原则。权力集中是指行政权力集中于上级,下级相对地处于被动服从和受控地位,其行政行为基本上取决于上级指令的一种组织体制。权力集中可以使政令统一,统筹全局,标准一致,指挥灵活,同时也有助于大型公共建设项目和综合性社会事务的管理。但是,权力过分集中,将导致公共行政缺乏弹性,不能因地制宜,束缚下级机关的主动性和积极性。

分级管理,就是将行政权力逐级逐部门下授,使行政组织的每个层次、每个部门以至每个工作岗位都拥有履行其职责所应有的行政权力。以实现责权一致,保证各自所承担的公共行政任务能够有效完成。但是过度分权,将造成混乱,影响公共行政的整体功能。实现二者的有机结合,就可以较好地避免上述两种管理的缺陷,同时既可以发挥权力集中管理的优势,也能够充分调动下级行政部门的工作积极性,使行政组织管理活动更具有效率。

五、管理幅度与层次适度的原则

管理幅度是指对下属直接管辖的数额。层次是指在组织系统中划分管理层次的数额。管理幅度和层次适度，就是根据不同组织系统确定二者的最佳度。这是适应分权管理的一种定量考察，适用于机构设置，也适用于机构内部的人员配置。但因其在行政组织中有很大弹性，实际上很难有确切的定量标准，所以只是提供一种研究方法。但从许多国家的公共行政的实践和调查来看，从有利于管理的效率这一角度分析，管理幅度是有一定的客观规律的。最佳管理幅度，一般不能超过12人。因为管理幅度过大，为领导能力所不及，容易产生过多矛盾，不利于工作。

六、职、权、责、利一致的原则

行政组织是个权责系统，任何行政组织都必须贯彻职、权、责、利一致的原则。职，指职位；权，指职权；责，指职责；利；指利益。职位、职权、职责、利益相一致是行政组织设置的重要原则。有了职位就要有相应的职权，也就要负起行政责任和法律责任。不能职权相悖，即有职无权或无职有权，也就是说，授予一个组织机构的权限和该组织机构应承担的责任必须相一致。在明确职权的前提下也要与其应承担的责任联系起来，只有这样，才可以避免在出现责任事故时，无法明确究竟是谁应该承担相应的责任，造成互相推诿、扯皮现象的发生。同时，在行政组织工作中，也要注意保障机关工作人员的物质利益，使其有一个相对较好的工作环境和生活福利待遇，安心于本职工作。行政机关工作人员的工资福利待遇应该与其工作的职位、权力、承担的责任相一致，这样可以在一定程度上，避免机关工作人员因为工资福利待遇上的不合理，或横向比较上的失衡，造成腐败现象的发生。职、权、责、利相一致有助于提高行政效率，同时在某种程度上，也可以减少或避免腐败现象的滋生。

七、依法设置的原则

行政组织机构设置必须有一定的法律程序。它必须根据宪法和行政组织法以及其他有关法律设置。各级政府行政机构设置的数量、性质、地位、职权、编制、隶属关系、行政程序、行政规范等，都必须由有关法律予以规定。行政机构的法律地位使其有权威性，才能发挥管理职能。依法设置行政机构才能杜绝机构设置的随意性，避免机构膨胀，人浮于事。

八、民主参与管理的原则

民主参与管理是行政组织的一个重要原则。虽然各国的政治体制不同，但在重视民主管理这一方面却是基本相同的。政府公共行政中只有贯彻了这一原则，才能使政府机构的管理工作科学化，使政府的管理活动富有效率、充满活力。行政机构贯彻民主管理的原则，就是要在公共行政过程中，广泛听取各方面的意见和建议，充分发挥广大人民群众的主动性和创造性，为实现公共行政的总目标做出贡献。

行政机关贯彻民主参与管理原则，主要是通过各种渠道和方式，吸收人民群众参政议政。政府各部门要同广大基层群众建立联系，重大问题要让群众知道和经群众讨论，倾听群众意见。民主参与管理的另一种形式,就是发挥人民群众对政府机关及其公务员的监督作用。

第三节 公共行政组织结构

在实践活动中,一个结构设置科学合理、运转灵活有效的公共行政组织是组织任务得以完成的基本保证。公共行政组织的结构问题对于改变不合理的机构设置、权限划分与人员配置,改善公共行政的流程,提高公共行政组织的功能及效率都具有极为重要的意义。

一、公共行政组织结构的含义

组织结构即"组织各部门及各层级之间所建立的一种相互关系的模式"[①]。通常所指的组织结构是指正式的法规、运作政策、工作程序、控制过程、报酬安排及其他引导成员行为相关措施之设计。

在此基础上,可以把公共行政组织结构理解为公共行政组织各构成要素间的排列组合形态。[②]其中,职位、职能、人员分布等形成了公共行政组织的主要构成要素。没有这些要素作为基础,公共行政组织的结构就成了无源之水、无本之木。构成要素与排列组合方式共同构成了公共行政组织的结构,构成要素相似,但组合方式不同,也会形成不同形式的公共行政组织。

二、公共行政组织结构的类型

公共行政组织的结构可以按照纵、横两个主轴进行最基本的分类。

(一)纵向结构

公共行政组织的上下层级之间存在着领导与被领导的关系,这种排列组织的方式称为"公共行政组织的纵向结构",也称"公共行政组织结构的层级化"。公共行政组织的纵向结构既包括不同层级政府间的构成,也包括各级政府或部门内部层级的构成。目前,我国的公共行政组织体系从纵向分为国务院—省/自治区/直辖市—县/区—乡/镇四级;而在各级政府机关内部的分层情况也是非常清楚、严格的,如国务院内分为部—司(局)—处三至四个等级,省级政府内从上到下设有厅(局)—处—科等级别。

纵向结构的优势在于:使这个公共行政过程进行纵向分工,不同层次的机构承担着不同的工作与责任,不但能增强公共行政的效率、提高不同层次行政人员的工作积极性,而且还大大有利于统一指挥与严格控制。按照公共行政组织纵向层级的多少,主要可以分为金字塔型结构和扁平型结构。

1. 金字塔型结构

公共行政组织结构最典型的形态就是层级分明的金字塔型结构。迄今为止,这依然是

---

① 张润书. 行政学[M]. 台北:台北三民书局,1976:145.
② 王沪宁,竺乾威. 行政学导论[M]. 上海:上海三联书店,1988:78.

国家政府和其他超大型组织最普遍采用的组织机构。这一组织结构主要表现为行政层次多，控制幅度小，公共行政组织呈尖形结构，体现出较为集权的性质。金字塔型结构的优点是行政上下同一高度，目标一致，有利于强有力的行政控制；缺点是管理层次过多，效率不高，自主权不够，应变能力差，不利于发挥下级工作的主动性与创新性。

2. 扁平型结构

扁平型结构出现较晚，往往在大型的公共事业单位或跨国集团有所应用。它的特点在于行政等级较少，行政幅度较大，是一种分权性的结构。扁平型结构的优点在于可以降低集权化程度，弱化直线制组织结构的不利影响；提高下属部门管理者的责任心，促进权责的结合，提高组织的绩效；减少高层管理者的管理决策工作，提高其管理效率；有利于调动部属员工的积极性。扁平型结构的不足之处在于可能导致行政控制不力，组织丧失中心权威。

以上是两种比较典型的从纵向划分的组织结构类型，但在现实公共行政活动中，一个公共行政组织的结构可能既不完全是金字塔型，也不完全表现为扁平型，而是往往呈现出两者结合的特征，我们可以称之为"综合型"。其具体表现为：在组织中的某些比较重要、复杂的层级，行政控制幅度小；反之，则行政控制幅度大，从而使得一个公共行政组织融合了以上两种结构形式。事实上，实践充分表明，某种程度的层级组织结构对组织成员更好、更有效地完成工作任务是必不可少的，关键在于如何在层级递进式的组织结构中避免或者尽可能地减少其种种弊端，从而根据组织自身的具体情况选择一种最为合适的结构模式。

（二）横向结构

在公共行政组织中，同一个层级中包含着各个职能不同的部门，彼此间是相互分工合作的平等关系，这种组织方式就是公共行政组织的横向结构。公共行政组织的这种横向分工是随着社会和科学技术的发展进步、政府事务的逐渐增多而细化的。公共行政组织为了完成行政任务，必须在纵向结构的基础上进一步地进行科学合理的横向分工，以适应各级政府不同职能的需要。这种横向分工构成了公共行政组织的横向结构，也可称为"公共行政组织的部门化"。所以，横向结构也是组织结构必不可少的组成部分，它与纵向结构的关系就如同纬线与经线，共同构建起组织的脉络框架，使得组织能量、权力及各种资源通过这一构架流动起来，发挥出更大的效率。如果一个组织没有一定的结构，则形同一盘散沙，纵有再好的人才、再多的资金也将寸步难行。一般而言，横向组织结构可以有以下几种分类。

1. 按照区域标准划分

公共行政活动必须在一定的空间区域内开展，因此，区域可以作为划分公共行政组织的标准。区域划分是指依据一定的要素诸如政治、经济、地理环境等来划分公共行政组织。例如，在国务院以下按照一定的地理面积、政治传统等要素划分为各个省、自治区及直辖市政府，而在每一个省、自治区及直辖市政府管辖范围内又划分为若干个平级的地方政府，依此类推。

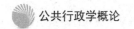

2. 按照管理职能标准划分

所谓按职能划分，就是将政府所担负的职责和功能按照一定的标准进行分解、组合，设置若干个职能部门或机构来承担不同的职责，如国务院所属的二十多个部、委、办，省（自治区、直辖市）政府内的各厅、局，同一厅、局之内的各处、室等。①这些机构或部门都有各自的公共行政组织目标和业务范围，彼此之间没有行政隶属关系，仅有业务上的指导关系，互相配合，分工协作。在使用这种划分方法时，还应注意避免走极端，分工过细，造成部门林立、效率低下。

3. 按照管理流程标准划分

公共行政的流程一般而言可以分为咨询、决策、执行、监督、反馈等阶段。公共行政组织根据需要，可以将整个管理活动按照这些流程的环节进行划分，交由各个部门负责实施。例如，在深圳试点实行的行政三分制，就是将政府划分为决策部门、执行部门和监督部门三大块，各司其职，各尽其能。这种划分方法有利于各个管理环节发挥各自的积极性，但也有一定的局限性，如有很多管理工作的程序是无法完全独立出来的，也就无法交由某一个部门具体负责实施。

4. 按照服务的对象标准划分

所谓按照服务的对象标准划分，是指依照所提供的商品、服务或者部门的服务对象来划分行政部门。例如，在中央政府中，按照服务对象的不同可以划分为教育部、农业部、交通部、卫生部等；在各级政府中的侨务办公室、复员退伍军人安置办公室、再就业办公室；等等。这是一种比较简单、直观的划分方法，但应该避免与按职能划分的部门发生重叠交叉，避免行政机构的恶性膨胀。

（三）公共行政组织纵向、横向结构的统一

在实际的组织发展过程中，社会、经济、文化、政治等各方面的变化都会对组织结构的设置产生或多或少的影响，组织所要应对的事务千变万化。所以，公共行政组织结构在基本的纵向、横向维度的基础上演化出多种不同的结构类型，大致如下。

1. 直线集权式结构

直线集权式组织结构是最早形成的一种组织结构，它的出现符合当时工业时代的许多需求。这种组织结构的形式如同一个金字塔，处于最顶端的是一名有绝对权威的上级领导，他将组织的总任务分成许多块，然后分配给下一级负责，而这些下一级负责人员又将自己的任务进一步细分后分配给更下一级，这样，沿着一根不间断的自上而下的层级一直延伸到每一位雇员。下属的首要职责是立即按照顶头上司的命令去做，而不该去考虑什么是正确的或者需要做什么。

直线集权式组织结构具有如下特征：指挥的等级链、职能的专业化分工、权利和责任的一贯性政策、工作的标准化等。在直线集权式组织结构中，上司负责其管辖范围内所有

---

① 浦兴祖. 中华人民共和国政治制度[M]. 上海：上海人民出版社，1999：303.

成员的行动，并且有权下达下属无条件服从的命令。通过组织劳动分工、制度管理决策以及制订一种程序和一套规则使各类专家可以齐心协力地为一个共同目标而努力。直线制组织结构极大地拓宽了组织所能达到的知识的广度和深度。

2. 直线职能式结构

直线职能式组织形式以直线制为基础，在各级行政领导下设置相应的职能部门。它是在直线制组织统一指挥的系统之外，增加了一套按专业化分工原则建立的职能机构。现代社会中，公共事务呈现越来越专业化的趋势，很多领域内的问题对我们来说都是全新的，如公共卫生问题、环境保护问题或电子商务纠纷问题等。这些问题的处理除了需要常规的公共行政权力机关介入外，更需要大量具备专业知识与能力的技术型人才和机构的共同参与。直线职能式组织结构就是为了适应这种需要而产生的，它是在直线集权制基础上发展、改进而来的。

直线职能式组织结构与直线制组织结构相比，最大的区别在于直线职能式组织结构更为注重专业人员与技术专家在公共管理领域中的作用。直线职能式组织结构既保留了直线制组织结构的集权特征，同时又吸收了职能式组织结构的职能部门化的优点。直线职能式组织结构适合于复杂但相对来说比较稳定、规模较大的行业组织。所以，就目前而言，直线职能制仍然为我国绝大多数公共企事业单位所采用。

3. 直线参谋式结构

直线参谋式结构与直线职能制结构相类似，两者间的主要区别在于，前者以较为灵活的参谋系统代替了后者的专业职能部门。所以，直线参谋式结构主要也是为了适应现实需要而发展起来的一种组织结构类型。这种结构的设计理念所代表的是：试图通过在组织系统中纳入一批具有某方面知识、经验及技能的管理人员并赋予他们一定职权的办法，解决公共行政组织大型化、复杂化、专业化与领导个人能力、精力有限性之间的矛盾。

参谋系统直接为各级行政领导服务，以其自身不凡的才学与高超的智慧为行政领导出谋划策，提供更多选择的可能性。他们的意见、建议等只有通过被领导接受才能发挥影响与作用，具有一定的间接性。参谋机构一般以智囊团、政府顾问等形式为代表，较之直线职能制，体现出更多的民间意识。大部分专家都是公共行政组织体系之外的高校、科研机构的专家、学者或群众代表，以一种正式的或非正式的咨询兼职顾问的形式为政府服务。

4. 直线综合式结构

直线综合式结构是直线参谋制与直线职能制的混合体，它主要是在直线集权制的基础上，同时设立直接向行政领导负责的职能机构与参谋机构。之所以需要如此多的辅助机构，原因主要在于实际的工作需要。一些比较特殊的公共组织管辖的业务比较复杂，工作任务比较艰巨，所以需要专业职能部门与参谋机构互相配合，共同达成组织的目标。其中，专业职能部门主要负责参与决策，并且实施部门的公共行政职能；而参谋机构则主要起到"思想库"和智囊的作用，如美国著名的智囊机构兰德公司等，为公共决策尤其是重大决策提供可行性分析、论证、方案建议、策略计划等。

 **本章小结**

公共行政组织是开展公共行政活动的主体,是国家行政职能的承担者。它由八大构成要素组成,按照不同的排列方式构成了公共行政组织的结构体系。公共行政组织具有阶级性、社会性、权威性、法制性、系统性、历史性。根据工作性质、职能和作用的不同,我国的行政组织可以划分为领导机关、职能机关、办公机关、派出机关、直属机关和咨询机关。为保证公共行政组织长期稳定、平衡、有效和充满活力,公共行政组织遵循着一般性或共同性规范或法则,主要有目标原则,精干效能原则,完整统一原则,权力集中与分散结合原则,管理幅度与层次适度原则,职、权、责、利一致原则,依法设置原则及民主参与管理原则。在新时代,如何设计并发展更具效率、更有弹性、更有活力的组织,日益成为公共行政学研究的重要议题。

 复习思考题

1. 试述公共行政组织的内涵及特征。
2. 公共行政组织的构成要素有哪些?
3. 试述我国公共行政组织的类型。
4. 试述我国公共行政组织的基本原则。
5. 如何理解公共行政组织的公共性和服务性?
6. 结合我国机构改革情况,论述如何推进我国公共行政组织的改革。

第六章 公共人事行政

本章重点

现代公共行政中，人事行政占据重要地位，它直接关系着政府机构和人员的质量，甚至国家兴衰。因此，构建行之有效的人事行政制度，制定公平合理、充满生机和活力的公共人事行政政策，是现代国家政府一直追求的重要目标。人事行政的概念及地位是本章学习的基础。当代西方人事行政的主要做法和发展趋势是什么？中西方国家公务员制度的内容及区别是什么？这些是本章学习需要进一步深入思考的问题。

第一节 公共人事行政概述

一、公共人事行政的内涵

（一）公共人事行政

公共人事行政是指为实现国家公共行政目标，国家人事管理机关依法对国家行政人员进行的选拔、任用、培训、考核等管理活动。理解和把握人事行政应注意以下几点：

（1）公共人事行政是特定的组织，即国家行政机关的管理活动，是国家行政机关的内部行政活动。

（2）公共人事行政的管理主体是国家行政机关及国家行政机关内的特定人事管理部门的管理活动。

（3）公共人事行政的管理对象是国家行政机关内的行政人员。

（4）公共人事行政是依法的管理活动。人事行政的管理原则是以国家权力为后盾，以法律、法规为依据。在依法行政的今天，行政人员的选拔录用、职位划分、考核、培训、晋升等均须依法进行。

（5）公共人事行政的目的在于选用合格的国家行政人员，使他们尽职尽责，充分发挥其工作积极性，提高其业务能力水平，全面提高行政工作效率。

（二）人事行政与人事管理

人事行政与人事管理既相区别，又相联系。二者的区别表现在以下几个方面。

（1）含义不同。人事管理的概念宽于人事行政。人事管理又被称为员工关系、劳工关系、人力管理或人事与劳动关系、人力资源管理等。人事管理的定义也不统一，概括起来基本有：

① 广义的人事管理，也叫劳动力资源管理，认为人事管理是一切组织的一种求得、发

展和留置一位有劳动能力的员工的艺术，使其能以最大的效率完成工作，并使组织的目标和功能得以经济有效地达成；或者是指对一定区域或组织内所有具有劳动能力的人口管理。它的根本目的是运用特殊的手段和方式来计划、组织、指挥、协调、控制人事活动，促进和保障人和事的最佳连接，为组织目标的实现提供可靠和有效的人力保障。

② 狭义的人事管理。狭义的人事管理又可分两种：一是所谓的人事管理，是研究企业中人与人关系的调整，人与事的配合，以充分发挥人力之理论、方法、工具和技术。换言之，人事管理乃是运用科学的原则与方法，来管理企业内员工的活动，使其纳入良好的体制，以提高效率，并达到劳、资与社会三方互利的目标。概括地说，这种观点认为，人事管理是企业组织中谋求人与事的适当配合，使事得其人，人尽其才，以及谋求人与人关系的和谐与协调，以增进合作，提高效率，且重点是谋求人与人之间的和谐。二是我国习惯上所称的"干部管理"或"干部人事管理"，"即凡是对基本上以脑力劳动为特征的人与事及其共事人之间关系进行管理的，称为人事管理"。它包括对党组织的干部、社会群众团体的干部、专业技术干部以及政府机关干部等的管理。

（2）产生时间不同。人事管理是伴随人类社会的产生而产生的。自从人类社会出现了集体活动，就有了人事管理。而人事行政则是在国家产生以后才产生的。它是国家的管理活动之一，是国家权力机关的执行机关对内部事务的管理。

（3）管理依据不同。人事行政是行使国家行政权的政治性的管理，以国家权力的行使为后盾，具有鲜明的政治性，任何国家的人事行政制度都是本国政治制度的重要组成部分，是实现国家管理目标的重要保证之一。人事行政还是依法的管理，具有权威性和强制性；以公共行政的法律、法规为依据。而人事管理除了遵循国家有关的法律规定外，更多是基于组织的发展需要，以一定组织内的规定、制度为依据。相对于国家行政机关的人事行政来说，人事管理具有很强的灵活性和自主性。

人事管理和人事行政不是两个对立的概念，人事管理是一个更大的系统，管理以及人事管理的一些思想和方法对公共行政具有指导和借鉴意义。

（三）公共人事行政的地位和作用

现代国家的兴衰，在一定程度上取决于管理的优劣。只有善于科学管理，才能最有效发挥国家机器的效能，使政权巩固。而管理的好坏最根本的在于用人之道。

人事行政在整个国家行政中处于关键和核心地位。国家公共行政包括很多内容，但无论哪种管理活动，都需要人去完成，一套科学的选人、用人机制关系着整个公共行政活动的成败得失。因此，人事行政是一切国家立国之基，治国之本，富国之道。古今中外，一切处于统治地位的阶级莫不对人才的挑选、培养和使用予以高度重视。

人事行政有利于治国兴邦，保持国家政权稳定、有利于开发人力资源，推动社会经济发展、有利于建设民主，完善政治体制。总之，人事行政在国家管理中占有重要地位并发挥着巨大的作用。

二、公共人事行政的原则

十九大报告在第十三部分"坚定不移全面从严治党，不断提高党的执政能力和领导水平"之"建设高素质专业化干部队伍"中明确指出人事行政的重要性，"人才是实现民族振兴、赢得国际竞争主动的战略资源"。如何育才、识才、聚才、用才、容才是人事行政的重要内容。

所谓公共人事行政的原则，是指在整个人事行政过程中都应共同遵循的一些总的基本原则，它是科学人事行政内在发展规律的反映。原则是人事行政过程中必须坚持的基本规范和指导思想，具有指导性、纲领性、稳定性，是人事行政基本精神的体现，应贯穿在人事行政法律规范之中的。

各国由于社会制度、社会条件、地理环境、民族性格及政体形式存在着差别，人事行政的原则有所差别，但也有一些共同的规律和原则。我国要实现科学的人事行政，就要遵循这些共同规律并结合自己的具体实践，借鉴各国人事行政的经验，确立适合于我国人事行政的基本原则。

（一）坚持党管干部、党管人才的原则

十九大报告指出："中国特色社会主义最本质的特征是中国共产党领导，中国特色社会主义制度的最大优势是中国共产党领导，党是最高政治领导力量……""党政军民学，东西南北中，党是领导一切的。必须增强政治意识、大局意识、核心意识、看齐意识，自觉维护党中央权威和集中统一领导，自觉在思想上、政治上、行动上同党中央保持高度一致，完善坚持党的领导的体制机制……"这一最本质的特征如何体现在人事行政中呢？

十九大报告在第十三部分"坚定不移全面从严治党，不断提高党的执政能力和领导水平"之"建设高素质专业化干部队伍"第一段中指出："党的干部是党和国家事业的中坚力量。要坚持党管干部原则"。在第二段中指出："要坚持党管人才原则，聚天下英才而用之，加快建设人才强国。……"。

"党管干部的原则"是中国人事管理的基本原则，公务员制度是我国干部人事制度的重要组成部分，是党的组织路线的体现。因此，与西方国家公务员所谓的"政治中立"截然不同，我国公务员法体现为按党的干部选拔和任用原则。对国家公职人员按公务员制度进行管理，不是为了摆脱、削弱或淡化党的领导，而是为了改善和加强党对政府人事管理的领导。

党管干部的原则主要体现在党制定与公务员制度有关的路线、方针和政策；党通过考察优秀党员向各级政权机关推荐和确定领导人员；通过各级党组织对公务员中的党员干部进行教育和监督，提高他们的业务技能和其他素质，并使他们依法办事、廉洁奉公；由党组织通过特定的机构负责对公务员管理的部分事务。而公务员则必须坚决贯彻和执行党的路线、方针和政策，自觉接受党的领导和监督。

（二）任人唯贤、德才兼备的原则

这是我党一贯的用人原则。"贤"的标准是德才兼备。在不同的社会历史时期，德才兼备有着不同的具体含义。今天在我国，德指行政人员的政治素质和职业道德；才指行政人

员的业务能力。德要求行政人员要在政治上成熟，有坚定的政治立场和政治远见，坚持党的基本路线和各项方针政策，克己奉公，忠于职守，全心全意为人民服务；才要求行政人员具有较高的文化水平、业务知识和各项工作能力，等等。只有将德和才辩证地统一起来，坚持德才兼备的用人原则，才能坚决反对和抵制"任人唯亲"的不正之风，保证行政人员素质的优化，提高行政工作质量和效能。

十九大报告指出德、才的总体标准和要求：党的干部是党和国家事业的中坚力量。要坚持党管干部原则，坚持德才兼备、以德为先，坚持五湖四海、任人唯贤，坚持事业为上、公道正派，（德）把好干部标准落到实处。坚持正确选人用人导向，匡正选人用人风气，突出政治标准，提拔重用牢固树立"四个意识"和"四个自信"、坚决维护党中央权威、全面贯彻执行党的理论和路线方针政策、忠诚干净担当的干部（德），选优配强各级领导班子。注重培养专业能力、专业精神（才），增强干部队伍适应新时代中国特色社会主义发展要求的能力。各职位的岗位规范详细描述了具体标准。

（三）扬长避短、适才适用原则

清代顾嗣协在《杂兴》中写道"骏马能历险，力田不如牛，坚车能载重，渡河不如舟"，说明人各有所长所短，关键是如何做到扬长避短、适才适用、人事两宜。如何贯彻落实扬长避短，适才适用原则呢？第一，对人员进行科学的考评；第二，扬长避短，指在使用人才时，要用其所长，避其所短；第三，适才适用就是要根据每个人的专长、能力大小以及其他条件与其所从事的工作相称。做到大才重用，小才小用，高才高用，低才低用，每人尽其才，每才尽其用，做到人事相宜。

（四）考试考核、晋升唯功、奖惩分明原则（公平竞争原则）

十九大报告指出：坚持严管和厚爱结合、激励和约束并重，完善干部考核评价机制，建立激励机制和容错纠错机制，旗帜鲜明地为那些敢于担当、踏实做事、不谋私利的干部撑腰鼓劲。各级党组织要关心爱护基层干部，主动为他们排忧解难。

考试考核是对行政人员的基础知识、工作能力和工作态度的考查。它是坚持任人唯贤和晋升唯功的重要条件。

如何贯彻落实考试考核、晋升唯功、奖惩分明原则的呢？第一，人员进入行政机关之前公开考试，择优录用；第二，在职行政人员要考核其工作态度、业务水平和工作能力，把酬劳、奖惩、升降都建立在考核的基础上；第三，晋升唯功就是以工作人员的工作成绩和贡献作为评价、奖励、晋级、晋职的主要依据。录用前考试考核，录用后注重实绩、唯功晋升，是一种鼓励竞争的机制，可以保证把德才兼备的优秀人才吸引进国家行政机关，并为贡献大、有真才实学的实干家和各类年轻干练的人搭起奋发向上、不断进取的阶梯，从而把德才兼备的优秀人员吸引进国家机关，克服论资排辈等不合理现象。加之关于政府机关人员不断变新、合理流动的规定，就会使行政人员精力旺盛，政府工作高效运转。

（五）智能互补、结构合理原则

人事行政的艺术就在于根据互补原则来任用和调配行政人员，即根据各种组织、部门和单位的不同需要,把具有不同年龄、专业、知识、能力、特长、爱好的人员进行慎重选择,科学安排,形成一个智能互补、结构合理的群体,既重视个体的素质,更要保证组织整体功能的充分发挥,创造良好的整体效应。这一原则是由两方面要求决定的:一是由于不同行政组织具有不同性质和种类的行政任务,客观上需要具有相应专长和能力的人员来完成;二是行政人员自身存在专长和能力等素质方面的差异性,不可能样样工作都胜任。只有进行合理搭配,才能保证行政工作的协调运行,完成行政组织所担负的繁重而复杂的任务。

(六)不断更新、合理流动原则

这一原则是指人事行政要根据各种组织的工作需要和职务的要求,对具有不同年龄、性格、能力、品德、知识、专业、爱好的人员进行科学搭配,形成一个智能互补、结构合理的群体。它能够保证行政组织适应公共行政的需要,保持行政人员队伍富有生机和活力,同时,行政人员队伍要进行不断的新老交替工作。

(七)依法管理、责权一致原则

人事行政工作涉及面广,影响重大,必须通过制定一系列健全的法律、法规,对国家行政工作人员进行管理,坚持依法办事,实现人事行政的制度化和法制化。只有真正做到有法可依、有法必依、执法必严、违法必究才能抵制人事管理上存在的各种不正之风,使党和人民的事业健康发展。用人与治事、责任与权力,二者应是有机的统一。权力本身产生于职责,不同职位的行政人员必须赋予相应的权力,同时也必须履行相应的义务。如果所用之人与所治之事不一致,责与权相脱节,就是高度集权旧体制的遗留物,是必须废止的。

三、现代公共人事行政的主要趋向及特征

公共人事行政的发展是伴随国家发展而逐渐演变的,它有自身内在的发展规律。但从时间和空间来看,人事行政在不同时期不同国家并不是同步的。目前,很多国家仍处在人事行政发展的初级阶段,部分国家完成了或正在完成向现代化人事行政的转变。

(一)现代公共人事行政的几种发展趋势

1. 分类管理

针对政务官和业务官在结构和功能上的分化,开始实行职位分类管理。所谓职位,是指公务员担任的职务和责任。把公务员的职位按照工作性质、业务内容、简繁难易、责任轻重以及所需资格条件等,区分为若干规范化的种类,以此作为公务员管理的依据,这就是职位分类。通过职位分类,逐步简化了职位分类的结构,缩减了职系数目和职级、职等层次。

2. 以人才主义和功绩制为导向

改变过去以恩赐官僚制和分赃制为核心的赡恩徇私式的人事行政,以人才主义和功绩制导向,推进向现代人事行政过渡。

3. 由人治向法治转变

传统的人事行政带有很大的随意性或必然性的人治色彩,而现代行政最突出的特点则

是系统化、规范化和法治化，这意味着必须祛除传统人事行政的个人主观色彩。

4. 人事行政范围不断拓展

伴随公共行政的实践，人事行政的内容和范围都得到了拓展，增加了很多传统人事行政没有的业务内容，如考任、培训、职位分类、保险、抚恤等，这都是新时期下人事行政的新内容。

5. 管理方法日趋科学

现代人事行政改变了过去依靠经验管理的方式，而越来越重视管理方法的科学性和理性，将很多科学管理理论和方法引入到现代人事行政的实践中，如职位分类方法、激励理论和计算机管理等。

6. 通才与专才并重

传统人事行政的人才观是只重视通才，但随着社会分工和政府事务分工的专业化、精细化，人事行政对人才提出了新的要求，要求将通才和专才并重，共同参与政府管理。

（二）世界各国人事行政的特征

现代化人事行政逐步朝着公平、公开、法治和适应职能需要的方向发展：

（1）公平性。以客观、法定的人才主义和功绩原则为标准，评价和考核人事行政中人员进出、赏罚和升降等，而不是以私人关系、个人好恶或其他主观标准来衡量。

（2）公开性。信息公开是公平的前提。公开性要求向民众公开人事行政的全过程，彻底摒弃人事行政中的"暗箱操作"，推进人事行政的民主法制建设，加强对人事行政的监督，有效防治腐败。

（3）法治性。人事行政中的人事任免和其他事宜，均以法规制度为依据，遵照客观事实来做决定，不应受到任何其他外力（如政党或利益集团的压力）的影响与指使，不得由于性别、种族、宗教信仰、政治倾向等理由进行人事行政方面的歧视。人事行政的管理机构超然于政治斗争之外，尽力避免带有政治色彩，以保证人事行政的客观性。

（4）适应性。现代人事行政应是动态发展的，而不是静止、僵化的。为适应社会经济发展和政府管理的需要，人事行政应形势变化而不断调整管理方法、更新完善人事行政制度，以永葆人事行政制度的灵活性和适应性，确保人事行政的生机和活力。

第二节 当代西方人事行政的发展

西方各国人事行政大致经历了三个发展阶段：一是以恩赐官僚制为核心的人事行政时期。二是以分赃制为核心的人事行政时期。三是以功绩为核心的人事行政时期。不同时期呈现出不同的特点。本节简要概述当代西方各国人事行政的改进与发展。

一、改进人事行政的管理方法

改进人事公共行政办法，是近年来西方国家人事行政改革的主要做法。具体方式主要有：

（1）各级政府加强对人力资源战略规划的重视，提升人事公共行政的预见性和战略性。政府人力资源战略规划的目的就是考虑将政府公共行政的未来需求与目前人事行政的管理活动结合起来，从而保证政府机构能够有计划地吸纳与培养充足的优秀公务人员，以确保政府适应未来社会发展的需求。在制定公共人力资源的战略规划过程中，通常要考虑的因素包括社会价值的变化，经济成长的趋势，技术发展的前景，社会人力资源的供求，政府与私营企业对人才的竞争，以及目前公务人员的技能状态与未来后备公务人员的培养等。

（2）严禁歧视，兼顾平等。伴随社会进步，平等观日益深入人心。在公务员立法和招聘中，一方面，依法明确规定消除各种歧视，尤其是对妇女和少数族裔的歧视，推进社会平等；另一方面，通过所谓的"扶正政策"对历史上曾遭受过歧视的种族或特殊社会群体给予照顾，凸显人文情怀。

（3）考录方法日趋科学。在公务员的考录方法方式上，由传统的笔试和简单的面试转向综合性考试和实际工作情景模拟，越来越能够科学考核人员的综合素质。

（4）权责清晰，凸显人文。对于某些空缺职位职责的描述，在明确责任与权限的基础上，加入更多的针对性、人情味和挑战性，以吸引更合适的人员前来应聘。

（5）绩效考核评估方法多样化。传统的工作绩效评估方式是自上而下地"上级评定下级"，而现在"上下互评"和"自我评估"相结合是现代人事行政的发展趋势。此外，在绩效评估中，尽可能地使用分类打分的方法，而分类打分和绩效评估的总分常常作为晋职和加薪的依据。

（6）对于某些职位，可以灵活地采取"工作分享"（job sharing）的方法。"工作分享"是指将通常一个人可以担当的职位分给两个或两个以上的工作人员，以满足某些工作人员既要缩短工作时间又要保住工作的特殊需要（如家有幼儿需要照顾）。

二、提高公务员的工作绩效

提高公务员的工作绩效是当代西方国家人事行政改革所面临的又一问题，无论是在理论上还是实践上，西方国家都进行了很多探索，取得了一定的成果。

理论上，实现了从古典科学管理学派和人际关系理论到行为科学学派的转换。古典科学管理学派强调的是工作环境与金钱刺激的重要性，人际关系理论强调的是人的社会需求，具有单一性。而行为科学学派倡导从人的多重需求出发，如生理、安全、社交、挑战、成就等，多层次设计工作绩效的机制，挖掘和刺激人员潜能的发挥。

实践上，为提高公务员工作绩效，当代西方各国政府普遍采取了以下方法：

（1）鼓励公务员积极参与所在机构的决策过程，帮助其树立责任意识，使每个公务员感受到所在职位以及个人的重要性。

（2）采用目标管理的方法，由每个公务员自己列出本职工作的目标，并加以实现。

（3）采取"质量圈"方法，将某政府机构中的公务员划分成若干"质量圈"，每一质量圈构成一个工作小组，小组成员之间加强沟通，相互协调，发展共识，以更好地完成每一"质量圈"的共同目标。

(4）采用"全面绩效测量"来弥补仅由政府系统内部对公务员绩效进行评估的不足。全面绩效测量是指由公务员、服务对象和市民一起对某一政府机构的服务水准和服务效率进行评估，评估的结果再反馈给每一个公务员。全面绩效测量的优势在于主体多样化，可以帮助公务员切身了解哪些方面需要改进，并促使他们积极参与到制定改进措施的决策过程之中。

三、重视公务员行为规范与个人权利之间的平衡

为确保公务员队伍的质量，当代西方各国通过人事行政改革进一步将公务员的行为规范细化，以此平衡公务员行为规范和个人权利：

（1）制定限制公务员参与政治活动的细则，规定公务员不得成为政党代表大会的代表，不得加入政治行动委员会，不可以寻求和接受政治捐款，不得为某一政党的竞选活动拉选票，不得召集和组织政治性的集会等。

（2）为保障公务员做好本职工作，大多数政府机构严禁公务员从事"第二职业"。

（3）制定了高于私有企业和非营利组织的公务员道德标准和职业规范。例如，美国1978年通过的《政府职业道德法》明确要求职位十六级以上的高级公务人员必须申报个人的财务状况，并严禁联邦公务员在离职的两年之内，受雇于那些与其原所在政府机构打交道的私营企业。

（4）多数西方国家的政府，对公务员（尤其是警察、公立学校教师以及涉及国家安全利益的公务员）的职外行为也有详尽的规范。对于违反职外行为规范的公务员，政府会依据职外错误行为是否给本职工作带来危害、是否直接或间接损害政府利益做出相应的惩戒与处罚，甚至开除公职。

公务员作为国家机构的组成人员，在公共行政中扮演着特殊的身份和角色，有着比一般公民要高的行为规范和职业要求。但他们也是公民中的一分子，作为公民，公务员的正当权利理所应当受到保护。近年来，西方各国在保障公务人员的权利方面，也做出相应的努力。例如，严禁人事招聘、录用、晋职、奖励、处罚和其他人事行政活动中的一切歧视，包括性别、年龄、种族、残疾等方面的歧视；建立多种机制保障下级投诉渠道的畅通，设立公正、中立、有外部人员参加的仲裁委员会，保障公务员免受不公平的待遇。

四、贯彻人事行政中的民主、平等与公平原则

民主、平等与公平是人事行政的基本准则。近年来，西方各国政府在履行社会服务和公共管理责任和义务的同时，也越来越关注以下两个问题：

（1）公务员的代表性（或称代议官僚制）。由于政治、历史或民族等各种原因，在传统的西方人事行政体系中，一些社会弱势群体在公务员队伍中所占比例明显不足，甚至备受歧视。随着政治民主和社会进步，西方各国政府纷纷重视起以往一些弱势群体的代表性和权利，主要是通过平等就业机会和扶正原则，提升公务员的代表性，让社会中各个群体参

与到公务员队伍中,以更好地代表本群体的利益,其实质是贯彻公平与民主的原则。[①]

(2)公民和社会公益团体的参与。人事行政的目标就是打造一个为社会高效服务的公务员系统,但公务员系统一旦建立,会有其本身的种种惰性和弊病。通过从服务对象和相应的社区招纳公民和公益团体人员担任咨询顾问和人事监察,可以有效地改善政府公务员系统与社会之间的沟通与联系,增强政府决策的科学性、民主性,从而使政府的决策和行为更加符合社会的需求。

第三节 中西国家公务员制度概述

国家公务员制度是现代人事行政制度的主要存在和表现形式。自创立以来,经过百余年的理论探索和行政实践,中西方国家逐渐形成了丰富的思想、理论和制度体系,且各具特色。

一、西方国家公务员制度

(一)西方国家公务员制度的概念

现代意义上的国家公务员制度,最初形成于西方资本主义国家。它的出现,可以说是标志着人事行政制度逐步走向现代化。

"公务员"一词是外来语,译自英文的"Civil Servant"(有些英文国家叫"Public Employee"或"Government Employee")一词,中国古代的"文官"与此类似。

英国是最先确立公务员制度的资本主义国家。1855年和1870年,英国政府两次以枢密院的名义颁布改革官吏制度的命令,确立了公开竞争考试的用人制度,从此英国公务员制度正式确立。英国文官制度的确立,为现代国家公务员制度奠定了基础,也对其他资本主义国家建立和改革公务员制度产生了较大的影响。1883年,美国效仿英国文官制度,通过了《彭德尔顿法》(即《文官制度法》),由此奠定了美国公务员制度的基础。迄今为止,世界上绝大多数国家都实行了国家公务员制度。随后法国、日本相继建立各自的文官制度。目前不少发展中国家也正在采用这种制度。

当代西方国家对"公务员"一词并没有一个完全统一的定义。因此,普遍来讲,公务员是指通过非选举程序而被任命担任政府职务的国家工作人员。具体来看,西方各国对国家公务员的基本含义和特定范围都有严格规定,这些规定因国而异:如英国的公务员专指不与政府内阁共进退、经过公开考试方能录用、无过失可长期任职的文职人员,也叫常任文官,与政务官相对,上至副部长,下至勤杂人员;美国的公务员则是指所有在政府机构中执行公务的人员,包括选举产生的总统、州长、部长等,但国会议员、国会雇员及司法部门的人员不算;日本的公务员是指所有在政府、国会、军队、国有企业和事业单位等任

[①] 戴维·罗森布伦姆和道格拉斯·金纳德认为,代议官僚制可以提供平等的机会、体现社会资源分配的公正性以及保障每个社会群体对政府的影响力。资料来源:D. H. Rosenblomm, D. Kinnard. Bureaucralic representation and bureaucratic behavior: an exploratory analysis[J]. Midwest Review of Public Administration,1987:35-42.

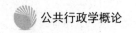

职的人员。

西方国家的公务员，作为西方各国政治与行政系统中特定的一个群体，在西方各国社会生活中占据着特殊的地位、发挥着特有的功能。为了对公务员这一群体进行有效管理，逐步形成了有关公务员考试、录用、考核、奖惩、晋升以及分类管理等一系列的规章制度，这就是西方国家公务员制度。

（二）西方国家公务员制度的基本特征

西方国家公务员制度形成比较早，至今已有上百年的历史进程。经过理论和实践的不断修正和完善，目前一个比较健全、科学和系统的公务员制度规范体系已经基本形成。总体来说，西方国家公务员制度具有以下八个基本特征：

（1）实行职业常任：即把公务员从事的公务工做当作一种职业性工作，把公务员看成如工程师、医生、教师一样，是一种职业性工作人员，他们不随政党选举的更迭而进退，无过失即可长期任职，不得被随意辞退。

（2）公共权力依附于公务职位：即公务员的权力大小是由公务员所在职位决定的，权力不随人走，公务员只能利用所在职位赋予的权力来完成本职工作。

（3）贯彻用人唯贤原则：即用人根据才能，而不是依据个人背景和人际关系，保证人们具有均等的任官机会，公开竞争考试，按考试成绩择优录用。

（4）实行功绩考核制：即严格按照工作任务等较为客观的标准来量化公务员的工作成效，并以此作为决定公务员升降和奖惩的参考依据。

（5）对国家公务员进行统一管理：由全国统一的公务员人事管理机构，依据全国统一的公务员法规和政策，对各部门的公务员实行直接或间接的综合管理。

（6）注重专业技术人才：彻底否定政党分赃制倡导者所谓的"政府工作人人皆可为之"的理论，把是否具有现代公务职位所需要的专门知识和技能作为录用公务员的重要标准。

（7）讲究职业道德：要求公务员培养团结合作精神，增强荣誉感和责任心，要忠于国家、廉洁奉公、严守机密、克制言行、不参加任何经商营利活动等。

（8）讲究政治中立：公务员应保持"中立"立场，在执行公务的过程中应超然于政党政治和个人政治理念之外，不以行政权力偏袒某一政党、政治团体或利益集团，应以客观、公正、公平的态度和中立的能力尽忠职守。

（三）西方国家公务员制度的确立及发展

从19世纪中叶到第二次世界大战前后，现代国家公务员制度先后在西方主要资本主义国家确立。

西方国家公务员制度确立的标志之一是常任职业公务员制的建立。在此以前，西方国家政府公务人员的产生方式主要有两种：第一种是私人庇荫制，即掌握政府重要权力的那些人，把政府中的职务分给自己的亲属、朋友和其他与自己关系密切的人，给他们以政治上的封荫和庇护；第二种是政党分赃制，即政党在选举获胜以后，把官职作为战利品据为己有，公开在其支持者之间进行肥缺分赃。

在这两种情况下，政府中的公务人员没有公开的、专门的、公平的招聘途径和考核方式，公务员的工作表现和职务晋升缺乏有效的管理标准，且容易受到政治变迁的冲击，由此导致人们对公务员这一职业缺乏认同感，很多人并不把为政府部门服务作为一种终身职业。这种非常任的职业公务员制，非但没有取得有效管理效果，反而会使公务人员随着政治上庇荫者政治地位的下降或政党选举的失利而丧失自己的政府职位。为了保住自己的职位，政府的公务人员将大量的时间、精力花费到了织结私交、投机钻营和政党事务之中，造成了政府工作效能的严重低下。

为了解决以上问题，常任职业公务员才得以确立。常任职业公务员制将政府中职业政治家和职业公务员区分开来，明确职业公务员若没有重大过失即可永久留任，直至退休。这样，职业公务员就有了工作的保障，不再因人而变，因此能够专心工作，并能够在稳定的职业生涯中，不断地积累经验，这样就能大大地提高政府的工作效能。因此，确定公务员的公务工作和公务职位的职业性，是现代人事行政制度即国家公务员制度得到确立的首要标志。

西方国家公务员制度确立的第二个标志是公开考试、择优录用制的建立。考任制是西方各国公务员制度得到确立的最显著、最关键的标志。在此以前，西方各国都还没有形成系统有效的考试录用政府工作人员的制度，影响了人才的选拔和任用。而公开考试、择优录用制的建立，则给西方各国的公务员队伍带来了生机和活力：一方面，考任制统一了公务员录用的标准，设定了录用条件，这样就把公平竞争机制引入了人事公共行政体系中，不仅克服了私人庇荫制和政党延续性的种种弊端，还有利于吸引优秀的、合适的社会精英到政府工作；另一方面，考任制还保护着公务员集团的特殊利益。它保证了公务员的统一来源，确定了公务员所具有的共同背景均由考试录用而来，而这相同的背景及其背后隐示着的基本相同的素质，以及由此引发的公务员之间的认同感和对其共同利益的认知，则加强了公务员队伍凝聚力，而一支稳定、团结、强大的公务员队伍则反过来又促进了公务员制度的巩固和发展。因此，没有考任制，西方国家公务员制度根本就无从谈起。

二、我国国家公务员制度

我国公务员制度虽起步晚，但在继承我国传统干部人事制度优点和借鉴西方发达国家公务员制度经验的基础上，我国已经逐步建立起适合我国国情的、科学的、系统的公务员制度。

（一）我国国家公务员制度的内涵

《中华人民共和国公务员法》（下称《公务员法》）规定，我国的公务员是指依法履行公职、纳入国家行政编制、由国家财政负担工资福利的工作人员，①主要包括七类人员：中国共产党机关、人大机关、政协机关、各民主党派机关、行政机关、审判机关、检察机关的工作人员。

我国国家公务员制度是指国家对公务员进行科学管理所制定的一系列法律、规章、制度的总和。它是一种科学、系统、规范的政府机关人事管理体系，是整个社会人事管理体

---

① 《中华人民共和国公务员法》第二条。

系中的一个重要分支。

（二）我国国家公务员制度的基本内容

目前，我国公务员制度主要包括职位分类制度、新陈代谢制度、激励约束制度、职业发展和保障制度。

1. 职位分类制度

目前，我国的公务员职位分类制是以规范的职位分类为取向，同时兼顾现阶段我国公务员职位内容和工作方法、工作手段尚不定型的现实而设计的。为落实党的十八届三中全会确定的重大改革任务，2018年我国对《公务员法》进行了首次修订。

2019年6月1日新修订的《公务员法》正式落地，对我国公务员的职务序列、级别划分以及职务与级别的对应关系进行了细化。根据规定，我国公务员职位类别按照公务员职位的性质、特点和管理需要，划分为综合管理类、专业技术类和行政执法类等类别。同时明确国家实行公务员职务与职级并行制度，根据公务员职位类别和职责设置公务员领导职务、职级序列，取消了非领导职务。

公务员领导职务根据宪法、有关法律和机构规格设置。领导职务层次分为：国家级正职、国家级副职、省部级正职、省部级副职、厅局级正职、厅局级副职、县处级正职、县处级副职、乡科级正职、乡科级副职。①

公务员职级在厅局级以下设置。综合管理类公务员职级序列分为：一级巡视员、二级巡视员、一级调研员、二级调研员、三级调研员、四级调研员、一级主任科员、二级主任科员、三级主任科员、四级主任科员、一级科员、二级科员。

综合管理类以外其他职位类别公务员的职级序列，根据公务员法由国家另行规定。②

2018年《公务员法》的首次修订，标志着我国公务员管理法治化、规范化、科学化进入新阶段，对于建设一支信念坚定、为民服务、勤政务实、敢于担当、清正廉洁的高素质专业化公务员队伍意义重大。

2. 新陈代谢制度

我国公务员新陈代谢制度主要包括考试录用、交流、辞职、辞退、退休等内容。

（1）考试录用，是指国家行政机关通过采取公开考试、严格考察、平等竞争、择优录取的办法，按照德才兼备的标准，录用担任一级主任科员以下及其他相当职级层次的公务员。采取录用特殊职位的公务员，经省级以上公务员主管部门批准，可以简化程序或者采用其他测评办法。新录用的公务员试用期为一年。试用期满合格的，予以任职；不合格的，取消录用。③

《公务员法》首次明确可以设立聘任制公务员职位。机关根据工作需要，经省级以上公务员主管部门批准，可以对专业性较强的职位和辅助性职位实行聘任制。其中所列职位涉

---

① 《中华人民共和国公务员法》第十八条。
② 《中华人民共和国公务员法》第十九条。
③ 《中华人民共和国公务员法》第四章。

及国家秘密的,不实行聘任制。[1]

(2) 国家实行公务员交流制度。公务员可以在公务员和参照本法管理的工作人员队伍内部交流,也可以与国有企业和不参照本法管理的事业单位中从事公务的人员交流。其中,交流的方式包括调任、转任和挂职锻炼:

① 调任,指国有企业、高等院校和科研院所以及其他不参照本法管理的事业单位中从事公务的人员,可以调入机关担任领导职务或者四级调研员以上及其他相当层次的职级。[2] ② 转任,公务员在不同职位之间转任应当具备拟任职位所要求的资格条件,在规定的编制限额和职数内进行。对省部级正职以下的领导成员应当有计划、有重点地实行跨地区、跨部门转任。对担任机关内设机构领导职务和工作性质特殊的非领导职务的公务员,应当有计划地在本机关内转任。[3] ③ 挂职锻炼,根据培养锻炼公务员的需要,可以选派公务员到下级机关或者上级机关、其他地区机关以及国有企业事业单位挂职锻炼。公务员在挂职锻炼期间,不改变与原机关的人事关系。[4]国家公务员轮换,是一种组织行为,由任免机关按照公务员管理权限有计划地安排实施。

(3) 辞职,是指国家公务员依照法律规定和程序,自愿申请辞去现任公务员职务,终止与行政机关任用关系的制度。辞职是公务员的一项基本权利,是完全出于公务员本人意愿的自主行为。公务员辞职,应当向任免机关提出书面申请,任免机关应在三个月内予以审批,审批期间,申请人不得擅自离职。国家行政机关可以根据实际情况,规定国家公务员三年至五年的最低服务年限,未满最低服务年限的,不得辞职。在涉及国家安全、重要机密等特殊职位上任职的国家公务员,不得辞职。公务员辞职后,不再保留国家公务员的身份。"领导成员因工作严重失误、失职造成重大损失或者恶劣社会影响的,或者对重大事故负有领导责任的,应当引咎辞去领导职务。领导成员应当引咎辞职或者因其他原因不再适合担任现任领导职务,本人不提出辞职的,应当责令其辞去领导职务。"[5]

(4) 辞退,是指国家行政机关依照法律规定和程序,解除与公务员任用关系的制度。辞退是国家行政机关的一项法定权利,是行政机关单方面的法律行为。只要符合法定事由,行政机关即可按法定程序辞退公务员,而无须征得公务员本人的同意。辞退国家公务员,由所在机关提出建议,按管理权限报任免机关审批,并以书面形式通知本人。被辞退的国家公务员,不再保留国家公务员的身份。[6]需要指出的是,辞退是解除行政机关与公务员任用关系的一般行政行为,不同于开除处分。

(5) 退休,是指国家公务员达到一定的年龄和工龄,或因病残丧失了工作能力,根据国家规定办理退休手续,离开工作岗位,由国家给予一定数额的退休金和其他生活保障,

---

[1] 《中华人民共和国公务员法》第一百条。
[2] 《中华人民共和国公务员法》第七十条。
[3] 《中华人民共和国公务员法》第七十一条。
[4] 《中华人民共和国公务员法》第七十二条。
[5] 《中华人民共和国公务员法》第八十七条。
[6] 《中华人民共和国公务员法》第九十条。

予以妥善安置和管理的制度。

3. 激励约束制度

我国公务员激励约束制度包括考核、奖励、处分、职务升降、回避等内容。

（1）考核，是指国家行政机关根据有关法律法规，按照管理权限，对国家公务员的德、能、勤、绩、廉进行全面考察与评价，并以此作为对国家公务员奖惩、培训、辞退以及调整职务、级别和工资依据的制度。对国家公务员的考核，应当坚持客观公正的原则，实行领导与群众相结合。公务员的考核分为平时考核、专项考核和定期考核等方式。定期考核以平时考核、专项考核为基础。对非领导成员公务员的定期考核采取年度考核的方式。定期考核的结果分为优秀、称职、基本称职和不称职四个等级。定期考核的结果应当以书面形式通知公务员本人，并作为调整公务员职位、职务、职级、级别、工资以及公务员奖励、培训、辞退的依据。①

（2）奖励，是指国家行政机关对在工作中表现突出、有显著成绩和贡献，以及有其他突出事迹的国家公务员给予精神或物质鼓励的制度。对国家公务员的奖励，坚持精神鼓励与物质鼓励相结合的原则。对国家公务员的奖励分为嘉奖，记三等功，记二等功，记一等功，授予称号。在给予上述奖励的同时，按照规定给予一定的物质奖励。②

（3）处分，是指对有违纪行为，尚未构成犯罪，或者虽然构成犯罪但是依法不追究刑事责任的国家公务员，依照有关规定给予惩戒的制度。对国家公务员的行政处分分为警告、记过、记大过、降级、撤职、开除。③

（4）职务升降，是指依照规定和程序，将国家公务员由原工作职位调任到另一个承担更大或较小责任的职位上，同时其权力相应扩大或缩小、报酬相应提高或降低的制度。职务晋升，公务员晋升职务应当具备拟任职务所要求的思想政治素质、工作能力、文化程度和任职经历等方面的条件和资格。公务员晋升领导职务的，应当按照有关规定实行任职前公示制度和任职试用期制度。④

（5）回避，是指为了防止公务员因个人利益和亲属关系等因素对公务活动产生不良影响，而在公务员所任职务、所执行公务和任职地区等方面做出一定的限制，使其避开有关亲属关系和公务的制度。其主要包括任职回避、公务回避和地区回避。

《公务员法》强调激励与约束的统一，强调权利与义务和责任的统一。在重视公务员合法权益保障的同时，强调公务员的法律责任和义务，由此有力地保证了公务员激励与约束的统一。

4. 职业发展和保障制度

我国公务员职业发展和保障制度包括培训、工资、保险、福利等内容。

（1）培训，是指为适应经济和社会发展形势，国家行政机关根据职位要求，通过各种形式，对公务员采取的有组织、有计划的教育活动。国家公务员培训，贯彻理论联系实际、

---

① 《中华人民共和国公务员法》第三十九条。
② 《中华人民共和国公务员法》第五十一条。
③ 《中华人民共和国公务员法》第六十条。
④ 《中华人民共和国公务员法》第四十条。

学用一致、按需施教、讲求实效的原则，其目的是提高公务员的政治素质和业务素质。国家公务员培训的类型主要有四种，分别是对新录用人员的培训，晋升领导职务的任职培训，根据专项工作需要进行的专门业务培训和在职公务员更新知识的培训。

（2）工资，是国家分配给公务员个人消费品的货币表现。公务员工资包括基本工资、津贴、补贴和奖金四个组成部分。公务员工资制度贯彻按劳分配的原则，体现工作职责、工作能力、工作实绩、资历等因素，保持不同领导职务、职级、级别之间的合理工资差距。[①]同时，国家建立公务员工资的正常增长机制、实行工资调查制度、建立公务员保险制度等相关制度。

（3）保险，是指国家依法对因疾病、工伤、年老等原因，暂时或永久丧失劳动能力的国家公务员给予物质帮助的社会保障制度，以保障公务员在退休、患病、工伤、生育、失业等情况下获得帮助和补偿。

（4）福利，是指国家行政机关为解决国家公务员生活方面的共同需要和特殊需要，在工资和保险待遇之外，对公务员在经济上给予帮助和生活上给予照顾的制度，主要包括各种福利设施、福利补贴、假期待遇和生活困难补助等。

以上就是我国国家公务员制度的基本内容。纵观2018年新修订的《公务员法》，我国国家公务员法内涵日益丰富全面、制度设计更加合理、彰显了中国特色，这也必然会为建设忠诚干净担当的高素质专业化公务员队伍提供更有力、更有效的法律保障。

（三）我国公务员制度的特征

我国国家公务员制度是根据我国的国情建立的，同时又改革了传统的人事制度的弊端，因此它既不同于西方文官制度，也不同于我国传统的人事管理制度。

与西方文官制度比较，我国国家公务员制度有以下几点不同：

（1）我国公务员制度坚持和体现了党的基本路线，而西方文官制度则标榜"政治中立"。在《公务员法》中第十三条公务员应当具备的条件部分，明确规定公务员应"拥护中华人民共和国宪法，拥护中国共产党领导和社会主义制度"；在第十四条公务员应当履行的义务部分，明确规定公务员应"忠于宪法，模范遵守、自觉维护宪法和法律，自觉接受中国共产党领导"。这说明我国公务员制度是党的组织路线，而西方文官不得参加党派活动，不得带有政治倾向。

（2）我国公务员制度坚持党管干部的原则，而西方文官制度要求公务员与党派脱钩。我国公务员制度根据党的组织人事路线、方针、政策制定，坚持党对人事工作的领导。各级政府组成人员的国家公务员是由各级常委及其组织部门负责考察，依法由各级人民代表大会及其常务委员会选举或决定任免。西方文官制度对公务员的管理强调与党派脱钩，公务员职务晋升不受政党干预。

（3）我国公务员制度强调德才兼备，西方文官制度缺乏统一的、全面的用人标准。我国公务员在录用中采用公开考试、严格考核，对思想政治方面要求严格，在晋升中注重思

---

① 《中华人民共和国公务员法》第七十九条。

想政治表现和工作实绩。因此,坚持德才兼备标准是我国公务员制度的重要特色。而西方文官制度没有统一的、全面的用人标准。

(4)我国公务员制度强调全心全意为人民服务的宗旨,国家公务员不是一个独立利益集团,而西方文官是一个单独的利益集团。全心全意为人民服务是我们党的根本宗旨,我国公务员的考核、奖惩、晋升等都要考察其为人民服务的精神。而西方文官制度中的公务员,可以通过自己的工会等组织同政府谈判,最大限度维护自己的利益。

国家公务员制度与传统的人事制度比较,也是有差别的:

(1)国家公务员制度在科学化、法制化上比传统的人事制度有很大的提高。国家公务员制度是分类管理的一种制度,是行政机关工作人员管理的一整套规范。它除了有总法规,还有若干个配套的单项法规及其实施细则、实施方案,从而形成一个健全的法规体系。

(2)国家公务员制度在管理机制上比传统人事制度进一步健全和强化。首先,国家公务员制度有竞争择优机制。在公务员考试、考核、晋升、任免等方面都体现了优胜劣汰机制,保证每个职位都由最优秀的人员来担任。其次,国家公务员制度有廉政勤政保障机制。《国家公务员暂行条例》中对公务员的义务、纪律、考核、奖励、回避等方面都加以严格约束,并通过监督来加以保障。

本章小结

公共人事行政是国家行政管理的重要内容之一,在整个国家行政中处于关键和核心地位。现代国家政府都为构建行之有效的国家人事行政制度,制定公平合理、充满生机活力的人事行政政策而不断地探索。不同国家或地区,同一国家在不同阶段都制定了不同的人事行政制度。纵观当代西方人事行政发展,共经历了三个阶段,目前朝着更加科学、高效、规范、民主、平等及公平的方向发展。国家公务员制度是现代人事行政制度的主要存在和表现形式。中西方国家形成了丰富的、各具特色的公务员制度。随着经济社会的变化和发展,人的因素发挥着越来越重要的作用,传统公务员制度越来越多地被注入现代人力资源管理的理念和方法,不断促进公共人事行政的转型与变革。

复习思考题

1. 理解人事行政的内涵。
2. 现代人事行政的趋势与特征是什么?
3. 试述西方国家公务员制度的基本特征。
4. 与西方公务员制度比较,我国公务员制度的主要特点是什么?
5. 与我国传统干部人事制度相比,我国新的公务员制度的主要特点是什么?
6. 详述我国公务员制度中关于领导职务序列、非领导职务、级别的规定。
7. 了解我国公务员制度中关于考试录用、调任、辞职、辞退、退休的规定。
8. 分析完善和发展我国公务员制度建设的理论和实践问题。

第七章 公共行政领导

本章重点

古今中外的公共行政领导从来都是公共行政组织存续和发展的关键性因素,因此,提高公共行政组织中行政领导者的领导力在新时代的国家发展进程中非常重要。本章重点了解公共行政领导的含义与功能,掌握公共行政领导者的素质结构和公共行政领导班子的素质结构,以及如何选择和培养公共行政领导者。

第一节 公共行政领导概述

一、公共行政领导的含义

公共行政领导是广泛领导现象的一种复杂的类别,一般来说,它是指狭义政府即国家公共行政机关及其各级领导人为主体的领导。关于公共行政领导的定义,学者们见解不一,但概括起来可以看到:领导是一种行为过程,是组织中主管职能的承担者在一定思想的指导下,通过一定的组织机构,依据有关规章制度,行使其职权,运用各种方法和手段,有效地影响被领导者去共同努力,以实现既定管理目标的行为过程。而公共行政领导则是指国家公共行政管理中的领导,是国家公共行政机关中主管职能的承担者依法行使国家权力,组织和管理公共行政事务所进行的公共行政活动的通称。其要素有:① 行为主体,即公共行政领导者,包括个体领导者和群体领导者;② 行为客体,即公共行政领导者的部属和公共行政管理的部分对象;③ 行为内容,即包括决策、指挥、控制、协调、监督、检查等公共行政活动。公共行政领导是国家公共行政管理过程中的关键环节,其作用的发挥程度直接关系到公共行政目标和国家职能的实现程度。

二、公共行政领导权力的来源

领导权力就是能够使人服从或者能够改变他人思想、行为的力量,有人把这种力量称为权威,有人则称之为权力。那么,是什么因素使得这种权威或权力得以建立呢?一般来说,公共行政领导权力的来源有以下几种:

(1) 合法的权力,又称为法定的权力,指基于法定的地位或是组织的行为规范和命令,甚至是工作契约或非正式的协定所产生的权限。

(2) 奖赏权,亦称奖励权。如果服从公共行政领导,就可以获得奖励,包括物质的奖励和精神的鼓励。

(3) 强制权,亦称惩罚权,指基于公共行政组织内各种法令、规章制度所表现的惩罚

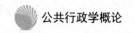

手段。

(4) 专业知识权,又称为专家权。知识也是一种使人服从的力量。

(5) 归属权,又称关系的权力,指公共行政组织中从属者与领导者之间,由于部属对领导者的认同或敬慕而服从公共行政领导,这种服从基于领导者具有的人格、才能及领导者对待部属的态度而定。

三、关于公共行政领导的理论

公共行政领导理论可以归纳为以下几大类型:

(1) 以人格特质为研究对象的特质理论。这种理论盛行于20世纪30年代至50年代,认为领导者必须具有一定的人格特质,才能成为成功的领导者。

(2) 以客观环境为研究对象的情景理论。自20世纪50年代后,西方一部分学者着重研究领导者与其所处的客观环境之间的关系。

(3) 以领导行为作为研究对象的互动理论。这一理论认为领导属于动态,是从整个组织的成员的交互行为过程中产生的。既然是交互行为,则不限于上级对下级的命令和服从关,领导不是权势的运用,而是一种影响力,谁能产生较大的影响力,谁便是领导者,而不一定是在机关组织中居于正式权力地位的人。

(4) 以领导功能为研究对象的功能理论。这种理论特别重视组织成员的功能或专门技术,轻视组织中的领导权力和地位。

四、公共行政领导的功能

学者们提出许多不同的观点,例如,美国俄亥俄州立大学的学者认为公共行政领导有三大功能,即保持团体关系、达成团体目标、增进部属的交互行为。我国台湾学者认为公共行政领导的功能有:协调,团结,激励,计划,授权,指导,沟通,管制,公共关系等。

综合地看,公共行政领导的基本功能主要包括:

(1) 确立发展方向和前进目标。其核心要义在于综合事实判断和价值判断,即通过对问题、条件和可能性的理性分析和直觉感悟,确定价值基点、价值标准、价值坐标,以及实现目标的基本方式。

(2) 聚合追随者。这里的"追随者"指的是那些基于理想、理念和目标认同的志同道合者,并且通常人数不多,以坚定信念为动机,立场坚定,构成组织的核心团队,心甘情愿为组织的目标奉献自己的一切。聚合追随者就是通过某种思想、信念、理想或理念的传播和交织使得一些人经过理性思考,接受既定的价值选择,无怨无悔地为实现自己的选择而奋斗。所以有人说,优秀领导人全都善于挑选那些支持、笃信他们所确定的方向又能发挥作用的伙伴。

(3) 动员和组织群众。动员和组织群众就是使分散的、无序的、无关的人群接受既定的价值标准,加入组织并确定位置,按照一定的规则协同工作和行动。动员和组织群众同样需要传播某种思想、信念、理想或理念,但更多的则需要现实利益的吸引和鼓励。对于非组织成员而言,动员和组织群众的任务在于如何吸引那些符合组织要求的人加盟组织;对于组织成员而言,动员和组织群众的任务在于如何最大限度地激发他们的工作意愿和工作潜能,并形成合力。需要指出的是,"追随者"与"群众"之间存在宽广的过渡面。通常越上行,其成员越以信念作为行为选择的基础;越下行,其成员越以现实利益作为行为选择的基础。

第二节 公共行政领导者的素质结构

领导者是社会组织中主管职能的承担者,是在组织活动中负责决策、组织、指挥、协调和监督的人员,是实现领导活动的关键。公共行政领导者是指依照法律规定,通过选举或任命等程序,在国家公共行政机关中担任公共行政职务的人员。公共行政领导者的素质是指公共行政领导者从事公共行政领导工作必须具备的基本条件,以及在公共行政领导工作中经常起作用的内在要素的总和。公共行政领导者的素质结构包括公共行政领导者个人的素质结构和公共行政领导班子的素质结构两个方面。

一、公共行政领导者个人的素质结构

概括起来说,公共行政领导者个人的素质结构包括德、才、学、心、体五个方面的内容。

(一)德

德指的是政治品德素质。首先,在政治上,要有坚定的政治立场。公共行政领导者应有坚定正确的政治方向,坚持四项基本原则,自觉执行党的路线方针政策,以党和国家利益为重。其次,在思想上,要有坚定的政治信仰。牢固树立共产主义信念,坚信社会主义、共产主义是人类的伟大事业。再次,要有廉洁奉公的政治品德。要实事求是,勇于坚持真理;对上尽职、对下负责;顾全大局,严于律己;心胸开阔,接受批评;弘扬正气,抵制诱惑;遵守法纪,不谋私利。最后,要有全心全意为人民服务的思想境界。社会主义国家是人民当家做主,公共行政领导者是人民的公仆,应该具有高尚的思想道德情操和踏实的工作作风,自觉贯彻党的群众路线,将群众利益放在第一位,做个合格的人民勤务员。提拔重用牢固树立"四个意识""四个自信"、坚决维护党中央权威、全面贯彻执行党的理论和路线方针政策、忠诚干净担当的干部,选优配强各级领导班子。

习近平总书记曾经强调,领导干部要讲政德。政德是整个社会道德建设的风向标。立政德,就要明大德、守公德、严私德。明大德,就是要铸牢理想信念、锤炼坚强党性,在大是大非面前旗帜鲜明,在风浪考验面前无所畏惧,在各种诱惑面前立场坚定。守公德,就是要强化宗旨意识,全心全意为人民服务,恪守立党为公、执政为民理念,自觉践行人民对美好生活的向往就是我们的奋斗目标的承诺,做到心底无私天地宽。严私德,就是要严格约束自己的操守和行为。①

(二)才

才指的是能力素质。能力是指影响一个人顺利完成某件事情所具备的各项条件的总和。

---

① 2018年3月10日,中共中央总书记、国家主席、中央军委主席习近平参加十三届全国人大一次会议重庆代表团的审议时的讲话。

人的能力是多方面的,对公共行政领导者来说,其能力素质主要表现在两个方面:一是要有较高的能力水平。在通常情况下,衡量一个公共行政领导者是否称职,主要看他是否具有履行其职责的基本能力,即公共行政管理工作所要求的最起码的能力水平,也叫能力阈限。二是要有合理的能力结构。公共行政领导者的能力构成主要包括以下几个方面:

(1) 正确处理问题的能力。公共行政领导者要善于主动发现问题、深刻分析问题、切实公正解决问题,以此保证工作的主动性。

(2) 科学决策能力。公共行政领导者要善于获取决策信息、整合已有知识、权衡各方利弊,正确果断做出决策。

(3) 组织协调能力。公共行政领导者要有组织、指挥、协调的才干,善于根据不同的对象和条件采用不同的方式方法,把各种力量组织成一个高效能的整体,并加强沟通和协调,将各种分散的力量,团结一致,实现既定目标。

(4) 应变能力。公共行政领导者应能够根据公共行政环境的变化,及时调整工作重点,改变工作策略,机智灵活采取有效措施,掌握工作的主动权。

(三) 学

学指的是知识素质。现代公共行政管理涉及的范围十分广泛,内容极其复杂。为适应现代公共行政管理工作的需要,公共行政领导者应具有全面的知识素质,应具有"工"字形的知识结构:构成"工"字上面一横的应是政治、法律知识,即党的各项路线、方针、政策,公共行政管理的法律、法规,马列主义基本理论知识,社会主义市场经济理论知识以及基本的科学知识等;构成"工"字一竖的是业务知识,即本地区、本部门业务知识,做内行领导;构成"工"字下面一横的是管理知识和领导科学知识,即掌握现代管理科学等综合知识。现代公共行政领导者应该是"专才"基础上的"通才"。

(四) 心

心指的是心理素质。所谓心理素质,是指公共行政领导者所应具备的良好个性心理品质,包括气质、性格、意志等。在气质上,应果断不鲁莽,细心但不多疑、灵活但不失原则。在性格上,活跃但不张狂,冷静但不僻。在意志上,坚定却不固执、耐挫折、抗干扰、坚忍不拔。

(五) 体

体指的是身体素质。公共行政领导工作责任重大,内容繁多。因此,必须具备健康的身体,旺盛的精力。到关键时刻,要有能连续工作的体力和应付突发事件的活力。

二、公共行政领导班子的素质结构

公共行政领导班子的素质结构是指公共行政领导成员的结合方式。现代的公共行政领导不是一个人的领导,而是由若干人组成的一个领导集体。公共行政管理的实践表明,在公共行政机关内部,能否建立起一个坚强精干的公共行政领导班子群体结构,能否发挥公共行政领导整体的效能,是关系到全局的根本性问题。因此,我们在强调领导者个人素质的同时,更应重视提高各级公共行政领导班子的集体素质。公共行政领导班子集体素质结构可以分成"有形结构"和"无形结构"两大类。

(一)公共行政领导班子集体素质的"有形结构"

公共行政领导班子集体素质的"有形结构"是指公共行政领导班子各成员之间个体素质的搭配。它包括公共行政领导班子的年龄、性别结构,专业、知识结构,个性心理结构等。

1. 年龄、性别结构

年龄结构是公共行政领导班子中不同年龄层次成员的有机构成。年龄与人的工作经验、工作经历、管理水平、成就心理、知识结构等密切相关。因此,合理的年龄结构是一个关系到领导班子是否有旺盛的创造力和生命力,能否发挥最佳群体效能的重要因素。公共行政领导班子理想的年龄结构,应该体现梯队原则、弹性原则、动态原则。

(1)梯队原则是指公共行政领导班子内部老、中、青三者呈梯队结构,以中年为主。年长者阅历丰富、深谋远虑、善于应付复杂局面;中年人年富力强,具有承前启后的作用;年轻人富有活力,对新事物接受能力强,勇于创新。老、中、青不同年龄段的领导者各有优势,若合理搭配可相互取长补短,发挥整体优势。一个科学而合理的公共行政领导班子应该由适当比例的老、中、青人员组成,其比例一般以1∶2∶1为宜。

(2)弹性原则是指不同层次、不同类别的公共行政领导班子应该具有不同的年龄格局,不可整齐划一或"一刀切"。应根据工作性质和管理层次的不同而弹性调整。一般来说,工作性质复杂、管理层次高的公共行政领导班子,其年龄结构可相对高一些,而工作性质简单、管理层次较低的公共行政领导班子的年龄结构可以相对低一些。

(3)动态原则是指公共行政领导班子的年龄结构应保持动态平衡,正常更新,有进有出,使整体的年龄梯队保持最佳状态。

性别结构是指领导班子中男女成员的比例适当,在目前主要是指要适当提高女干部的比例。

2. 专业、知识结构

专业、知识结构指的是一个领导班子中各种不同的知识领域成员的合理配备。对一个公共行政领导班子来说,不仅要选拔具有较高文化程度和专业知识的人才,并且应当在知识和专业结构上做到互相补充,使整个领导班子具有综合领导业务的能力。公共行政领导班子的专业、知识结构应包括以下两个方面的内容:

(1)公共行政领导班子的文化程度和学历结构能够"同频共振"。公共行政领导职务级别越高,对其文化程度要求越严。我国目前已开始的 MPA 专业学位教育是提高公共行政管理队伍文化素质的一个重要举措。

(2)公共行政领导班子中,通才和专才比例结构要合理。公共行政领导是专业性和综合性都很强的领导工作,公共行政领导者管辖的工作范围既广泛又具体。因此,要使公共行政领导胜任公共行政管理工作,就需要领导班子成员中既要有相对懂业务的专才,又需要有相对懂专业管理的通才。这样才能保证公共行政领导班子是一个具有不同专长的人的有机结合的整体，形成既有较宽知识面、又有精深的专业知识的立体知识结构。

3. 个性心理结构

就个体来讲，个性心理是指在个人心理活动过程中经常表现出来的、稳定的心理特点的总和。而公共行政领导则是由若干领导者个人构成的领导群体，群体领导过程中形成的个性也叫合成个性。群体个性不是组成群体的成员个性的简单相加，而是群体成员个性的有机组合，即群体成员在能力、气质、性格上的优势互补。

领导班子的能力结构，也叫智能结构，即领导班子中不同能力者的配备和组合。由于种种因素的作用，人的能力差异是显著的，主要表现在能力水平和能力类型的不同。领导班子的能力结构应体现能力互补原则，成员之间能够取长补短，彼此促进。有人善于运筹策划，有较强的判断力、想象力和综合能力，能够统观全局，做出决策，我们称这种人为"思想家"；有人善于组织协调，有较强的指挥能力、驾驭能力和控制能力，能够统驭队伍、组织活动，我们称这种人为"组织家"；有的人善于实施，有较强的实践能力、操作能力和推动能力，能身先士卒，以身作则，我们称这种人为"实干家"。一个智能结构合理的领导班子应该由思想家（帅才）、组织家（将才）和实干家（干才）组成。

领导班子的气质结构，指的是领导班子中各种不同气质类型的成员的配比组合，形成理想的"群体气质"。气质是与人的神经过程的特性相联系的行为特征，主要表现在人的心理活动的动力上。人的气质类型主要分为多血质、胆汁质、黏液质和抑郁质四种。现实生活中属于典型气质类型的人为数极少，大多数人为中间气质型，即以某种气质类型为主、兼有其他气质的一些特征。气质类型的复杂性为各级领导班子的配备提供了广泛的选择余地。

领导班子的性格结构，指的是领导班子中各种不同性格类型的成员的配比组合，形成性格互补。性格是个人对现实的稳定态度和习惯化的行为方式。人的性格差异是多样和复杂的：有的人属于理智型，善于思考，三思而后行；有的人属于情绪型，情绪易波动，并左右行动；有的人属于意志型，目的明确，自觉支配行为。有的人内向、有的人外向。如果公共行政领导群体都由一种性格的人组成，即使其思想品质和工作态度无可挑剔，在整体上也难以形成既生动活泼又扎实紧凑的工作作风。因此，建立公共行政领导班子结构时，要注重他们在性格方面的协调和互补，组成一个高效能的公共行政领导群体结构，以有利于发挥其组成成员各自的性格优势，实现公共行政目标。

（二）公共行政领导班子集体素质的"无形结构"

公共行政领导班子集体素质的"无形结构"是指根据领导管理工作的需要，领导班子成员之间形成有效的协调结构。它主要包括领导班子的人际关系协调和工作配合协调。

1. 人际关系协调

人际关系是人们在社会生活中产生的个人和个人之间的心理关系。良好的人际关系是群体内聚力的基础。领导团体人际关系协调表现在：第一，领导团体成员之间在心理上能够相互包容，都有与别人来往、结交、想跟别人建立并维持和谐关系的欲望。表现在行为上的特征是交往、沟通、融洽、相属、参与、出席等，而不是孤立、退缩和排斥。第二，领导成员之间在情感上能够相互接纳，都有与他人建立并维持良好感情关系的欲望。表现在行为特征上是喜爱、亲密、同情、友善、热心等，而不是相互憎恨、厌恶、冷淡。

2. 工作配合协调

所谓工作配合协调，是指领导群体将整体工作科学分解为若干个具有有机联系的部分后具体落实到各个领导成员，使他们在领导工作中既有明确分工，又能进行密切合作，从而构成一种理想的有分有合、分而不乱、合而不死的管理结构。要实现领导班子工作上相互配合协调，首先要在领导群体内合理分工，即在领导班子中明确规定各个领导成员的职权，做到按职授权，按权定责，清晰划分每个成员的职责范围和职权界限，使之各自有"位"。同时，还要强调他们之间相互协作，分工不分家，必要时能够积极主动相互"补位"。只有这样，才能确保具有良好个体素质和群体素质的领导集体发挥出整体最佳效能。

（三）公共行政领导班子的结构优化

优化的公共行政领导班子应是一个互补协调、自我适应，多功能、高效能的有机整体。它应符合以下基本要求：

（1）目标性。一个领导班子只有保持目标一致，才能同心协力，配合默契。公共行政领导班子的目标必须符合党和国家的总任务和总目标。

（2）确定性。公共行政领导班子的职位数应根据其工作性质、任务、职责范围等加以确定，不可过多，也不可过少。

（3）相关性。根据公共行政领导班子成员的具体素质结构安排最适宜发挥其特长的工作，使之各司其职、各负其责。

（4）动态平衡性。虽然公共行政领导班子的职位数是确定的，但公共行政领导班子成员与其职位不应是固定的，应当有能则上、无能则下。

（5）自动调节性。公共行政领导班子内部应建立自动反馈调节体系，使之形成一个封闭的回路，从而使领导班子能够自行解决内部存在的问题。

（6）整体性。优化的领导班子结构应是整体功能大于各部分功能总和，克服内耗，提高领导效能。

第三节 公共行政领导方式及有效性

一、公共行政领导方式

（一）根据公共行政领导工作侧重点的不同，可将公共行政领导方式分为以事为重心、以人为重心和人事并重型

1. 以事为重心的公共行政领导方式

以事为重心的公共行政领导方式也叫重事式领导方式。这种领导方式是以工作任务为中心，注重工作进程，强调工作效率。这种公共行政领导者把工作任务放在首位，对组织成员关心不够,与组织成员之间缺乏必要的情感交流,善于通过严格的工作制度和发号施令来实施领导。在这种公共行政领导方式下,组织的工作任务可以完成,但组织是机械运行,自动调节能力差;成员创造力低,心理压迫感明显,不安情绪多,组织内部人际关系紧张,整体凝聚力低。

2. 以人为重心的公共行政领导方式

以人为重心的公共行政领导方式又叫重人式领导方式。这种领导方式致力于建立和谐的人际关系和宽松的工作环境,以组织成员间的和谐关系为导向进行公共行政领导工作。这种公共行政领导者待人比较温和、民主、关心下级、与部属的关系比较平等。在这种公共行政领导方式下,组织凝聚力增强,成员的满意感增大,但由于对工作任务的监督、指挥、控制不够重视,组织的工作效率不高,成员对组织提出的要求越来越多,而做出的贡献越来越少。

3. 人事并重型公共行政领导方式

人事并重型公共行政领导方式既关心工作任务,又关心人际关系,把完成工作任务和满足成员需要紧密结合起来。这种公共行政领导者既注重改善工作条件,又注重调动成员的积极性;既有严格的工作要求,又赏罚分明,使下属有饱满的工作热情。在这种公共行政领导方式下,组织凝聚力强、士气高、关系协调;成员不安情绪少,工作效率高。研究表明,人事并重型的领导方式,既关心人又关心工作,调动了人的积极性,使每个人都有了明确的责任和奋斗目标,这是一种值得提倡的公共行政领导方式。

(二)根据公共行政领导者作用于被领导者的方式,可将公共行政领导方式分为强制命令式、疏导说服式、激发鼓励式与榜样示范式

1. 强制命令式

强制命令式是公共行政领导者为实现公共行政管理的目标,凭借公共行政职权发布命令来约束或引导公共行政人员言行的一种公共行政领导方式。强制命令式的领导,必须以相应的纪律、制度以及惩处的措施作为保障,以公共行政组织正式授权为依据,以直接惩罚为外在特征。这样,一方面保证公共行政领导者在自己的职权范围内对组织成员实施强制,而不至于滥用职权;另一方面保证被领导者不至于违反公共行政指令,保证他们服从领导者的权威。这种公共行政领导方式在一定环境下能够提高公共行政效率,是任何行政组织中领导者都要采用的一种公共行政领导方式。

2. 疏导说服式

疏导说服式是公共行政领导者运用启发、劝告、诱导、劝慰、建议等双向沟通的方法,在领导者和被领导者之间达成共识的基础上,使被领导者心悦诚服地接受并贯彻自己意图的一种公共行政领导方式。这也是现代行政领导者经常采用的一种领导方式。这种公共行政领导方式的优点是:被领导者能更好地贯彻领导者的意图,自觉适应工作需要;易形成上下级之间的情感认同,优化人力资源。但由于说服沟通受一定的时间限制,因而这种行政领导方式在特定条件下不一定能提高公共行政效率。

3. 激发鼓励式

激发鼓励式是公共行政领导者使用物质或精神的手段激发下属工作积极性，以实现决策目标的一种推进式领导方式。这是一种能直接提高领导效能的公共行政领导方式。激励包括普通的激励和特殊的激励。普通的激励是指公共行政领导者在力所能及的范围内为组织中的每一个成员创造良好的工作条件或提供合理的工作报酬，以提高整体的工作热情。特殊的激励是指对工作中某一方面成绩突出者给予更高的报酬或荣誉，保障和激发他们的工作积极性，并使之产生榜样效应，带动他人以极大的热情投身于工作。

4. 榜样示范式

榜样示范式是公共行政领导者通过率先垂范、身先士卒、身体力行等"身教"方式树立领导者良好的自身形象，以提高领导效能的一种领导方式。领导者是组织的象征，公共行政领导者的品德作风、才干、工作动机、价值观念等对组织成员会产生一种潜移默化的作用。

行政领导方式很多，还可以从其他角度将公共行政领导方式分为集权式、分权式、均权式等。现实中，公共行政领导者采取何种领导方式都应根据公共行政环境的变化、公共行政任务的特点、公共行政领导对象的成熟程度、公共行政手段的现代化水平等多种变量要求，及时变换领导方式，做到因时制宜、因事制宜、因势制宜，进行应变式领导，决不可拘泥于某一种方式。

二、公共行政领导有效性

（一）提升公共行政领导决策能力

1. 优化决策程序，提升决策效能

一项改革需要公共行政领导的魄力和勇气来推进。在职责范围内允许的事情，该决定的时候就要敢于决定，不能怕担风险、怕负责任而反复议而不决，错失发展时机。要有民主意识，多听取不同意见，发挥集体决策的力量，但是不能以集体决策为借口，不履行自己的岗位职责。提高决策效能，还要求公共行政领导要树立问题导向意识，将解决公共行政制度运行过程中出现的问题作为简政放权的突破口。

2. 主动问政于民，增强决策的自信心

主动问政于民，汲取群众的智慧和力量确保决策的正确性，将能够提升公共行政领导的决策信心。简政放权是一项惠民工程，人民群众的意见和满意度是衡量该项工作成败的关键。所以只要群众满意的，公共行政领导就可以放心去决策；群众不满意的，公共行政领导在决策的过程中就要慎重。主动问政于民的方法很多。尤其是在信息时代，公共行政领导主动问政于民可以通过线上线下来进行，也可以通过相关的规章制度来执行。

（二）提升公共行政领导效率

1. 在简政放权中打造精干高效的组织机构

打造精干高效的组织机构，包含两方面的意思：一是要"破"，二是要"立"。在这过程中，公共行政领导的有效性将发挥重要作用。在"破"的过程中，公共行政领导要以高度的智慧做好迎接来自各方面压力的准备。要根据简政后的需要精简人员、合并机构，妥善处理富余人员，做好机构整合方案、人员安置方案，重新审视公共行政管理职能和程序，不断优化工作流程，为提高工作效率打好基础。在"立"的过程中，要本着为市场服务、为群众服务的原则设立部门、安排人员、启动新的工作流程。这"破"与"立"的背后是利益的触动，也是服务型政府的建立，更是简政放权实效的释放。在旧有的权力被下放、新的权力职责还没有完全建立起来的时候，很多部门也许会出现无所事事的工作人员，或者对未来充满不确定感的人员。面对这些人群，公共行政领导一方面要加强思想政治工作教育，帮助他们树立信心，使他们能够理解改革；另一方面，要加大治庸治懒力度，通过培训、考核，使他们迅速找准新的职能定位，投入新的工作中，帮助他们度过工作变动带来的迷茫期。公共行政领导要多问自己：流程够不够优化、机构够不够精简、人员够不够精干，然后找到改进点，通过不断调整、优化使组织机构更加符合现代政府管理工作需要。

2. 建立内部有效的激励机制

负责一个部门或者组织的公共行政领导，既要认识到简政放权的重要意义，并积极投身于其中，还要能够建立有效的激励机制，调动各方面力量参与到这场改革中。要制定出本部门、单位的简政放权路线图、时间表，并配套出台考核办法，在考核中根据权力清单情况对权力进行等级划分，形成差异化考核，调动内部人员简政放权的积极性。对惩戒权力的下级部门也要制定出相应的考核制度，不能让他们只"接"不"管"。对于他们的考核，既要突出对新接手权力的运行规范性考核，还要考核社会公众对他们的满意度，以此督促他们用好权力，为推动经济发展服务。同时，公共行政领导内部也要建立任务书，对于重点项目要立军令状，要敢于"向自己开刀"。将分管业务的简政放权工作开展情况、权力格局调整后新领域的工作开展情况与自己负责的重点项目推进情况相结合，建立起对公共行政领导的考核指标，以考核促进简政放权步伐加快、质量提升。除了对放权情况的考核之外，无论是对部门的考核、下级考核，还是公共行政领导内部的考核，都要把简政放权后的监督权、对民生的服务权履行情况纳入其中，以此确保考核的全面性。对于下放到社会中介组织的权力，政府也要在加大权力运行指导的同时，对他们进行考核，确保其正确高效地行使权力。

（三）提升公共行政领导的公信力

1. 要树立服务意识

支撑公共行政领导在简政放权过程的有效性的内在驱动因素不是手中的批示笔，也不是桌上的委任状，而是心里的"民本思想"和"服务意识"。公共行政领导要在简政放权中把服务意识落到实处。相较于层层审批、层层收费，把权力直接还给最了解情况的基层、放给最希望掌握市场主动权的企业将是最好的服务。把该放的权力放下去，把该管的事情管好，不在乎手中有多少权，更在意群众得到了多少实惠，公共行政效率提高了多少，市场活力被激活了多少，似乎更加能够体现服务意识。服务意识还体现在对于放权后执行相应的权力运行规则上，要为新的权力承接部门提供服务，让他们用好手中的权力，不要"一放就乱"。只有真正全心全意、千方百计推动简政放权,老百姓的心中才能认可这样的公共行政领导,公共行政领导的影响力和公信力才能提升。

2. 要树立大局观念

既然简政放权已经是深化公共行政改革的必然趋势,那么大局观念便是公共行政领导有效性的保障之一。正如李克强总理讲到"中央政府改革是上篇,地方政府改革是下篇,要整体构思,通盘考虑,上下贯通,把整篇文章做好,更多释放市场活力,更好服务人民群众"。由此可见,没有公共行政领导的大局意识,简政放权的难度将极大。公共行政领导要树立大局意识:首先,面对部门内部的利益调整,要尽可能做到公平公正,但是也要按照调整后的岗位职责来设人设岗,不能以权谋私,任人唯亲,引发内部不和谐。其次,决定放哪些权、如何放的过程中,始终以确保权力高效运行为指导,而不是以个人的利益出发点为指导。有的公共行政领导在简政放权过程中,率先把自己的权力放掉,"一把手"做到不管人、不管钱,就为进一步深入推进工作做出了榜样。再次,面对简政放权过程中构建起的新的政府与企业、政府与社会中介组织的关系,也要大局为重,能够本着推动改革的高度协调处理利益、及时化解矛盾,形成改革的合力。最后,大局意识还体现在公共行政领导的积极主动作为上,不等、不靠、不观望。在决策的工作中确保决策的正确、有效性;在执行决策的过程中,不折不扣地执行,用实实在在的行动投身于改革,顺应时代的潮流,把好事办好,让群众满意。

3. 主动接受监督

首先,在监督力量的导入上,要主动接受组织监督、媒体监督、群众监督、法律监督,将有效的监督作为提升公共行政领导有效性的重要保障。其次,要通过各种形式向社会公开承诺简政放权事宜,在诚信管理中践行承诺。例如,有的省市公共行政领导便公开承诺审批要做到公开项目名称、法律依据、办事程序、申报材料、承诺时限、收费项目、收费标准、收费依据,并把全部审批事项通过新闻媒体、政府网站、文本示范、办事指南等途径或形式向社会公开,使政府的服务变得看得见、摸得着。这不仅增强了群众对政府的信任度,也使公共行政领导始终怀抱紧迫感和责任感大力推进领导工作。最后,要确保权力在阳光下运行,不能在简政放权过程中滋生新的腐败点。要正确定位政府和社会中介组织的关系、政府和企业的关系、自身权力和职责之间的关系,用廉洁行为助推简政放权工作。

(四)规范公共行政领导行为

1. 增强自我修炼,树立正确的政绩观

首先,简政放权的过程需要打的攻坚战很多,公共行政领导面临的阻力不仅仅来自外部,还有可能来自政府内部。公共行政领导必须以坚强的意志、坚定的决心去推动改革。遇到困难和挫折的时候,不能怀疑政策的正确性,同时,也不能否定自己的能力,而是要以坚定的信心查找不足、吸取教训,纠正错误,只有直面不足和失误,才能找到新的起点和开始。其次,要树立"无欲则刚"的心态,如果在利益面前失了方寸,那么在公共行政领导行为上肯定要失范。要摒弃个人主义、小集体主义的私欲,保持共产党人的奉献精神,怀抱使命感和责任感，投身于这场改革中。做到权为民所用，利为民所享，在创造改革成绩中创造个人业绩。再次，公共行政领导作为肩负改革重任的群体，要有强大的内心，要能够调整自己的情绪。在简政放权引发的利益冲突、激化的矛盾面前，要保持冷静，唯有如此，才能不说错话、办错事。最后，要积极审视自我、勇于反省自己。简政放权的过程中，很多公共行政领导原本的权力"奶酪"会被动，要保持良好的心态和积极支持的态度，正确理解权力的来源是人民，只有为人民服务、尽可能放权让利于人民，才能为改革做出榜样。

2. 依法公共行政，规范公共行政领导行为

简政放权的过程也是建设法治政府的过程。"法无授权不可为""动权必动法""法外权力从严控制"等规定都是公共行政领导在简政放权过程中要遵循的"红线"，也是通过简政放权要达到的目的。依法公共行政，首先，要学法、懂法、守法，依法办事。公共行政领导也要存在对法律的敬畏心，任何公共行政领导行为都必须在法律的规范下进行。其次，公共行政领导要致力于维护法律的公平正义。在组织制定权力运行的规则时，要本着统一口径、统一执行、统一标准的原则，不能有例外，不能讲特权。例如，国务院在起草制定不动产登记管理条例的过程中，就本着整合规则、稳定物权、便利千家万户的原则，提出了登记机构、登记簿册、登记依据、登记信息统一的要求，体现了规则的公平公正性。最后，公共行政领导要根据自己的职责，大力推动法律法规和规章制度建设，以法治化、规范化推动简政放权工作。

3. 提高公共行政领导的学习能力

在学习的内容上，公共行政领导需要储备的知识十分丰富，既要有经济学、法学、管理学及分管业务的专业知识的学习，还要在网络时代能够用网络语言与网民交流，会使用各种新兴媒体宣传政府政策、为群众解疑释惑。而习近平总书记始终强调领导干部也要学习哲学，这一点也至关重要。只有掌握丰富的理论知识，才能面对简政放权过程中发生的利益制衡、矛盾冲突，做出正确的决策。

在学习方法上，首先，要向书本学习，把8小时之外的时间多用在学习上，而不是交际应酬上。其次，要向群众学习，简政放权的重要一点就是要让群众满意，所以走出办公室、走向市场、走向企业，向他们学习对市场在资源配置中起决定作用的理论的理解，了解他们参与市场竞争中的期盼，就能够使自己的领导行为少犯错误。有的省市公共行政领导干部走进乡镇，了解基层希望下放哪些权力，如何下放，下放后该怎么规范运行，可谓找到了简政放权的突破口。再次，要向兄弟单位学习。简政放权的实践探索性比较强，一些省市及县域都形成了自己独特的模式，有选择地学习借鉴这些模式，能够使公共行政领导在简政放权过程中少走弯路，少出现错误，少做出不当举措。最后，要树立国际化的视野，学习国外先进的治国理政方法、理念，并且内化吸收后，创新地使用在简政放权过程中，提升公共行政领导方式方法的有效性。

第七章　公共行政领导

第四节　公共行政领导者的选择与培养

关于领导者应有的素质，人类历史上已经积累了丰富的知识，但要全面论证领导者的素质却并不容易。这是因为，"金无足赤、人无完人"，实际生活中原本就不存在具备所有最高素质的"完人"，何况有些素质是相生相克的。换言之，只有与领导者所处的历史背景和现实环境相联系，所谓的优秀素质才有实际意义。尽管如此，人们还是可以观察和概括出优秀领导者的某些普遍的、共同的特征。这里主要讨论优秀领导者的三种基本素质。

一、动机强旺、意在高远

动机强旺、意在高远主要指他们有明确的理想、志向和抱负，以及追求卓越、建功立业的强烈而持久的欲念。孟子说："居天下之广居，立天下之正位，行天下之大道。得志，与民由之；不得志，独行其道。富贵不能淫，贫贱不能移，威武不能屈，此之谓大丈夫"（《孟子·滕文公下》）；又说"故士穷不失义，达不离道。穷不失义，故士得己焉；达不离道，故民不失望焉。古之人，得志，泽加于民；不得志，修身见于世。穷则独善其身，达则兼善天下"（《孟子·尽心上》）。左宗棠23岁自提对联"身无半亩，心忧天下；读破万卷，神交古人"。毛泽东在湖南第一师范学校读书时的文章中有"振斯民于水火之中"之说，成年后有"怅寥廓，问苍茫大地，谁主沉浮"的深沉之问，后有"欲与天公试比高。……江山如此多娇，引无数英雄竞折腰。惜秦皇汉武，略输文采；唐宗宋祖，稍逊风骚。一代天骄，成吉思汗，只识弯弓射大雕。俱往矣，数风流人物，还看今朝"的气概，终有"久有凌云志，重上井冈山。……风雷动，旌旗奋，是人寰。……可上九天揽月，可下五洋捉鳖，谈笑凯歌还"的冲天豪情。其实，看看人类的人文历史，凡出类拔萃之人多有独特的豪情壮志。

在现实生活中，"功业"构成了动机强旺、意在高远的价值基点，具体又包括三个方面，即功名、功利、功德。在中国历史上，这些被经典地概括为"太上有立德，其次有立功，其次有立言，虽久不废，此之谓不朽"（《左传·襄公二十四年》），简称立德、立功、立言。后有唐代学者孔颖达对此做了精辟的阐述："立德，谓创制垂法，博施济众；立功，谓拯厄除难，功济于时；立言，谓言得其要，理足可传。"①简而言之，"立德"的价值取向是做圣人，"立功"的价值取向是做英雄，"立言"的价值取向是做传世之文章。不能不说，这"三立"的标准无一不是极高的，合集于一人更难，但也因此成为历代仁人志士终生奋斗的人生理想。

二、意志坚强、坚韧不拔

意志是"决定达到某种目的而产生的心理状态，往往由语言和行动表现出来"。意志力表示这种心理状态的特质和程度，即意志力越强大，这种心理状态越是自觉、强烈、持久、

---

① 孔颖达. 左传正义[M]. 北京：北京大学出版社，2000.

稳定。强大的意志力具有果敢性、忍耐性、自控性、持续性等特性。强大的意志力通常以忍辱就屈、坚韧刚毅为外在的表现形式，而忍辱就屈、坚韧刚毅则与"图谋"相联系。"图谋"远大，则意志力强大。所以，孔子说："士不可以不弘毅，任重而道远。"（《论语·泰伯》）苏轼评价张良："匹夫见辱，拔剑而起，挺身而斗，此不足为勇也。天下有大勇者，卒然临之而不惊，无故加之而不怒。此其所挟持者甚大，而其志甚远也。"再如勾践的卧薪尝胆，都是关于意志力的显证。

美国第十六任总统亚伯拉罕·林肯无与伦比的意志力同样足以为千古案例。林肯出生在肯塔基州哈丁县一个伐木工人的家庭，迫于生计，从小就必须艰苦地劳动，用他自己的话说，他的童年是"一部贫穷的简明编年史"，少年时总共只上过一年学。5岁开始帮助家里干活，9岁时生母去世，成年前后他先后当过店员、村邮务员、测量员等。1832年，23岁的林肯竞选州议员落选，尽管失败，但从此开始了他充满艰辛的政治生涯；1833年，借钱经商，年底破产，接下来花了16年才还清这笔债；1834年，再次竞选州议员，当选；1835年，订婚后即将结婚时，未婚妻却死了；1836年，精神完全崩溃，卧病在床6个月；1838年，试图出任州议员的发言人，失败；1840年，试图成为国会议员被选举人，失败；1843年，参加国会大选，落选；1846年，再次参加国会大选，当选；1848年，寻求国会议员连任，失败；1849年，试图出任所在州政府的土地局局长，失败；1854年，竞选参议员，落选；1856年，在共产党全国代表大会上争取副总统提名，失败；1858年，再度竞选参议员，再度落选；1860年，当选美国总统；1864年，再次当选为美国总统；1865年，遇刺身亡。

为此，马克思高度评价了林肯的伟大和坚韧不拔：他是一个"不会被困难所吓倒，不会为成功所迷惑的人；他不屈不挠地迈向自己的伟大目标，而从不轻举妄动，他稳步向前，而从不倒退……总之，他是一位达到了伟大境界而仍然保持自己优良品质的罕有的人物。这位出类拔萃和道德高尚的人竟是那样谦虚，以致只有在他成为殉道者倒下去之后，全世界才发现他是一位英雄"[①]。由此可见，强大意志力的来源，则是艰难困苦的社会实践。

三、执中有权、通权达变

通达，即执中有权、通权达变，乃政治谋略的核心内容之一。一般意义上，执中有权、通权达变指酌客观情势的变化而因事制宜和因人制宜。延伸意义上，执中有权、通权达变与权谋相联系。权谋亦称权术、权机、权变、权略、权数、权宜，其原本含义是中性的，即以灵活机动，多变的方法、技术和手段看待和处理问题，但在目的不正当的条件下，具有贬义。成功的领导者都是权谋的高手。这是因为要在错综复杂、云谲波诡的环境中纵横捭阖，权谋乃不可或缺的制胜之道。

审时度势、通权达变的领导者是战略目光深远、洞察先机、未雨绸缪之人。"夫未战而庙算胜者，得算多也；未战而庙算不胜者，得算少也。多算胜，少算不胜，而况于无算乎！

---

① 马克思，恩格斯. 马克思恩格斯全集[M]. 北京：人民出版社，1964.

吾以此观之，胜负见矣。"① "善弈者谋势，不善弈者谋子" "故善战者，求之于势，不责于人，故能择人而任势。"②所以说，审时度势、通权达变之道，是任何领导者的制胜之道。

我党历来高度重视选贤任能，始终把选人用人作为关系党和人民事业的关键性、根本性问题来抓。大的方面说，好干部的标准就是德才兼备。同时，好干部的标准又是具体的、历史的。现在，我们提出政治上靠得住、工作上有本事、作风上过得硬、人民群众信得过等具体要求，突出了好干部标准的时代内涵。概括起来说，"好干部要做到信念坚定、为民服务、勤政务实、敢于担当、清正廉洁。信念坚定，党的干部必须坚定共产主义远大理想，真诚信仰马克思主义，矢志不渝为中国特色社会主义而奋斗，坚持党的基本理论、基本路线、基本纲领、基本经验、基本要求不动摇。为民服务，党的干部必须做人民公仆，忠诚于人民，以人民忧乐为忧乐，以人民甘苦为甘苦，全心全意为人民服务。勤政务实，党的干部必须勤勉敬业、求真务实、真抓实干、精益求精，创造出经得起实践、人民、历史检验的实绩。敢于担当，党的干部必须坚持原则、认真负责，面对大是大非敢于亮剑，面对矛盾敢于迎难而上，面对危机敢于挺身而出，面对失误敢于承担责任，面对歪风邪气敢于坚决斗争。清正廉洁，党的干部必须敬畏权力、管好权力、慎用权力，守住自己的政治生命，保持拒腐蚀、永不沾的政治本色。"③领导干部不仅要有担当的宽肩膀，还得有成事的真本领。既要大胆讲政治，又要善于讲政治；既要矢志抓发展，又要善于抓发展；既要勇于抓改革，又要善于抓改革；既要敢于直面矛盾和问题，又要善于化解矛盾和问题；既要有想干事、真干事的自觉，又要有会干事、干成事的本领。④

成长为一个好干部，一靠自身努力，二靠组织培养。

（一）自身努力

从干部自身来讲，个人必须努力，这是干部成长的内因，也是决定性因素。干部的党性修养、思想觉悟、道德水平不会随着党龄的积累而自然提高，也不会随着职务的升迁而自然提高，而需要终生努力。成为好干部，就要不断改造主观世界、加强党性修养、加强品格陶冶。要时刻用党章、用共产党员标准要求自己，要有"与人不求备，检身若不及"的精神，时刻自重、自省、自警、自励，努力做到"心不动于微利之诱，目不眩于五色之惑"，老老实实做人，踏踏实实干事，清清白白为官。

学习是进步的阶梯。干部要勤于学、敏于思，认真学习马克思主义理论特别是中国特色社会主义理论体系，掌握贯穿其中的立场、观点、方法，提高战略思维、创新思维、辩证思维、底线思维能力，正确判断形势，始终保持政治上的清醒和坚定。还要认真学习各方面知识，丰富知识储备，完善知识结构，打牢履职尽责的知识基础。

好干部除了要加强学习，还要加强实践。"耳闻之不如目见之，目见之不如足践之。"

---

① 孙武. 孙子兵法[M]. 哈尔滨：哈尔滨工业大学出版社，2018.
② 孙武. 孙子兵法[M]. 哈尔滨：哈尔滨工业大学出版社，2018.
③ 2013 年 6 月 28 日，习近平总书记在全国组织工作会议上的讲话。
④ 2017 年 10 月 27 日，习近平总书记在十九届中共中央政治局第一次集体学习时的讲话。

知识和经验犹如雄鹰之双翼，只有经风雨、见世面，才能飞得更高、飞得更远。越是条件艰苦、困难大、矛盾多的地方，越能锤炼人。干部要深入基层、深入实际、深入群众，在改革发展的主战场、维护稳定的第一线、服务群众的最前沿砥砺品质、提高本领。

（二）组织培养

好干部还要靠组织培养。形势越变化，党和人民事业越发展，越要重视干部培养。培养干部，要抓好党性教育这个核心，抓好道德建设这个基础，加强宗旨意识、公仆意识教育。要强化干部实践锻炼，积极为干部锻炼成长搭建平台。实践锻炼不是去"镀金"，更不是去走过场等着提拔，如果那样，必然会"身子去了心没去"，还是与群众格格不入，那就是弄虚作假了。要加强对干部经常性的管理监督，形成对干部的严格约束。没有监督的权力必然导致腐败，这是一条铁律。组织上培养干部不容易，要管理好、监督好，让他们始终有如履薄冰、如临深渊的警觉。对干部经常开展同志式的谈心谈话，既指出缺点不足，又给予鞭策鼓励，这是个好传统，要注意保持和发扬。坚持严管和厚爱结合、激励和约束并重，完善干部考核评价机制，建立激励机制和容错纠错机制，旗帜鲜明为那些敢于担当、踏实做事、不谋私利的干部撑腰鼓劲。要关心爱护基层干部，主动为他们排忧解难。①

当然，如何把好干部用起来也是一个现实问题。好干部培养出来了，关键还是要用。不用，或者用不好，最终等于还是没有好干部。"要坚持党管干部原则，坚持德才兼备、以德为先，坚持五湖四海、任人唯贤，坚持事业为上、公道正派，把好干部标准落到实处"。②用一贤人则群贤毕至，见贤思齐就蔚然成风。选什么人就是风向标，就有什么样的干部作风，乃至就有什么样的党风。各级党委及组织部门要坚持党管干部原则，坚持正确用人导向，坚持德才兼备、以德为先，努力做到选贤任能、用当其时，知人善任、人尽其才，把好干部及时发现出来、合理使用起来。

本章小结

公共行政领导在整个国家的行政管理中居于核心与主导地位，影响着国家职能的实现程度。作为行政权力的象征，公共行政领导者素质和公共行政领导有效性的提升，最终制约着行政效率的提升。

复习思考题

1. 简述公共行政领导的含义。
2. 简述公共行政领导的功能与特点。
3. 简述公共行政领导方式的类型及特点。
4. 简述公共行政领导者个人的素质结构与公共行政领导班子的素质结构。

---

① 2017年10月18日，习近平总书记在中国共产党第十九次全国代表大会上的讲话。
② 2017年10月18日，习近平总书记在中国共产党第十九次全国代表大会上的讲话。

第八章 公共财务行政

本章重点

现代公共财政学理论认为经济活动是一切活动的核心,只有把公共财务行政放到经济活动中去考察和研究,才能对公共财务行政及其职能有更深入的认识。本章重点掌握公共财务行政的含义、公共财务行政的职能及作用、公共财政收入与支出管理、政府审计的内容及其原则、国家预算与国家决算的作用等。

第一节 公共财务行政概述

一、公共财务行政的含义

公共财务行政,是指包括筹集资金、分配资金、协调平衡、审计监督,以及公共支出与收入的预决算,税款的征收管理与使用等环节在内的公共行政活动。公共财务行政有广义和狭义之分。狭义的公共财务行政是指政府机关的经费管理,即对公共行政经费的领拨、分配、使用所实施的管理活动。广义的公共财务行政,实质上是国家财政,是指对国家财政收支的有效管理、控制和监督,即国家理财的策略、程序和方法。它包括预算、会计、决算、审计。现代公共财务行政已发展成为独立的学科,社会主义国家的公共财务行政是指国家的各级财政管理部门,按照社会主义经济规律,根据党的方针、政策对国家财政的收支过程实施的组织管理活动。

本章从广义的角度理解公共财务行政,包括下列含义:

(1) 公共行政组织是公共财务行政的主体。公共财务行政是由公共行政组织负责实施的,与公共行政组织履行其职能的各种活动密切相关。公共行政组织在社会产品分配中处于主导地位,在此基础上形成与各种社会组织、社会团体和社会成员的错综复杂的分配关系。

(2) 公共财务行政的目的是保证社会公共需要。它以维持公共行政组织的正常运转和有效履行公共行政职能为前提条件。在国家存在的情况下,公共行政组织必须从社会产品中占有相应部分来满足各种社会公共需要,而且社会发展产生出一种新的公共需要时,需要对社会分配过程进行相应调整以满足这种需要。

(3) 公共财务行政是借助货币的特殊职能实现的价值分配过程。国家公共行政组织借助于货币的支付手段、价值尺度等特殊职能,采用包括预算、税收、信贷、价格、利润分配、补贴等多种形式进行价值分配。

公共财务行政和财政学、财务管理等相比侧重点有所不同。公共财务行政是对国家财政收支分配活动的管理。它是通过研究预算，了解政府在现实中如何以及应该如何参与社会产品的分配与再分配，为公共行政管理提供物质保证。财政学作为一门学科，它主要研究客观存在的财政分配关系；讨论国家财政收入的获得和财政支出的使用；探讨如何建立合理的国民经济结构和社会结构。财务管理主要是研究公共行政组织企事业单位的财务收支及检核的系统程序和方法等。

二、财政收入和财政支出

公共财务行政主要包括两方面内容：一是财政收入，二是财政支出。公共财务行政可以按照这两部分内容分为两个阶段：财政收入是第一阶段，它是国家凭借政治权力或生产资料所有权通过一定手段占有一定量的社会产品的过程；财政支出是公共财务行政过程的第二阶段，是国家根据社会公共需要对集中起来的社会产品按各种不同用途进行分配的过程。

（一）财政收入

财政收入阶段集中反映了国家、企业、个人（或家庭）等分配主体之间的关系，政府主要以利税形式从企业和居民个人取得收入，除此之外，政府还可以采用国家信用形式从国内、国外借款，作为财政收入的补充。

财政收入从形式上可以分为税收、企业收入、债务收入、其他收入几种类型，其中税收是财政收入的主体收入。财政收入以部门结构为标准，可以分为工业部门和农业部门收入、轻工业部门和重工业部门收入，生产部门和流通部门收入，第一产业部门、第二产业部门和第三产业部门收入等。财政收入以不同编制方法为标准，可以分为经常收入和临时收入、强制性收入和自由收入、公营经济收入和私营经济收入等。

（二）财政支出

政府在控制社会经济活动、扩大社会再生产、促进社会协调发展等方面的作用主要表现在财政支出方面。财政支出有以下多种分类方法：

（1）按用途分类，我国财政支出可以分为基本建设支出、流动资金、挖潜改造资金和科技三项费用（新产品试制费、中间试验费、重要科学研究补助费）、工交商各部门事业费、支农支出和各项农业事业费、文科卫事业费、地质勘探费、抚恤和社会福利救济费、公共行政管理费、国防费、债务支出、价格补贴支出等29类。

（2）按国家职能分类，我国依据国家职能的区别，将财政支出分为经济建设费、社会文教费、国防费、公共行政管理费、债务支出、其他支出，共6类。

（3）按经济性质分类，我国财政支出可分为购买支出和转移支出两类。购买支出包括政府各部门的事业费和投资拨款；转移支出包括政府补助支出、捐赠支出和债务利息支出等，它们直接表现为无偿的、单方面的转移。

（4）按和物质生产的关系分类，我国财政支出可分为生产性支出和非生产性支出，生产性支出包括生产性积累和补偿性支出；非生产性支出包括消费支出和非生产性积累。

三、公共财务行政的职能

公共财务行政作为一种分配范畴体现出在社会生产和再生产过程中生产、流通、分配、消费四个基本环节的内在联系。公共财务行政通过税收、发行公债、缴纳利润等形式筹集资金获得财政收入，并通过拨款、投资、补贴等财政支出的形式供应资金，以控制和调节社会生产、流通、分配、消费过程及政治经济活动。公共财务行政有下列四种主要职能：

（1）筹集资金。由于包括公共行政组织在内的国家政权机构本身并不创造物质财富，所以只能从社会分配中强制性地集中一部分社会产品维持其自身的存在。为维持和巩固国家机器的存在、运行并发挥其在社会政治和经济生活中的控制、支配和调节作用，政府必须凭借政治权力在社会产品集中分配过程中无偿占有一定的社会资金。

（2）配置资源。配置资源即国家公共行政组织凭借其掌握的权力，通过资金、财力的分配，引导社会人力和物力的流向，形成一定的经济产业结构。为此，要求政府优化资源配置目标，合理确定投资项目和规模以及各种分配比例。

（3）调节分配关系。调节分配关系即调节社会中的各分配主体之间的物质利益关系，在实现合理分配的目标的基础上形成较稳定的社会分配制度。由于各分配主体有不同的利益要求、分配行为和分配目标，在不同的分配过程中就会有不同的分配方法和分配体制。而整个社会的物质利益分配过程是通过预算、决算、税收、信贷、投资等一系列的公共财务行政活动和财政管理体制来实现的。

（4）宏观调控。政府需要在一定的财政管理体制下，利用各种财政政策和财政手段，通过有目的、有计划、集中性的收支活动调节、控制、影响无数微观经济主体分散进行的经济活动和财务活动，在力求财政收支、信贷收支、外汇收支和物资供求之间进行综合平衡的基础上保持社会总供求的大体平衡，对经济过"热"或较"冷"的现象进行主动调节，以实现社会经济持续稳定的增长。

四、公共财务行政的作用

公共财务行政的作用主要表现在以下六个方面：

（1）控制国民收入的分配。财政在国民收入的分配中处于主导地位。充分发挥公共财务行政的作用，有利于妥善解决国家、企业、个人三者之间的分配关系和利益关系，有利于调整和控制国民收入的分配和再分配过程。

（2）控制国家预算收支平衡。充分发挥公共财务行政的作用，有利于国家预算的编制和执行，并可使国家适当集中资金，增加有效供给。

（3）强化税收的宏观调控作用。充分发挥公共财务行政的作用，有利于税收工作的制度化和规范化，在增加税收的基础上增加财政收入，适当扩大财政支出的力度和范围，更好地发挥税收对国民经济的宏观调控作用。

（4）促进国家宏观经济调控政策目标的实现。充分发挥公共财务行政的作用，有利于整个国家宏观调控体系的构建，并且为实现国家宏观调控目标和有效地运用其他宏观调控

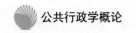

手段提供保证。

（5）理顺中央和地方的分配关系。充分发挥公共财务行政的作用，有利于解决中央政府和各级地方政府间的分权、分税问题，并可通过中央政府对地方财力的分配和调节作用优化资源配置，缩小地区间的差距，促进全国统一市场的形成和发展。

（6）增强中央调控经济的能力。充分发挥公共财务行政的作用，有利于保证中央与地方财政收入的增长，并在此前提下保证中央财政收入在全部财政收入中占有较大的比重，从而增强中央调控经济的能力。

第二节 公共财政收入与支出管理

在市场经济条件下，政府是提供社会公共产品的部门，受资源稀缺规律的制约，政府要获得生产公共产品的资源，就必须花钱购买，这就形成公共财政支出。既然有支出，就必须先有收入，所以公共财政收入是公共财政支出的前提和条件，也是政府的各项职能得以实现的前提条件。

一、公共财政收入概述

公共财政收入是指政府为满足财政支出的需要，自家庭、企业所取得的一切货币收入的总和，包括税收收入、公债收入、收费收入、国有企业收入、捐赠收入和其他收入。

从税收结构上来看，现有统计资料表明：1979 年至 2008 年的主要税收收入来源于工商税收，1979 年至 2014 年的主要税收收入来源于国内增值税。

通常，公共财政收入按其形式可分为税收和其他收入两大类。这种分类的优点是突出了财政收入中的主体收入，即国家凭借政治权力占有的税收。而其他收入总量相对虽少，却体现了不同的分配关系。我国的财政统计分析就经常采用此种分类方法。

除此之外，依据其他不同的标准，公共财政收入还可进行如下分类：

（1）经常收入与临时收入。这是以收入有无反复性为标准而划分的。所谓经常收入，是指在每个会计年度连续反复获得的收入，如税收、规费、公有财产及公有企业收入等；所谓临时收入，是指不定期、不规则取得的收入，如公债收入、赔偿金及罚没收入等。

（2）直接收入与派生收入。这是根据财政收入的来源渠道划分的。直接收入，指政府的公产与公业收入；派生收入，指政府凭借其管理者身份获取的收入，如税收、各种罚没等。

（3）强制收入与非强制收入。这是以收入是否具有强制性为标准划分的。所谓强制收入，是指国家行使其政治权力从国民收入中强制征收的收入，如税收。非强制收入，则是指国家以所有者身份获取的收入，如公有财产和公有企业收入等。

二、国家税收

（一）税收概述

1. 税收的定义

税收是国家为了实现其职能，按照法律预先规定的标准，强制地、无偿地取得财政收入的一种手段。

由以上有关税收的定义可以看出，税收作为财政收入的一种重要形式，与其他财政收入相比，具有强制性、无偿性和固定性的基本特征：

（1）强制性。税收的强制性是指征税是凭借国家的政治权力，以国家法令的形式强制进行的，依法应纳税者必须履行纳税义务，否则将会受到法律的制裁。

（2）无偿性。税收的无偿性是指国家征税后，既不需要偿还，也不需要对纳税人付出任何代价。税收的无偿性是以强制性为条件的。

（3）固定性。税收的固定性是指在国家征税之前，就以法律的形式规定了征税对象和征税的比例或数额。而且国家只能按预定的标准征税。作为主体收入，税收的这种固定性有利于保证国家财政收入的稳定，也有利于维护纳税人的合法权益。

2. 税收的分类

依据不同的分类标准，税收有下列分类方法：

（1）按征税对象的不同，税收可分为所得税、商品税、资源税、财产税和行为税五大类。这是最重要、也是最基本的一种税收分类方法。

（2）按税负能否转嫁，税收可分为直接税和间接税。一般来说，所得税、财产税属直接税，而商品税属间接税。

（3）按征税依据不同，税收可分为从价税和从量税。前者指按征税对象的价格征税，后者按征税对象的数量、容量或重量征税。

（4）按税收与价格的依存关系，税收可分为价外税和价内税。凡税金作为价格组成部分的，称为价内税；凡税金作为价格之外附加的，称为价外税。也就是说，价内税的计税依据是含税价格，而价外税的计税依据为不含税价格。一般来说，价外税比价内税更容易转嫁。

（5）按税收的征收权或隶属关系，税收可分为中央税、地方税和中央地方共享税。

3. 税收的要素

每一税种都存在着对什么征税、征多少、由谁交纳的问题，这也是税收制度中所列举的税收的三个基本要素，即纳税人、征税对象和税率。除此之外，税收要素还包括起征点与免征额、纳税环节、减税与免税等。

（二）税收的原则

税收原则是指在税收制度的设计和执行时所应遵循的指导思想。税收原则明确是保证税收制度合理化的重要前提。

1. 公平原则

公平合理是税收的基本原则和税制建设的目标。所谓税负的公平，简单地说，是指不同纳税人之间税收负担程度的比较：纳税人条件相同的纳同样的税，条件不同的纳不同的税。因此，公平是相对于纳税人的征税条件来说的，并不仅仅是税负本身。

迄今为止，对税负公平的标准主要有两种解释，即受益原则和纳税能力原则。前者指

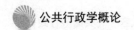

公平的税负应与纳税人从税收的使用中所获得的利益相对应；后者指公平的税负应与纳税人实际税负能力的大小相适应。

2. 效率原则

税收不仅要公平合理，而且要有效率。根据帕累托最优准则，任何经济活动都应使社会总收益大于社会总成本。税收亦不例外。这里的效率不仅包括征税过程本身的效率，即税收的征管成本和交纳成本应极小化，而且包括征税活动对社会经济本身的影响，即有效率的税收应使其额外损失减少到最低限度，额外收益尽可能增加，或使额外收益大于额外损失。

显然，从理论上讲，既公平合理又具有效率的税收制度是最理想的。但实际中这种税收制度未必行得通。因为要求每一个税种都要公平和有效显然不现实。所以，如何在设计税制时兼顾公平和效率原则，还要结合一国的具体情况和特定的历史发展阶段来考虑。

（三）税制结构

税制结构即税收制度的经济含义，是指按一定税收原则所设计的税收体系，其核心是税种的配置、税源的选择及税率的设计。

税制结构总是由具体的税种所组成。我国的现行税种按课税对象可分为五类：所得税，主要包括个人所得税、企业所得税、外商投资企业和外国企业所得税等；商品税，主要包括增值税、消费税、营业税、关税等；财产税，主要包括房产税、契税、车船税、遗产税等；资源税，主要包括矿产品税和盐税；行为税，主要包括土地使用税、固定资产投资方向调节税及耕地占用税等。

三、公共财政支出概述

公共财政支出是指政府把筹集到的财政收入有计划地进行分配和使用，转化为政府实现其职能所需要的商品和劳务或其他支出的过程。它不仅是政府实现其职能的主要手段，还是国民经济发展重要的资金来源、实现社会公平的重要途径。

（一）公共财政支出的分类

如果一个政府决定以一定的数量和质量向公民提供产品和服务，那么公共财政支出就是执行这些政策所须付出的成本。根据不同的标准，公共财政支出有以下不同的分类：

（1）按其是否有直接补偿，公共财政支出可以分为购买性支出和转移性支出。购买性支出直接表现为实现各种职能而用于购买各种商品和劳务的财政资金，它体现了各级政府对经济资源的占有，直接影响全社会的产品和劳务的供求关系；转移性支出是指政府根据一定的经济和社会政策，通过特定的方式向企业部门和家庭部门单方面转移的财政资金，它是一种政府对企业和个人的无偿支付。

（2）按公共财政支出的项目，公共财政支出可以分为基本建设支出、流动资金支出、支农支出、文教科学卫生事业支出、国防支出、行政管理支出及价格补贴支出等。我国现行国家预算支出科目中的"类"级科目，采用的就是这种分类方法。

(3) 按国家职能，公共财政支出可以分为经济建设费、社会文教费、国防费、公共行政管理费和其他支出五大类。

(4) 按公共财政支出与再生产的关系，公共财政支出还可以分为补偿性支出、积累性支出和消费性支出。

(5) 按公共财政支出的目的，公共财政支出可以分为预防性支出和创造性支出。

（二）公共财政支出的原则

公共财政支出的原则是指政府在安排和组织财政支出过程中应当遵循的基本准则。随着公共财政支出规模的不断扩大，它对社会经济的影响也愈加显著，为了使其更好地发挥调节社会经济的杠杆作用，公共财政支出应满足以下三个原则：

(1) 经济效益原则。经济效益原则是指通过公共财政支出使资源得到最优化配置，使整个社会的效益最大化，即由于某项财政支出而获得的社会效益应当超过其社会总成本。其中的社会效益包括由于该项财政支出而获得的国家安全、社会稳定和所增进的社会福利；社会总成本则是指政府通过税收或其他方式取得财政收入，而使社会付出的代价。为确定某项支出是否符合经济效益原则，往往需要对其进行成本—效益分析，预测每一方案所消耗的经济资源与其所产生的社会效益，以此作为决策的依据，以期用最少的财政支出，取得最大的社会效益。

(2) 公平原则。公平原则是指通过财政支出提供劳务和补助所产生的利益在各个阶层居民中的分配应达到公平状态。它的具体体现是受益能力原则：公民的受益能力与其收入水平呈负相关，即收入水平越低，其受益能力越大，相等的补助对它产生的效用也越大，那么就全社会来说，其效用也就越大。

(3) 稳定原则。稳定原则是指公共财政支出应有助于防止经济波动过于剧烈。显然，当公共财政支出有利于就业水平的提高、物价的稳定、良好的国际收支状况时，就会符合此项原则。

但经济运行的事实表明，对每一项财政支出来说，上述三项原则往往很难同时满足，致使政府的决策者常常处于两难境地。例如，一项财政支出投资可能会使商品成本降低，价格水平下降，但同时还会使失业人数增加，这就需要决策者综合分析各方面因素，以选择最佳的支出方案。

（三）公共财政支出的规模

通常情况下，有两个指标可以衡量公共财政活动的规模，即财政收入占 GDP 的比重和财政支出占 GDP 的比重。一般来说，后者比前者更能说明实际情况。这是因为财政支出通过它的规模和结构，可以直接影响社会再生产的规模和结构，而且财政支出更能全面准确地反映财政对宏观经济运行的调控能力。

公共财政支出的规模，或者说财政支出占 GDP 的比重，各个国家有所不同。而在同一个国家的不同历史发展时期，也各不相同。就我国来说，经济体制改革之前，财政支出占 GDP 的比重较高，这是由计划经济体制下"统收统支"制度所决定的：由于国家在其中扮演了一个家长或"总企业家"的角色,这就决定了整个社会的固定资产投资支出基本上由国家安排,绝大多数的生产资料也归国家所有,所以公共财政支出占 GDP 的比重较高。随着经济体制改革的深入,尽管财政支出的绝对额呈上升趋势,但它占 GDP 的比重却呈逐年下降趋势,如 1990 年至 1995 年,公共财政支出占 GDP 的比重平均每年下降约 1%。1996 年至 2013 年,公共财政支出占 GDP 的比重逐年上升,2013 年至今趋于平稳,基本维持在 24%左右。

在 20 世纪,随着社会经济的发展,西方国家的财政支出,无论是绝对额还是占 GDP 的比重,都是不断上升的。财政支出占 GDP 的比重在西方各国大幅上升的情况,所呈现出的差异反映了各国政府对该国经济影响能力的不同。财政支出大幅度的增长引起了经济学家们的关注,并由此引发了公共财政支出的理论研究,如阿道夫·瓦格纳的"公共支出膨胀法则"。

显然,影响公共财政支出规模的因素有很多,但我们可以将其归结为经济性因素、政治性因素及社会性因素三大类。其中,经济性因素主要指经济发展的水平、经济体制的选择及政府的经济政策等;政治性因素主要指国内政局是否稳定和政治体制是否高效;社会性因素主要指人口状态、文化背景等。

(四)公共财政支出的结构

财政支出结构是指财政支出总额中各类支出的项目和各类支出在支出总额中所占的比重。公共财政支出的结构与政府的职能密切相关。按联合国《政府职能分类》,一国财政支出的职能分类大体包括四个部分:一是一般政府服务,主要反映政府需要且与个人和企业劳务无关的活动,包括一般公共管理、国防、公共秩序与安全等;二是社会服务,主要反映政府直接向社会、家庭和个人提供的服务,如教育、卫生、社会保障等;三是经济服务,主要反映政府经济管理、提高运行效率的支出,如交通、电力、农业和工业等;四是其他支出,如利息、政府间的转移支付。2007 年之前,我国国家财政按功能性质分类的支出包括五类:政府经济建设费、社会文教费、国防费、公共行政管理费、其他。根据《财政部关于印发政府收支分类改革方案的通知》(财预[2006]13 号)的要求,从 2007 年 1 月 1 日起我国开始实施《2007 年政府收支分类科目》,改革后的政府收支分类体系包括"收入分类""支出功能分类""支出经济分类"三部分。2016 年财政部印发了《支出经济分类科目改革试行方案》,对经济分类科目进行了调整,并于 2018 年 1 月 1 日实施。

值得说明的是,由于影响一个国家的公共财政支出的因素有很多,所以判断一个国家的公共财政支出结构是否合理,不仅要考虑政府在当前阶段所追求的主要经济目标,还要考虑该国所处的经济发展阶段以及财政支出各项目间的相对增长速度。

(五)公共财政支出的成本效益

公共财政收支过程,就是通过财政收入将社会资源集中到政府手中,再通过财政支出由政府支配使用。而社会资源是有限的,显然,只有当资源集中到政府手中能够发挥更大的效益时,政府占有资源或者说财政收入才是对社会有效益的。所以说,公共财政支出一定要讲求效益最大化。通常，我们说公共财政支出的规模要适当、结构要合理，所追求的根本目标也就是提高公共财政支出的效益。

所谓成本效益分析，就是针对政府确立的政策目标，提出若干实现这些目标的方案，比较各种方案的全部预期成本和全部预期效益的现值，通过分析，选择出最优的财政支出方案。

在进行成本效益分析时，需要注意的是，与私人经济部门所追求的利润最大化目标不同，政府进行经济决策是以社会效益最大化为目标的。譬如，在决定修建某一大型水电站时，它必须考虑这一工程对生态环境的影响。所以，作为公共部门的财政支出，在分析其成本效益时，不仅要考虑有形的、直接的、内部的成本和效益，还要考虑到无形的、间接的、外部的及长期的成本和效益。

四、审计与政府审计

（一）审计、政府审计的含义

审计，是指国家专门的审计机关，根据国家预算和有关法规，对国家机关、企业和事业单位以及社会组织的财会资料进行检查、审核并加以评价的一种专门性活动。它是国家进行财政、经济监督的重要手段，是公共财务行政的一个重要组成部分。

政府审计是指国家审计机关对政府机关的财政预决算活动和会计资料所进行的审计。政府审计可分为国家预算审计和国家决算审计。我国政府审计包括中央、地方以及公共行政单位预决算审计。

建立健全审计制度，加强审计监督，是为了有效地纠正、制止和打击经济领域中的违法犯罪活动，促进廉政建设，维护国家财政经济秩序，保障国民经济的健康发展。国家实行审计监督制度，国务院和县级以上地方人民政府设立审计机关依照法律规定的职权程序，进行审计监督，并独立行使审计监督权。审计机关和审计人员办理审计事项，应当客观公正、实事求是、廉洁奉公、保守秘密。国务院设立审计署，在国务院总理领导下，主管全国审计工作，审计长是审计署的公共行政首长。审计机关根据需要，可以在其审计管辖范围内派出审计特派员。

（二）政府审计的作用

政府审计对公共财务行政活动有重要作用：一方面可以监督国家财政预算资金合理、有效地使用；另一方面可以对财政决算情况做出客观的鉴定与公证，为财政管理提供改进措施，并揭露违法行为。具体地说，政府审计的作用包括以下三方面：

（1）政府审计对公共财务行政起监督作用，并促进财政监督的实施。我国《宪法》规定："国务院设立审计机关，对国务院各部门和地方各级政府的财政收支，对国家的财政金融机构和企业事业组织的财务收支，进行审计监督。"通过政府审计，可以监督各地区、部门和单位对党和国家的方针政策的实施，审查公共财务行政活动的范围和方向是否正确，检查财政制度和财经纪律是否健全完善。

（2）政府审计对公共财务行政活动的合理性与合法性起保证作用。通过政府审计，监督审查、揭发、纠正、制止和防止公共财务行政活动中的种种错误和弊端，保护国家财产，对公共财务行政活动的合理性与合法性起保证作用。

（3）政府审计有助于提高公共财务行政的效益。通过政府审计，可以促进中央和地方各级政府及公共行政单位提高财政收支效益，促进各级政府高效率地实现公共行政管理职能。

（三）政府审计的原则

政府审计要坚持以下四方面原则：

（1）依法审计的原则。在审计监督中要坚持依法审计，以党和国家的财经方针、政策及有关法令法规作为判断和评估审计对象的标准，以促进方针政策的实施，保证财经活动的正常秩序。

（2）公正客观原则。审计监督要从实际情况出发，以审计证据为依据，实事求是，客观公正地对审计对象进行审查、分析、判断、评价和提出审计报告。

（3）独立性原则。政府审计机关依法独立行使审计监督权。我国《宪法》规定："审计机关在国务院领导下，依照法律规定独立行使审计监督权，不受其他行政机关、社会团体和个人的干涉。"我国《审计法》又明确提出："审计人员依法执行职务，受法律保护。任何组织和个人不得拒绝、阻碍审计人员依法执行职务，不得打击报复审计人员。"

（4）效益性原则。政府审计必须以提高财政收支效益为根本出发点，通过审计监督来促进各级政府的财政活动，实施政府职能的效益和效用。

（四）政府审计的主要内容

政府审计的主要内容有如下两方面：

（1）预算审计。预算审计包括预算编制的审计和预算执行的审计。通过预算审计，主要是审查预算的编制和执行是否贯彻执行党和国家的方针政策，同时，还要对预算的编制和执行进行具体审查。

（2）决算审计。决算审计包括财政总决算审计和单位决算审计。前者是对财政总决算编制情况和对财政总决算各项目进行审计。后者是对单位决算进行审计，具体是：审查其执行费用开支标准规定情况；各项资金是否按计划和指定用途专款专用；经费开支是否超年度指标，等等。

（五）政府审计的基本方法

政府审计的基本方法主要是审计检查、审计分析、审计调整和审计报告四种：

（1）审计检查。审计检查是审计过程中的主要环节，是审计机构和人员对被审计单位进行凭证审查、数据核对及账目核的一种方法，具体包括顺查法、倒查法、抽查法和详查法四种方法。

（2）审计分析。审计分析是指审计机构或人员运用系统方法对审计对象的具体资料和内容进行分类、分辨。它分为探测分析和判断分析两种。探测分析是在审计前和审计过程中探查错弊项目的方法，以发现线索。判断分析是在审计结束时对查证事实做出判断的方法，主要用于验证审计数据的正确性，对审计结果做出评价和结论。

审计分析具体运用的方法有比较分析法、比率分析法、结构分析法、指数分析法、趋势分析法、平衡分析法、因素分析法等。

（3）审计调整。审计调整是审计机构和人员根据审计结果纠正错误的方法。其目的是通过调整，纠正错误，以正确反映被审计单位的财政状况。审计调整必须在审计结束时，根据审计结果进行。

（4）审计报告。审计报告是审计人员向审计部门或被审计单位及其主管领导部门，以书面文件形式报告审计结果，并提出意见和建议。审计报告应注意其内容必须与审计目标一致，结论必须慎重，符合实际，内容必须完整。

（六）审计职责

各国现行制度中，审计机关审计决算的职责范围有所不同，但在法律上都有明确规定。概括起来，审计机关的具体职责范围如下：

（1）审计法规上的问题。审计法规上的问题包括征收人员是否具有规定的资格和是否有越轨行为；收入的征收是否合乎法规；有关收入支出的合同是否具备法定条件；租赁国有财产是否依照法规按期收缴租金；预付和支付资金是否在法令范围内；因过失而误付的资金是否依法归还；等等。

（2）审计预算上的问题。审计预算上的问题包括支出费用是否违反预算；预算不用额产生的原因和是否适当；预算科目的留用或更正是否得当；有无预算规定之外的支出及是否得当；实收数目与预算所列收入数目有无出入；等等。

（3）审计经济上的问题。审计经济上的问题包括租赁或出卖国有财产，价格是否有低廉之处；经营建筑或购物，价格是否有过高之处；各种支出是否奢侈、无用或过当；购进大量物品，如为不急不用，是否做了适当的管理和处置；支付各种补助金，其使用是否适当；等等。

（4）审计计算上的问题。账簿书据所记载数额是否正确；现金物品的存数是否和账簿书据上的计算数相符；各种收支计算方法是否有错。

（七）审计处理

审计机关接收各机关编制的决算报告，收齐后，依前面所列审计项目逐一给予审计。在所有决算报告审查完毕后，审计机关做出判断，提出处理意见。这种处理意见一般有三种：

（1）对于应上缴而还未执行的收入移送国库机关执行。

（2）对于应付罚金的事件依法移送该事件主管机关。

（3）告诫未尽职责或效率过低的机关，并通知其上级机关负责人。

最后，审计机关编制审计报告，把确定的处理意见写进报告。如果是地方审计机关，则把所编写的审计报告连同决算报告分别呈送上级审计机关和同级人民代表机关。如果是国家最高审计机关，则把审计报告和决算报告转送立法机关。立法机关议定预算后，还须把国家公共财务行政的实际情况公布给人民。

第三节 国家预算与决算

国家预算是调整财政收入和财政支出的重要控制手段，在公共财务行政领域有举足轻重的影响。国家预算的编制、执行以及国家决算是公共财务行政的重要工作之一，是公共财务行政职能最明显的体现。

一、国家预算概述

（一）国家预算的概念

国家预算是政府的财政收支计划，是政府有计划地集中和分配资金，调节社会经济生活的主要财政手段和财政机制，国家预算具体规定计划年度内国家财政收支指标及其平衡状况，反映政府活动的范围、方向和政策。

我国自周朝以来，历代封建王朝为维持庞大的中央集权政权都建立了中央财会制度并已有一定形式的国家预算。但是直至清朝末年，才开始形成现代形式的国家预算制度。新中国成立后，政务院①于 1951 年正式颁发《预算决算暂行条例》，标志着我国现代国家预算制度的建立。

国家预算制度最早于 17 世纪末产生于资本主义发展最早、议会制度形成也最早的英国。欧美其他资本主义国家一般是在 18 世纪至 19 世纪中叶建立了资产阶级政权之后形成国家预算制度的，当时，国家预算已成为国家的重要立法文件，须由政府提交国家权力机关审批后方能生效和执行，体现国家权力机关和全体公民对政府活动的制约和监督，是公共行政的权力制衡机制、控制政府财政收支的经济手段、限制公共行政官员的管理手段。

（二）国家预算的性质

国家预算具有以下性质：

（1）统制性质。预算是国家会计的蓝本，预算是财政统制的依据，预算上所表明的虽然是各项收支数字，但从数目多少可衡量各项收入的轻重关系，由此可以实现财政统制。

（2）法律性质。从预算的制定上看，预算必须交人民代表大会审查。从预算的内容上看，预算由公共行政部门请求，经立法机关通过、承认，公共行政部门负有遵照执行的责任。收入方面须遵照征收法规，以期收得预算规定数额。支出方面不得越出规定范围。从所受监督上看，公共行政部门须把实施结果报告立法部门。立法机关审查预算，不是仅计算数目，作表面审查，它实际上是进行公共行政政治审查，用政治眼光对预算给予批评、修正、否决或通过。

（3）公共行政性质。从预算编制上考察，预算编制一般由公共行政机关主办。从预算

---

① 1954 年，中华人民共和国国务院成立，政务院撤销，其全部职权由国务院行使。

执行上考察，预算的规定虽很严明，但在执行时，免不了随时发生变动，这时，政府可以在不影响到预算所预定的结果的前提下，根据公共行政权，适当做些调整。这样，预算无论在成立之前或之后，常有公共行政行为伴随其中。预算只能作为财政预定计划，不能作为必然计划。

（三）国家预算的种类

（1）我国国家预算由中央预算和地方预算构成。地方预算由省（自治区、直辖市）、设区的市（自治州）、县（自治县、不设区的市、市辖区、旗）、乡（民族乡、镇）四级预算组成。

（2）从预算内容的分合关系来看，国家预算可分为总预算与单位预算。总预算是多级政府汇总的本级政府预算和下级政府的年度收支所编成的预算。单位预算是指实行预算管理的国家机关、社会团体、全民所有制事业单位的经费预算和全民所有制企业的财务收支计划中与预算有关的部分。

（3）依预算编审程序的先后，可分为概算、草拟预算、法定预算和分配预算。概算是编制预算以前对收支指标所提出的大概数字。草拟预算是指拟成而还未经立法机关通过和公布的预算。法定预算是经立法程序审批后公布的正式预算。分配预算是按法定预算范围，分配各机关实施的计划。

（4）依预算制定时间的先后，可分为正式预算、追加预算和非常预算。正式预算是指按正常程序编制的预算；追加预算是指预算支出总额以外的增加支出；非常预算是应付国家意外的重大事变所做的特别预算。

（5）依预算的财政收支的经常性和临时性依据，可分为经常预算和临时预算。经常预算的财务收支在各年度呈规则状态，数额上大体无变动。而临时预算的财务收支，在各年度做不规则变化，数额也不一定。

（6）依预算的编制方式可分为单式预算和复式预算。所有的财政收支仅由一个预算加以包容与规范，称之为单式预算。单式预算编制简单，目的单纯，易于为立法机关在总收支方面进行控制和社会公众所了解。其缺点在于：预算资金的来源及使用方向划分不清，易造成经常性开支与建设性开支相互挤占，加大消费与积累的矛盾；对各项支出的实际效益很难进行有效监督，也不便于在预算安排上进行科学的划分和宏观决策管理等。从新中国成立至20世纪90年代预算管理改革前，我国一直采用这种形式。

复式预算则将现行国家预算划分为经常性预算和建设性预算两部分。

经常性预算收入是国家以社会管理者身份取得的各项税收收入和其他收入。经常性预算为政府的政治、文化教育和社会服务等职能提供经费，属于全体社会成员的共同消费。经常性预算支出是政府用于政权建设、公共行政管理、科学文化教育、卫生及保障人民生活等方面的支出。

建设性预算收入是国家以国有资产管理者身份取得的各项收入，为政府实施其经济职能提供经费。建设性预算收入主要包括经常性预算转入的结余、固定资产投资方向调节税、城市维护建设税、耕地占用税、国家能源交通重点建设基金收入等。建设性预算支出主要用于营利性的经济建设支出,包括生产性基本建设支出、企业挖潜改造和新产品试制费支出、增拨企业流动资金、地质勘探费、支援农业生产支出、城市维护建设支出、支援经济不发达地区发展资金、国内外债务还本付息支出等。建设性预算收入如不足以抵补其支出,其差额即为赤字,可以通过举借内债和外债来弥补,但要保持合理的债务规模和结构。

20世纪90年代,我国预算管理制度的一项重要改革,就是改革传统的单一预算编制方式,实行符合我国国情的复式预算。1994年八届全国人大二次会议通过的《中华人民共和国预算法》规定:"中央预算和地方各级政府预算按照复式预算编制。"

(四)国家预算的作用

国家预算所具有的财政统制性质、法律性质和公共行政性质,决定了它在国家财政中不可缺少的作用。这些作用表现在以下五点:

(1)控制财政秩序。通过国家预算可以维持正常的财政秩序,避免支出无度和不必要的浪费,保证财政计划的实现。

(2)提高收支效率。通过国家预算可以了解收支各方面的得失。收入方面可以通过改良征收方法,择取合理税源来左右收入的增减;支出方面可以通过依支出性质轻重缓急顺序确定支出的增减;从而起到增效作用。

(3)提高国家信用。国家财政按预算执行,国家信用自然提高,即便预算不足,或因临时变故,支出增加,不得不发行公债,或借贷以资弥补,国民若了解财政情形,相信国家信用,则国债容易募集。

(4)促进经济发展。国家预算可以使政府通过预算调节工商业生产,扩展就业,实行积极的货币政策和财政政策,从而繁荣经济,促进经济发展。

(5)财政公开。国家预算可以使政府财政内容公之于众,这既可让人民了解制订财政计划,减少不必要的非难,又可使管理收支人员把偏私收敛到最小,通过财政公开起到监督财政的作用。

二、预算的编制

(一)国家预算编制的原则

国家预算编制的原则要以党和国家的路线、方针、政策为依据,以国民经济和社会发展计划为基础,必须坚持量力而行、收支平衡的原则,同时要做到以下几点:

(1)预算必须具有完整性。预算的完整性原则要求国家预算包含该政府的全部财政收支,反映它的全部财政活动,不应有在预算管理之外的政府财政活动,不应有预算外的财政收支。

(2)预算必须具有统一性。预算的统一性原则要求国家预算收支按照统一的程序来计算和编制,要求各级政府都只有一个预算,不应当以临时预算或特种基金的名义另立预算。任何单位的收支都要以总额列入预算,不应当只列入收支相抵后的净额。

(3)预算必须具有年度性。预算的年度性原则要求国家预算按年度编制,必须列出本年度的财政收支，对本年度财政收支进行比较，不容许对本年度之后的财政收支进行任何事先的规定。

（4）预算必须具有可靠性。预算的可靠性原则要求国家预算的收支数字必须正确估计，不能估计得过高或过低。同时各级收支的性质也必须明确区分。

（5）预算必须具有公开性。预算的可靠性原则要求国家预算的全部财政收支必须经过立法部门审查，而且要采取一定形式向社会公布。

（二）国家预算书的格式

国家预算书的内容组成有两部分：第一部分是财政报告，这是预算书的文字说明部分，主要包括上年度决算情形与所获财政结果的得失检讨，本年度的财政经济状况，本年度政府各项政策，国债处置情形，将来结果的预测等；第二部分是预算正文，这是预算书的数字表格部分，主要包括：① 收支总额预算案——上年度支出实数、收入实数和决算平衡数与本年度支出预算数、收入预算数和预算平衡数；② 收入预算——分别依收入种类和来源详细列表；③ 支出预算——分别依职业分类和人事费及事业费为标准列表；④ 各种税收制度改革情况——税率变更和新旧税增免表；⑤ 公债——各年度国债到期须偿还数；⑥ 各类名目收支发生的依据及规定数额的理由表。

（三）预算编制的时间

各国的预算编制和实现，基本上以一年时间（365 天）为限，它是指预算收支起讫的有效期限，即所谓预算年度。国家预算编制工作必须在预算年度开始前完成。许多国家的预算年度采用历年制，即从当年 1 月 1 日至 12 月 31 日止，如我国、法国、瑞士等。有的国家采用跨年制（或称骑年制），如英国、日本等国家的预算年度从当年 4 月 1 日起至次年 3 月 31 日止，美国从当年 10 月 1 日起至次年 9 月 30 日止等。

（四）预算编制的过程

国家预算编制概括起来说大体经过下列几个上下反复的过程。

1. 预算编制的准备工作

国家预算编制的准备工作一般在预算年度开始前的几个月内进行，其内容包括以下几方面：

（1）预计和分析报告年度预算已实际执行的和即将完成的收支数额情况。

（2）拟定计划年度预算控制指标。

（3）颁发编制国家预算草案的指示和具体规定，包括编制预算的方针和任务；编制各项主要预算收支计划的具体要求；各级财政之间预算收支的划分和地方机动财力的使用范围；预算编制方法、程序、报送份数和报送时间；颁发编制各级预算草案的具体规定等。

（4）修订国家预算收支科目和预算表格，如收支总表、预算收支明细表、预算收支明细核算表、基本数字表等。

2. 测算国家预算控制指标

各部门、各地区遵照有关指示和规定，结合本部门、本地区计划年度的工作任务、业务计划及经济事业发展情况，提出本部门、本地区的预算收支建议数上报财政部。

3. 编制国家预算草案

各部门、各地区根据财政部下达的收支控制指标，自下而上地编制本部门和本地区的单位预算草案、财务收支计划草案和总预算草案，逐步汇总上报到财政部。财政部经过严格审核后即可汇编国家预算草案。

4. 审批国家预算

国家预算草案必须经过法律程序批准通过后方能执行。国家预算的批准权属于立法机构，在我国即为各级人民代表大会。我国宪法规定，国务院"编制和执行国民经济和社会发展计划和国家预算"，全国人民代表大会"审查和批准国家的预算和预算执行情况的报告"，"县级以上的各级人民代表大会审查和批准本公共行政区域内的国民经济和社会发展计划、预算以及它们的执行情况的报告"。经国家立法机构批准后的国家预算，即成为正式的国家预算。

三、国家预算的执行与调整

（一）国家预算的执行

国家预算经国家立法机关批准通过后，即具有强制执行的法律效力。国家预算的执行，是由公共行政组织负责完成的。在我国，国家预算的执行机关是国务院和地方各级人民政府。国务院起领导作用，全面负责国家预算的组织执行，地方各级人民政府负责本地区总预算的组织执行。国家预算的具体执行部门是各级财政部门。财政部对国务院负责，在国务院领导下一方面执行中央预算，另一方面指导地方预算的执行工作。地方各级财政部门对地方各级人民政府负责，在地方各级人民政府的领导下具体组织管理本级预算的执行。另外，参与国家预算执行的还有许多专职机关，如税务机关、海关、中国人民银行和各专业银行等。

国家预算执行任务主要包括下列四个方面。

1. 组织预算收入的执行

实现预算收入是实现财政收入的重要步骤，是合理调整社会分配关系的前提条件，因此这是预算执行的首要任务。它要求各部门、各地区、各执行机关严格按国家税法和其他收入法规以及执行计划及时、足额地完成国家预算的收入任务并缴纳入库。预算收入的来源可分为税收和非税收入，根据有关规定分别由各级财政部门、税务部门、海关等执行机关执行。

2. 组织预算支出的执行

预算支出的执行是财政支出的重要内容，是财政部门、上级主管部门、银行和国家金库通过国家规定的办法向用款单位进行预算资金分配。它要求按照国家预算项目和金额，考虑支出用途及业务工作计划和进度，遵循各项拨款原则，及时合理地拨付资金，并随时检查和分析支出的执行情况。

3. 组织预算收支的平衡

在整个预算执行过程中，预算收支经常会出现不平衡的情况，需要财政部门及时进行适当的预算调整，重新组织预算收支平衡。预算调整有全面性调整和局部性调整两种形式。全面性调整在性质上近似于重新编制一次国家预算，需要报中央政府和国家立法机构审批。局部性调整是预算调整的主要形式，常用的方法主要有预算支出科目之间的留用、动用预备费、预算的追加或追减、预算隶属关系的划转等。

4. 组织预算收支的监督检查

国家预算的执行过程同时也是预算的监督检查过程。它要求：

（1）确定组织预算收支的各项规章制度，检查监督各级执行机关和财政部门贯彻执行。

（2）各单位必须建立健全内部经济责任制，按规定合理使用预算资金和上交预算收入。

（3）进行财政检查监督，对违纪违法、执行不力或滥用预算资金造成损失浪费的单位和个人，追究经济和法律责任。

（4）定期进行预算分析，了解和掌握预算收支完成程度、工作进度、查明可能出现的超收短收、超支节支等收支不平衡情况的原因，及时提出可行的预算调整措施。

（二）国家预算的调整

预算调整是指经全国人民代表大会批准的中央预算和经地方各级人民代表大会批准的本级预算，在执行中因特殊情况需要增加支出或者减少收入，使原批准的收支平衡的预算总支出超过总收入，或者使原批准的预算中举借债务的数额增加的部分变更。

各级政府对于必须进行的预算调整，应当编制预算调整方案。中央预算的调整方案必须提请全国人民代表大会常务委员会审查和批准。县级以上地方各级政府预算的调整方案必须提请本级人民代表大会常务委员会审查和批准；乡、民族乡、镇政府预算的调整方案必须提请本级人民代表大会审查和批准。未经批准，不得调整预算。如未经批准调整预算，本级人民代表大会、本级人民代表大会常务委员会或者上级政府应当责令其改变或者撤销。在预算执行中，因上级政府返还或者给予补助而引起的预算收支变化，不属于预算调整。

四、国家决算概述

（一）国家决算的概念

国家决算是国家经济活动在财政上的集中反映，它反映年度国家预算收支的最终结果，国家预算执行的总结。国家决算包括中央级决算和地方总决算两部分，中央级决算由中央各主管部门的公共行政事业单位决算、企业财务决算、基本建设财务决算和金库年报、税收年报等汇总组成。地方总决算由乡（镇）级决算、县级决算、市（自治州）级决算、省（自治区、直辖市）级决算组成，它们分别由同级主管部门汇总的公共行政事业单位决算、企业财务决算、基本建设财务决算等构成。

（二）国家决算的内容

一般而言，决算报告都包括决算说明书和决算报表两部分。

决算说明书中一般要有以下内容：

（1）收入方面。结合年度预算安排和国民经济计划完成情况，分析超收或短收的原因；成本费用水平、资金积累水平、资金运用和改善经营管理等情况；税收政策的贯彻执行情况和税源变化情况。

（2）支出方面。结合年度预算安排，分析各项主要支出的结余或超支的主要原因，说明决算支出数字的编制基础，主要支出的效果和存在的主要问题。

（3）结余方面。分析全年总预算收支结余的情况和原因，决算收支平衡情况和存在的问题。

决算报表内容一般分为以下三类：

（1）基本数字表类。这些主要是反映公共行政、事业单位的机构定员和开支定额执行情况的财务统计报表和这些单位预算执行结果的明细表。

（2）决算收支表和资金活动情况表，如决算收支总表，决算收支明细表，财政决算收支分级表，财政决算年终资金活动情况表，等等。

（3）其他附表类。这是上述各决算表格和说明书的必要补充资料，它们或者属决算各表的明细资料，或者报告一些与预算收支有关的财务收支情况。

（三）决算报告的编制机关

凡是与国家有缴拨款关系的单位和部门，都要参与决算的编制，也就是说，凡是参与编制预算的单位和部门，都参与决算的编制。

（四）决算报告的编制程序

决算报告的编制，一般分三级部门自下而上地依次进行编制。这三级部门的依次顺序构成决算报告编制的三个程序。

（1）单位决算的编制。各国家机关、企事业单位等基层预算单位，都要在搞好年终清理的基础上，正确、完整、及时地编制本机关本年度的收入支出决算，并经机关负责人审阅签字，分别送呈审计机关和上级单位，上级单位对所属机关的决算审查后，连同本单位决算汇总成单位决算报送主管部门和所在地方财政部门，从而完成第一级决算的编制。

（2）总决算的编制。中央各主管部门接到本部门在各地所属机关汇总的单位决算，地方财政部门接到本地区同级各类机关汇总的单位决算后，分别审核和登记，并汇总本地区和本部门总会计账簿的有关数字，编成本地区和本部门的总决算，再分别经本地区政府和本部门负责人审查之后，分头报送中央财政部门，从而完成第二级决算的编制。

（3）国家决算的编制。中央财政部根据中央各主管部门和各地方财政部门报来的总决算及本身掌握的收支决算数，汇编成中央级总决算，其中一部分是纵向反映各部门各层级的预算执行情况，另一部分是横向反映各地区不同性质机关的预算执行情况，这两部分共同构成国家决算，即第三级决算。

（五）国家决算的作用

决算在公共财务行政的链条上具有不可取消或替代的作用。这主要表现在三个方面：

（1）决算是公共行政机关向立法机关表明责任的手段。公共行政机关是预算的执行人，对决定预算的立法机关负有政治责任。公共行政机关对于财政上的既定计划和政策是否真诚地切实遵守，代表民意的立法机关对此有过问和考查的权力。决算报告就是公共行政机关在这些问题上对立法机关作正式答复的方法和手段。

（2）决算是考核公共行政效率的工具。公共行政活动与经费支出有连带关系，从支出观测其活动，从活动衡量其支出，成效与支出是否相适应，经过这番对决算的详细考查，便可以确知公共行政机关公共行政效率的高低。

（3）决算是制定国家财政政策的重要依据。由于决算是研究和修订国家财政政策的基础资料，也是系统整理和积累财政统计资料的主要来源，所以决算是制定国家财政政策的重要依据。

五、国家决算和国家预算的关系

国家决算是国家预算执行的总结，它与国家预算处于执行过程的两端，一个反映了预算执行过程的起点和根据，一个反映了预算执行过程的终点和结果。国家决算的编制与国家预算的编制和执行是一个统一的、完整的过程，因此，国家决算和国家预算在形式和内容上基本上是相互对应、相互衔接的。国家预算是国家各种政策的集中体现，是对预算年度收支规模、结构和各种比例关系的总的估算，国家决算则是国家各种政策和国家预算执行后真实效果和真实规模的集中反映，并且是重新制定国家财经政策和国家预算的重要依据。国家决算与国家预算的一致性体现在以下几方面：

（1）编制国家决算的原则与国家预算相一致。国家决算和国家预算同样要求公开、可靠、统一、完整和年度性。决算数字不准确、不完整、报送不及时，不仅会混淆对预算执行年度财政收支情况真实性的了解，而且会影响财经计划、政策和新的国家预算的制定。

（2）国家决算的组成与国家预算相一致。国家决算与国家预算一样，由中央级决算和地方总决算组成。有一级财政，就要编制一级独立的预算，相应要编制一级独立的决算。与国家预算一样，各种决算按其隶属关系，下级决算必须包括在上级总决算中，地方总决算必须包括在国家决算中。

（3）国家决算的结构与国家预算结构相一致。国家决算的目的是全面总结和检验国家预算的实际效果和执行结果，一方面它是在国家预算的基础上进行的，另一方面它要求便于检查和分析比较，因此，决算使用的科目必须和预算使用的科目协调一致。

（4）国家决算的编制与国家预算相一致。与国家预算一样，国家决算的编制大体经过下列几个过程：

① 准备工作：主要包括提出决算的具体要求、方法、报送期限和份数；预算执行单位进行年终清理，对预算收支、会计账目、财产物资等进行全面核对、清查和结算；修订和下达决算表格等。

② 单位决算编制，包括企业的财务决算和公共行政事业单位的单位决算。

③ 地方总决算的编制。首先是市、县等地方财务部门根据有关的单位决算和财务决算，汇编本地区总决算，并报省（自治区、直辖市）财政部门审查。经层层审查、汇总，形成省（自治区、直辖市）总决算。国家决算由财政部负责编制，财政部在汇编中央级总决算和地方财政总决算的基础上汇编国家决算，同时编写决算说明书。

（5）国家决算的审批与国家预算相一致。国家决算的审查和批准程序同计划年度国家预算的审批程序基本相同。首先由财政部对中央各主管部门和省（自治区、直辖市）上报的决算必须进行公共行政政策性和技术性的审查。财政部经过逐级审核汇总编成的国家决算需报国务院审查。国务院对国家决算讨论通过后，再提请全国人民代表大会审查批准。

本章小结

公共财务行政作为公共行政管理的重要组成部分，依托公共权力依照法定原则和制度，对行政组织的各种资金运行进行合理合法的组织、调节、检查和监督，以正确处理资金流动所体现的各种经济关系，保证公共行政管理机构的正常运转，有效发挥国家公共行政管理职能。

复习思考题

1. 简述公共财务行政的含义与职能。
2. 简述公共财务行政的基本内容和作用。
3. 如何实现公共财政收入和支出有效管理？
4. 简述国家预算的原则和程序。
5. 简述国家决算的作用。

第九章 公共行政决策与执行

 **本章重点**

公共行政决策作为各项管理功能的基础，是公共行政管理的首要环节，公共行政执行是国家行政机关最基本的职能，是行政权力的集中体现。本章应重点掌握公共行政决策的含义与特点，公共行政决策分类，公共行政决策原则与体制，掌握公共行政执行的含义、原则和手段。

第一节 公共行政决策概述

一、公共行政决策的含义与特点

公共行政决策作为管理决策的一种，是指公共行政主体为履行公共行政职能，针对所要解决的问题进行的行为设计和抉择的活动。公共行政决策作为决策的一个特定形式，它除了具有一般决策的针对性、目标性、选择性、预测性等共同特性外，由于公共行政管理权力运行的独特性，还具有区别于一般管理决策的特殊性：

（1）公共行政决策主体的特定性。只有具有管理国家公共事务公共行政权的组织和个人才能成为公共行政决策的主体。根据我国的宪法和法律规定，我国的公共行政决策主体包括：各级人民政府及其职能部门；国家公共行政机关内的公务人员；依宪法、法律规定或法律、法规授权的其他享有公共行政权的社会组织。

（2）公共行政决策内容的广泛性。公共行政决策的内容涉及整个国家和社会范围的一切公共事务。现代社会的政治、经济、文化教育以及社会生活的各个方面重大事务，都要通过政府决策进行筹划处理。因此，公共行政决策涉及的面广、机构众多，动用的人、才、物等资源量大。而其他决策一般只涉及各自的内部事务，一般不涉及整个国家和社会范围的事务。

（3）公共行政决策思想的权威性。这种权威性表现在：首先，公共行政决策代表的是特定的利益。它所反映的是国家意志和利益，因此，公共行政决策必须以国家权力为后盾。其次，公共行政决策依据的强制性。体现国家意志和利益的公共行政决策，是依据党的路线、方针、政策和国家法律而制定的，在依法公共行政的今天，依法定程序制定的公共行政决策，不仅对公共行政组织的内部成员，而且对各级公共行政组织管理范围内的一切管理对象都具有约束力，表现为一定的权威性。

二、公共行政决策的类型

（一）按照决策目标所涉及的范围和影响程度分类

根据决策目标所涉及的范围和影响程度，公共行政决策可分为战略决策和战术决策。战略决策是指具有客观性、全局性、方向性的重要决策。其特点是立足全局，着眼未来，影响深远，涉及范围广。战术决策是指为保证实现战略决策而做出的局部性的具体方法和步骤的决策，也称具体决策、微观性决策和辅助性决策。战术决策具有灵活性和多样性的特点。

（二）按照决策主体的地位和管辖权限分类

根据决策主体的地位和管辖权限的不同，公共行政决策可分为国家公共行政决策和地方公共行政决策。国家决策是由国家最高公共行政机关中央政府做出的面向全国的决策。地方决策是省、市、县、乡等公共行政机关对其管辖范围内的公共行政问题所做的决策。

（三）按照决策所具备的条件和可靠性分类

根据决策所具备的条件和可靠性的不同，公共行政决策可分为确定型决策、风险型决策和不确定型决策。确定型决策是指信息完备，只存在一个确定的目标，面对一种环境和条件，对各个不同行动方案的结果都可以计算确定，按照要求从中选出最佳方案就可以获得预期决策效果。风险型决策是具有一个确定的目标，面对两种以上环境和条件，不同方案在不同环境条件下所产生的不同结果可计算，不能完全断定未来出现的是哪一种环境条件，但可预测其出现的概率，有一定的把握，要冒一定风险的决策。不确定型决策大致与风险型决策相似，不同的是不能预测环境条件出现的概率，因而结果不确定，决策没把握。

（四）按照决策目标要求分类

依据决策目标要求的不同，公共行政决策可分为最优决策和满意决策。最优决策是指在理想条件下实现最佳目标的决策。满意决策是指在现实条件下求得满意目标的决策。由于公共行政管理范围的广泛性，决策条件的复杂性，决策目标的多样性，绝对最优决策只是一种理想，现实中很难实现。所以现实中的公共行政决策通常都是满意决策，即"相对最优决策"。

（五）按照决策主体的人数和决策权力分配情况分类

按照决策主体的人数和决策权力分配的情况，可以把公共行政决策分为群体决策、集体决策和个人决策。

群体决策是指由拥有决策权的一定公共行政单位的全体成员共同讨论的决策。群体决策的形成一般是根据少数服从多数的原则经投票或举手表决做出，如古希腊的直接民主制。集体决策指由享有决策权力的公共行政领导集体，通过会议和集体表决的方式通过决策方案，它包括资本主义国家的议会决策方式和社会主义国家的集体领导等。个人决策是指由公共行政首长单独掌握决策权力，决策方案的选择以首长的拍板定案为终结，其他公共行政官员有建议、批评、议论决策方案的权力，但没有抉择权力。

（六）按照决策者的思维反应模式分类

按照决策者的思维反应模式，可把公共行政决策分为理性决策和非理性决策。

理性决策指在公共行政决策运行的各个环节，从问题的界定、决策目标的确立、方案的设计与评估到方案的抉择，每一步都是在"多脑"讨论的基础上，凭借科学手段反复论证，然后予以抉择的决策。理性决策表现了人类充分运用思维能力和各种可能手段，选择合理方案的追求。非理性决策则指在遇到疑难的决策问题难以做出决定时，决策者就可能依据自己的猜测、习惯反应、条件反射、本能反应等非理性的心理因素去抉择，或者盲目遵从权威的分析意见去做出决断。

理性决策与非理性决策的划分是相对的，任何决策都不可能是完全的理性决策或完全的非理性决策。理性决策过程受非理性因素的影响，因为理性决策中的"多脑"是由一个个"单脑"构成的，个体的经验、知识背景一定程度上使每一个决策都或多或少带有个人的色彩。只有当这种非理性因素在选择过程中起主导作用时，这个决策才是非理性决策。同样，再非理性的决策也都是大脑思维活动的结果，都建立在一定的理性分析基础上。

（七）按照使用的决策方法的先进程度分类

按照使用的决策方法的先进程度，可以把公共行政决策分为经验决策和科学决策。

经验决策指由决策者根据主观生活经验等个人素质做出的决策。在公共行政决策领域，人类有史以来基本上都是运用经验进行决策的，这是因为政治、军事事务方面的问题都有极强的不确定性。但是，现代社会的发展、政府职能的扩张，使经验决策越来越不能适应新形势的需要而被科学决策所取代。科学决策指以科学思考、科学预测、科学计算为依据的决策。它根据目标的不同、变量的多寡、限制条件的差异等，采取适当的数学方法加以计算，或通过试验、模拟等，然后做出决定。经验决策与科学决策的划分也是相对的，即便是科学的决策，其决策方法的选择也是基于决策主体的主观经验和个人的知识背景差异或个体的喜好不同，所以科学决策也带有一定的经验成分。

（八）按照决策的时间顺序分类

按照决策的时间先后顺序，可以把公共行政决策分为原有决策和追踪决策。

任何决策都只能解决一定时间内的现实问题，或者说任何决策都是在一定的公共行政环境下做出的。决策做出之后或决策结果付诸实施之后，必然会碰到这样或那样的问题，需要对原有的决策进行修改，这种修正性的决策就叫作追踪决策。而被修正的决策就是原有决策。在现实的公共行政管理实践中，纯粹的原有决策是不存在的。

（九）根据决策目标的数量分类

根据决策目标数量的不同，可将公共行政决策分为单目标决策和多目标决策。

单目标决策是指公共行政决策所要解决的问题是单一的，决策的目标是唯一的决策。但在现实的决策中，由于事物联系的普遍性、公共行政管理的系统性，大量的公共行政决策问题，需要考虑的指标参数很多，仅仅靠单目标决策是不能解决问题的，因而必须确立多个决策目标，进行多目标决策。但需注意，在多目标决策中，既要防止不同层次的多个目标放在同一层次进行多目标决策，又要防止任意采用多目标决策的方法，多目标决策并不是盲目决策，而需要大量的信息作为公共行政决策的依据。

三、公共行政决策在公共行政管理中的作用

公共行政决策是公共行政管理的中心环节，在公共行政管理过程中起着决策性的作用。

（一）公共行政决策是公共行政管理的前提和基础

公共行政决策是公共行政管理的关键。公共行政决策贯穿于公共行政管理过程的始终，公共行政管理的全部过程就是制定公共行政决策、执行公共行政决策以及检验公共行政运行效果的过程，即决策——执行——再决策——再执行的反复循环和发展的过程。因此，在公共行政管理过程中，国家各级公共行政机关和被授权的社会组织所制定的计划、组织、领导、协调和控制等都必须以公共行政决策的精神为指导，以决策的内容要求为基础。

（二）公共行政决策是实现公共行政效果的决定性因素

公共行政决策决定公共行政管理目标及为实现该目标的公共行政行为的方向和措施。而上述公共行政管理行为又决定着公共行政效果。可见，公共行政效果的好坏最终决定于公共行政决策的正确与否。因此，国家各级公共行政机关及被授权的社会组织，为使公共行政管理工作获得良好效果，必须把主要精力放在公共行政决策上。

（三）公共行政决策的民主化和科学化程度，直接关系到现代化建设的进程

公共行政决策的民主化和科学化程度的高低，在一定程度上决定着社会主义建设速度的快慢。我国是以生产资料公有制为主体的社会主义国家，国民经济和各项事业规模大，组织程度高，相互联系密切。这种社会特点，尤其需要政策上的民主化来调动人民群众的积极性，使公共行政决策真正做到实事求是，主观符合客观。因此，国家公共行政机关在制定公共行政决策时，必须保证决策的高度民主化和科学化。只有这样，才能有效地发挥国家的管理职能，促进社会经济和各项建设事业的发展。

第二节 公共行政决策的基本原则、程序和体制

一、公共行政决策的基本原则

公共行政决策的基本原则，是指在公共行政决策制定过程中，为保证决策的正确性和有效性所必须遵循的基本准则，是决策过程中固有的客观规律的反映和要求。学者们对公共行政决策基本原则的说法不一，本书认为能体现现代国家公共行政决策共同规律的基本原则主要有以下八个：

（1）预测性原则。预测是科学决策的必要前提条件，对于公共行政决策来说也不例外。公共行政决策就是为了解决现实问题或矛盾而设计实施的方案，是为未来的公共行政提前

做出的一种设想和安排。随着现代社会科学技术和经济的高度发展，社会生活各个领域的急剧变化和激烈竞争，公共行政决策者只有掌握和利用科学的预测，高瞻远瞩，了解公共行政管理对象的发展趋势、时空条件、影响后果等，才能做出正确的决策，避免失误。

（2）信息性原则。从管理科学的观点看，信息是管理的基础。要进行公共行政决策，当然也必须以公共行政管理信息为基础。无信息根据的决策等于无源之水、无本之木。在通常情况下，决策的科学性和准确性往往决定于信息的全面性和真实性。可以说，公共行政决策过程实际上是一个信息的收集、加工和转换的过程。因此，公共行政机关在决策时，必须以全面、真实、准确的信息为基础。

（3）系统性原则。公共行政决策的对象总是具体的，可以看得见，摸得着，相对于国家公共事务这个宏观世界来说是微观的。如果说国家的公共事务是一个总系统，各类公共事务因其性质、特点不同，又构成了若干个子系统。公共行政决策者必须有系统观念，对整体与局部、内部条件与外部条件、当前利益和长远利益、主要目标与次要目标，以及它们之间的相互关系、相互作用，都要进行综合分析，然后进行决策。

（4）可行性原则。决策是为了实施，要实施就要具备实施决策的现实条件。要保证决策的可行，必须进行科学的可行性研究。要充分估计主观条件和客观需要，充分考虑各种各样的目前和未来因素对决策可能造成的影响，尽量使决策建立在完全符合客观实际并易于实践的基础之上。如果只强调需要而不充分考虑实际可能，不适当地估计有利因素而忽视不利因素，其决策将是片面的甚至是错误的。

（5）择优性原则。政府对于国家公共事务的管理必须追求高效益，这是全社会的要求。所谓择优，就是选择最佳方案。当公共行政决策者最后确定某一公共行政决策时，必须在所设计的诸多方案中进行选择。择其优者而从之。如果不全面考虑，多方设计，而只拟定一个方案，则无从比较，无法优化，难以选择出最佳方案。

（6）时效性原则。公共行政决策必须重视时效性，要把握时机，审时度势，迅速、及时而准确地进行决策。公共行政决策者必须有强烈的时间观念，时间就是效益，时间就是金钱，当机立断则胜，当断不断则败。

（7）服务性原则。由我国的社会主义性质所决定，任何层次的公共行政机关和公务员都必须以人民意志从事公共事务管理。因此，为人民服务是各行各业，尤其是国家公共行政机关及其工作人员必须遵循的根本原则。为了保证这个原则的有力贯彻，公共行政决策者必须坚持四项基本原则，以法律、法规为准绳，拟定决策，并在实践中坚持廉洁奉公，反对以权谋私和官僚作风。

（8）民主性原则。人民是国家的主人，公共行政机关的决策，说到底是为人民服务的，它必须反映和代表人民群众的根本利益，实际上是保证宪法所赋予人民的民主权利的行使问题。实践证明，凡是反映并符合人民群众利益的公共行政决策，其效果就是好的。之所以要听取和尊重专家的意见，主要因为现代公共行政管理需要多方面的而且是高新的知识和技术，有关专家具有优势，博采他们的意见有助于公共行政决策的视野开阔和思考周密，有利于公共行政决策的科学化。

二、公共行政决策的基本程序

公共行政决策程序，是制定和完善公共行政决策过程中的主要步骤。在我国公共行政学界，一般把决策划分为以下四个步骤：

（1）确定目标。确定目标是决策的第一步，要确定目标，就必须要明确问题。所谓问题，就是现状中的主要矛盾与准备解决该矛盾之间的差距。公共行政决策的过程就是认识问题、解决问题、再认识问题、再解决问题的过程。要解决问题，就必须明确问题所在，也就是一方面要弄清问题的性质、范围、程度、价值及影响所在；另一方面要找出问题发生的原因，包括主观原因和客观原因，主要原因和次要原因，直接原因和间接原因等。问题明确之后，就要为公共行政决策确定目标，也就是针对问题，并根据一定的实际可能，即主客观条件，确定需要和可能争取达到的目标。公共行政决策目标的确定还必须符合国家的《宪法》和法律，并兼顾整体利益、部门利益和个人利益，长远利益和目前利益，以保证从根本上体现广大人民群众的利益、意志和要求。总之，一个好的公共行政决策目标应具备以下几点要求：第一，目标要符合客观实际；第二，要充分估计具备实现目标的主客观条件；第三，目标要明确具体；第四，目标要有主次；第五，目标要符合政策和法令。

（2）拟订方案。决定方案是实现决策目标的计划或安排。为了顺利地实现公共行政决策的目标，就要拟订出可供选择的各种可行的备选方案，这是公共行政决策过程中不可缺少的重要步骤。为了拟订出科学的决策方案，必须做到以下几点：第一，充分认识和把握公共行政决策目标的性质、难度及复杂程度；第二，充分认识实现目标所需要的条件；第三，充分认识目标环境条件，包括现实的和未来的。拟订方案是为方案的抉择选优提供良好的基础。在具体操作时，一般要分为两个步骤进行：第一步，初拟轮廓，要求既精又多；第二步，精心设计，从轮廓方案中优选一定数量，进而充实具体内容，使之成为各个完整、充实的公共行政决策的备选方案。

（3）评估选优。这是决策的关键步骤，即在对各种可行性方案分析比较、评估权衡的基础上，选择或综合出一个最佳方案，形成决策评估，即对方案进行全面评价。评估时应做好以下几项工作：第一，必须紧紧围绕公共行政决策的目标进行。原则上，以最能实现目标的方案为最佳方案，凡是不能或基本不能满足目标要求的方案，即使有若干可取之处，也无选取价值。第二，确定优选方案标准。一般来说，有价值标准、时效标准、优化标准。价值标准，是指经济效益、社会效益和学术价值等各项价值指标的价值系统。时效标准，是指选取适当时机而又不失时机的决策。优化标准，是指选取的方案应是投入最小、收益最大的最佳决策。第三，对方案的可行性和优点做出准确评价。对假定方案所依据的信息资料的全面性和可信度，即对资料的翔实性做出分析。选优，即在经过评估后而被选取的若干方案中，遵循决策的科学程序，运用科学决策的原则和方法选择出较为满意的方案。必要时，可以以一个方案为蓝本，广采其他方案之长，汇成一个较为满意的方案。

（4）修正完善。这是决策的最后一步，就是在执行决策过程中，通过信息反馈，对公共行政决策进行补充、修正，使决策方案进一步完善。

公共行政决策虽然经过多方面的研究、预测，但在试行或执行过程中，仍然会出现问题或缺陷，主要有两种情况：第一，执行问题，即执行者未能认真贯彻，偏离了决策本身；第二，决策自身问题，即决策本身有失误，或是客观情况发生了新的变化，使决策不能适应变化了的情况。因此，为了保证公共行政决策的顺利贯彻，在执行过程中，必须随时反馈，特别是在试行阶段或执行初期，信息反馈尤为重要。实际上，各种决策都是在试行或执行过程中，通过反馈所得到的资料，使决策得到不断的补充和完善。值得特别注意的是，信息反馈必须是真实的。

三、现代公共行政决策体制

现代公共行政决策体制是指承担公共行政决策的机构、人员所形成的组织体系及制度，它是随着社会经济条件的变化而变化的。现代公共行政决策一般由中枢系统、咨询系统和信息系统三个组成部分。

（一）公共行政决策的中枢系统

现代公共行政决策体制的核心，即决断系统，是公共行政决策的中枢系统。它由公共行政领导集团或几个领导人组成，其主要任务是统筹考虑决策目标和抉择方案。一个政府机关或被授权的社会组织中只能有一个公共行政决策中枢系统，其成员不宜过多，否则容易发生多头领导或政出多门的弊病。决策中枢系统的决策方式可以是单一首长负责，也可以是委员会负责，两者各有利弊。前者的优点是速度快，适应现代公共行政现象变化快的要求。因此，我国《宪法》规定国家各级政府机关实行首长负责制。后者的优点是集思广益，可弥补个人知识经验不足，减少决策失误。因此，我国有关法律规定，国务院对重要决策要召开国务院全体会议讨论后做出决定，以发挥集体的作用。在公共行政组织中，公共行政机关的层次越高，决策量就越大、越复杂，围绕决策中心建立的由参与决策的专家和工作人员组成的工作机构，其人数也越多，要求也越高。这种工作机构是决策中枢系统的有机组成部分，它的主要作用是出谋划策，直接协助领导核心决策。

公共行政决策的质量与决策者个人的素质有密切关系。为此，决策中枢系统的领导者应具有丰富的经验和较高的科学文化水平，有面向未来的领导观念，敏锐的预测能力和准确的判断能力，作风民主又富有创新精神，善于调节自己的感情，保持清醒的头脑，对待不同类型的决策能以不同的思考方法来审查专家的意见。对公共行政决策系统的领导者尤其要求具有很高的政治素质，能真正代表人民群众的根本利益，全心全意为人民服务。决策中枢系统除了强调领导者个人的基本素质外，还应有合理的结构，使之相互补充，配合默契。

（二）公共行政决策的咨询系统

参谋咨询系统是辅助中枢系统决策的机构，公共行政咨询系统对决策的问题进行研究，提出科学建议或比较方案，以供决策者选择。参谋咨询系统具有独立性，能客观地研究问题，根据事实、数据、资料做出科学的分析判断，能做到"旁观者清"，排除那种因同决策者有隶属关系而容易引起的对决策的干扰和影响。为了确实发挥专家咨询的作用,现代公共行政领导者要给专家学者创造自由研究的环境和气氛。公共行政咨询人员的工作成果如何,取决于咨询研究人员的素质高低,没有高水平的咨询人员,就不可能有高质量的咨询成果。现代公共行政对象复杂多变,发挥咨询者的作用,以弥补决策者智慧与才能的不足,尤为重要。

(三)公共行政决策的信息系统

公共行政决策信息系统是由专职人员、设备及有关程序构成的从事信息处理的综合机构。公共行政决策信息系统就是要收集信息、加工信息、产出最新最优信息。公共行政决策的基础是公共行政信息的收集;公共行政决策初级方案的形成过程就是公共行政信息的处理过程;抉择最优方案和完善最优方案,必须以相关的信息为基础进行科学的分析、合理评价和准确决断。信息系统由信息源、信息机构和信息通道构成,其中信息通道的畅通尤为重要。现代信息系统是通过收集信息、处理信息、储存信息、传递信息为决策服务的。信息是公共行政决策的基础,信息工作贯穿于公共行政决策的全过程。

总之,中枢系统、咨询系统、信息系统三个组成部分是相互联系、相互制约的。科学的公共行政决策,必须首先健全公共行政决策体制,使三大系统充分发挥自己的职能。

第三节 公共行政执行概述

一、公共行政执行的含义和特点

公共行政执行是自公共行政决策形成后至公共行政决策目标实现为止的过程中,公共行政机关和公务员遵循决策要求所进行的全部公共行政管理活动。

公共行政执行活动具有以下几个特点:

(1)经常性。公共行政执行是国家公共行政机关及公共行政人员的日常活动,是一项经常性的繁重工作。

(2)实务性。公共行政执行是一种对公共行政决策要求进行的具体实施活动,要求公共行政机关及公共行政人员采取许多必要的、行之有效的具体行动来落实决策。

(3)强制性。公共行政执行是一种具有强制力的活动,要有严密的组织、严格的纪律,要求下级服从上级,地方服从中央,局部服从整体,以保证意志和行动的统一。

(4)果断性。公共行政执行是一种要求迅速果断的行动。公共行政决策目标的实现越是果断及时,公共行政效率也会越高。

(5)灵活性。公共行政执行也要从当时当地的具体情况出发,灵活地实施公共行政决策。

二、公共行政执行的重要地位和原则

(一)公共行政执行的重要地位

公共行政决策是公共行政执行的依据,公共行政执行是公共行政决策的落实。某项公

共行政决策如果不能转变为实际行动,付诸实施,那只能是纸上谈兵。公共行政执行的重要地位主要表现在以下三个方面:

(1)公共行政执行是公共行政决策付诸实现的重要保证。在公共行政管理的全部活动中,没有公共行政执行,公共行政决策就必然落空,公共行政决策的正确与否也无法得到检验,公共行政决策也得不到不断完善。

(2)公共行政执行是公共行政机关及其工作人员,尤其是公共行政领导者的主要职责。公共行政领导者对重大问题进行决策之后,不仅要亲自带头执行,而且还要动员和依靠广大公共行政工作人员同心协力共同执行决策。如果说公共行政决策是公共行政领导者的一项根本性工作,那么公共行政执行就是公共行政领导者及其一般工作人员的一项共同的经常性的活动。

(3)公共行政执行是检验公共行政决策和公共行政效果的标准。判断一项公共行政决策是否正确,主要看公共行政执行的效果如何。通过公共行政执行,不仅能够检验公共行政决策的正确程度,而且能够检验公共行政机构是否合理,公共行政领导者和一般工作人员的配备是否得当,具体工作制度是否健全,信息反馈系统和检查监督系统的工作是否得力等。

(二)公共行政执行的基本原则

公共行政执行活动从总体上说,应遵循其固有的活动规律。具体地说,公共行政执行必须坚持以下一些基本原则。

1. 忠实于决策与开拓创新相统一

作为公共行政决策的实现环节,公共行政执行必须要忠实地执行决策,保证执行的统一性、严肃性和权威性,这是忠实决策的一层含义。另外,只有公共行政执行贯彻国家法律、法规,执行上级指示、命令、决策、规定的精神,全面分析决策及执行工作任务,准确把握执行工作要求,才能不折不扣地贯彻执行公共行政决策。

忠实地执行公共行政决策,并非要执行者机械、刻板地照抄照搬,政策往往只是确定一个大的目标方向和原则规定,层级越高、范围越大的政策越是如此。这就要求公共行政执行者在遵循政策原则的前提下,根据公共行政执行所处的具体环境,根据条件变化后出现的新情况,根据当时、当地的实际创造性地执行公共行政决策,开创新的局面。

忠实决策与开拓创新是辩证的统一,忠实决策规定了开拓创新的范围和前提,即开拓创新是在不违背决策精神、不违背国家法律法规的前提下的创新;而开拓创新是为了更好、更有效地贯彻决策思想,是忠实决策原则的具体化和动态表现。现实中应根据社会发展实际和中国特有的国情,灵活把握二者之间的关系,科学掌握适度原则,既不能教条地照搬政策,犯教条主义、文本主义的错误,又不能以突出创新性而犯自由主义的错误。目前,某些地方存在的一定程度的"地方保护主义",就是违背忠实于决策与开拓创新相统一原则的具体表现。

2. 坚决、果断与注重效益相统一

公共行政执行具有时效性的特点,有严格的时限要求,因而,公共行政执行活动要坚决有力，做到及时快速、果断。如果在公共行政执行中犹豫不决、推诿拖拉，就会错过时机、贻误工作，给党和国家造成难以弥补的损失。尤其在我国的社会主义市场经济建设过程中，为缩短我国与发达国家之间的差距，增强我国的国际竞争力，各级公共行政机关应以最快的速度、在最短的时间内圆满地实现决策目标，保证公共行政执行的高效率。

在追求公共行政高效率的同时，还要注重公共行政效益。公共行政效益是对公共行政结果的质量规定，主要是看它对社会有益影响的大小，给社会带来福利的多少。公共行政执行只有在保证工作质量、达到预期效果的前提下，才能越快越好。不讲质量和效果的高速度是不可取的。前几年我国经济建设中，有些地方和部门盲目追求速度，不计效益地上马工程，对整个社会造成的消极影响对今后的工作仍有警戒作用。

只有把效率和效益统一起来，既有高效率又有高效益，才是好的政策执行。这就要确定效率和效益在完成政策目标的要求中各占多大权重，越接近这个权重要求的效率和效益就越理想，当然，这个权重是因政策项目的不同而千差万别的，因而要具体情况具体分析。

3. 持之以恒与有条不紊相统一

公共行政执行是一个长期的活动过程，其中还会遇到很多困难，这就需要执行主体要有坚强的毅力，要有持之以恒、誓不罢休的勇气，要付出不懈的努力，否则，难以实现决策目标。

在公共行政执行过程中，仅有毅力和勇气是不够的，还需周密的计划和安排，并且要善于抓住主要矛盾，抓住关键、抓住核心，分清轻重缓急，优化执行程序，避免陷入混乱和表面忙碌之中。

持之以恒与有条不紊需有机统一，强调持之以恒是解决思想和动力问题的关键，要求公共行政执行者在面临复杂和紧急情况时不畏难、不退缩，积极主动处理问题，以适应变化；在解决同类矛盾时不守旧、不扯皮，努力探索方法，找出解决问题的途径。强调有条不紊是解决工作的方法、艺术，避免蛮干。二者有机统一，才能充分提高公共行政执行的效能，更好完成公共行政执行任务。

4. 发扬民主与强调集中相统一

为了保证公共行政执行的果断迅速、步调一致，必须强调执行的集中统一领导，统一协调各方行动，保证政策的有效推行。强调集中有助于公共行政力量的多方整合，提高公共行政执行的力度和效果。高度的集中又来源于充分的民主。只有充分发扬民主，让群众参与献计献策，才能调动群众的积极性，让不同的意见有表达的机会。通过民主使组织内的矛盾得以充分显露，并采取有效措施加以解决，才能真正实现集中统一。公共行政执行中依靠群众、发扬民主，能够促使公共行政执行人员加深对决策的理解，树立主人翁意识，增强公共行政执行的自觉性、主动性和积极性。

三、公共行政执行过程

公共行政执行过程包括公共行政执行的准备、实施和总结三个重要阶段。

（一）公共行政执行的准备阶段

1. 制订实施公共行政决策的行动计划

共行政决策要落实，执行机关要事先制订行动计划，把决策加以具体化。所谓行动计划，就是根据实际条件，科学地、及时地拟订为达到决策目标而采取实际行动的实施方案。行动计划的主要内容包括对决策整体目标进行分解，计划并筹划人力、物力、财力，确定实施程序、方法及有关的具体制度和规定等。

行动计划在公共行政执行中具有极为重要的作用，它是通向决策目标的必经之路，是组织实施的纲要。有了周密的行动计划，一是能够使执行者清楚需要什么样的组织结构和人员配备，才能使员工尽职尽责，使人员、组织和设备等利用效能提高，使公共行政执行活动有条不紊地达到既定目标。二是为执行过程中的控制活动提供了标准，使协调活动有所遵循。三是能够对未来可能出现的各种因素的影响及发展趋势做出科学预测，制定预防措施和对策，对执行中可能遇到的困难、危难有足够的准备，使有利时机得到充分利用。为了达到公共行政决策目标，行动计划要具体详尽，认真细致，切合实际，积极可靠，适应环境，顾及全局。

2. 做好思想动员工作

公共行政执行的任务是由许多公共行政人员共同协作完成的，因此，应当通过思想工作使所有执行人员及有关人员都了解决策，正确地理解和接受决策，并决心努力去实现决策。为了做好思想动员工作，要利用各种宣传工具，广为宣传。公共行政执行负责人可以通过各种形式，把决策和执行计划传达给执行人员，重大的决策应组织执行人员进行认真讨论。在传达决策目标和计划的过程中，要注意决策精神的准确无误，如发现有被曲解的现象，必须及时纠正。只有全体公共行政人员对决策目标和执行计划有了统一、准确的理解，才能为实现决策目标有效、统一地行动。对决策目标和计划，认识越清楚，思想准备越充分，执行起来就越自觉，越果断，办法越多，效率也越高。

3. 做好组织落实工作

各项计划、指标都是通过组织贯彻下去的，下级的情况也要由组织反映上来。即使公共行政决策和行动计划都经过优化，如果组织得不好，也无法实施，目标照样不能实现。组织的功能，并不是组织内部各个人员功能的简单相加，而是如何发挥整体的功能。俗话说"人心齐，泰山移""三个臭皮匠，赛过诸葛亮"。如果组织管理得不好，也可以造成"吃大锅饭""三个和尚没水喝"的局面。

组织落实并不是单纯地解决组织形式问题，而是通过建立组织机构，配备胜任的负责人和工作人员，确定职位、职责、职权，进行有效的指挥，协调相互关系，将组织内部各个环节、各个要素联结成一个有机整体，并制定各种制度和规章，使人力、物力和财力得到最合理的利用，为实现一个共同的目标而努力。

4. 做好财物准备工作

公共行政机关执行某项计划或完成某项任务，必须有一定的物质条件作保障。这种财物准备是指在经费上的预算和物资上的办公用品、文书档案及设备等的准备。为此，公共行政机关必须编制预算，也就是根据公共行政执行的需要，事先计算各个项目所需开支的经费数目。编制预算要本着以最小的投入获取最大产出的原则，既要保证公共行政执行活动的开展，又要避免造成浪费。预算送到批准机关并得到批准后，才算落实了活动经费，公共行政执行才能进行。

（二）公共行政执行的实施阶段

公共行政执行的实施阶段，是指公共行政执行中的指挥、沟通、协调和控制。

1. 公共行政指挥

公共行政指挥是指公共行政领导按照既定目标和计划，对下层活动进行指导、协调和监督，以实现组织目标的行为。有效的公共行政指挥，能够使公共行政执行活动从静态转向动态，沿着预定的轨道前进；可以调动全体执行人员的积极性和创造性，激发起高昂的士气。

要使公共行政指挥得力，必须做到以下两点：

（1）指挥者必须拥有指挥实权。指挥者的权力是由公共行政组织正式授予或依法赋予的法定地位而具有的法定权力。职位越高，其权力也越大。但是具有同等职位权力的人，指挥效果差异很大，由指挥者的不同素质所决定。所以，指挥者必须具有相应的专门知识和实际经验以及一定的特殊技能。

（2）指挥者必须掌握行之有效的指挥方法，主要有口头指挥、书面指挥和会议指挥三种。口头指挥具有简明、及时和方便等优点，是指挥者经常使用的方法。使用口头指挥要注意语言艺术，所用语言要因人而异，不可千篇一律。书面指挥的主要优点是信息传达准确，这种方法多用于指挥层次多、因时间或地域等条件的限制而不便口头指挥时。但指挥者不可过分依靠书面指挥，以防止文牍主义。会议指挥是一种指挥者经常使用的方法，使用会议指挥时应注意提高会议质量，防止会议过长，特别是议而不决，决而不行。

2. 公共行政沟通

公共行政沟通是指公共行政组织或个人对共同任务和问题获得统一认识的方法和程序，也是交流思想、互通信息、统一认识的过程。沟通是协调的前提，沟通的目的是改善人际关系和取得认识上的一致。沟通的方式多种多样，其中主要有：个人与个人、团体与团体的沟通；按组织结构进行的正式沟通或不按组织程序的各种非正式沟通；下行纵向、上行纵向或平行横向沟通；等等。公共组织或个人可根据具体的实际情况，选择适合的沟通方式。

3. 公共行政协调

公共行政协调是引导公共行政组织之间、人员之间建立互相协同、互相配合的良好关系，有效地达到共同预期目标的行为。因为一项重要的决策往往由几个单位来共同完成。各单位都有自己的职责和工作目标，每个单位各类人员的知识、经验、智力、性格和观察问题的水平也不同，在执行中出现意见分歧和利害冲突也在所难免。只有通过协调，才能使矛盾得到很好的解决，使大家同心同德行动一致。公共行政协调的作用，主要表现为：可以促进公共行政人员之间的团结，减少精力内耗，避免工作脱节或重复；可以减少人力、物力、财力和时间上的浪费；可以改进业务处理方法，提高工作质量。

4. 公共行政控制

公共行政控制是指公共行政领导和工作人员为保证实际工作与计划的一致性而进行的管理活动。公共行政控制针对一个组织在实际执行过程中与计划之间存在差距或相背离所采取的纠正行为，从而使各项活动保质保量地按时完成。由于有些要素及其相互关系的变化事先无法全部掌握，一旦出现意外情况，实际工作同计划要求就可能不符，从而必须依靠控制来保证公共行政计划的实现。

实现控制的主要途径和方法有：

（1）确定控制标准，即要从计划中选出多层次、多形式的目标，建立起可以考核的定量或定性的完整目标体系，使控制具有适用的客观标准。

（2）确立组织保证，即要明确由哪个单位、哪些人负责进行控制活动。

（3）提供准确信息。通过信息反馈预防和纠正偏差，把握重点，主次分明，将注意力放在易于出现偏差的因素上。

（4）科学分析。要对造成偏差的主观原因和客观原因进行科学分析，根据不同的情况采取不同的纠偏方式。

（三）公共行政执行的总结阶段

公共行政执行的最后阶段是工作总结，要根据党和国家的法律规范和政策要求，对公共行政执行情况进行客观的评价。

1. 工作总结的基本内容

（1）对公共行政执行情况的全面检查。要检查公共行政执行的结果是否实现了预定目标，有什么经验或教训，工作制度是否科学，执行工作制度情况如何，经费和物资的使用是否合理等。

（2）实事求是地评价执行者的情况。要在全面检查考核的基础上，对公共行政组织和工作人员的工作做出评定。评定时，要做到评定项目周密，方法科学，标准全面合理，奖惩分明。

（3）认真总结经验教训。公共行政执行中的成功经验要发扬，失败教训要引以为戒。只有把执行情况上升到理论高度，形成真正的经验教训，并提出今后的改进措施，总结才有实际意义。

2. 工作总结的主要方法

（1）走群众路线，充分发扬民主。公共行政工作的各项任务都是依靠群众的努力工作来完成的，为此，公共行政工作总结也必须依靠群众。为了使广大群众积极自觉地参加到工作总结的行动中来，必须深入细致地做好发动群众的工作，使他们充分认识到工作总结的重要性。

（2）自下而上与自上而下的总结并举。在一般情况下，要采取自下而上的总结方法，首先由基层单位做起，然后由上级集中起来加上分析综合，做出本单位、本部门的总结。有时还要根据实际情况的需要采取自上而下的总结方法，即由上级机关做出总结，然后传达下去，指导下级单位的总结工作。

（3）回顾过去，放眼未来。总结工作的根本目的是为了在回顾和吸取以往经验教训的基础上做好以后的工作，开创未来的新局面。因此，在总结方法上必须放眼未来，要把历史当作一面镜子，观察与预测未来的发展趋势，从经验教训中找出对未来最有指导作用的东西，作为重点加以研究总结。

（4）领导动手，带头总结。总结工作的重点是各级公共行政机关，尤其是高层领导。如果领导工作总结做得好，解决了存在的问题，并找到了进一步改进领导工作的具体措施，必然能够带动全局，把以后的工作做得更好。

四、公共行政执行手段

公共行政执行手段是公共行政管理手段在执行过程中的实际运用。根据性质、作用和特点的不同，公共行政执行手段主要有公共行政手段、经济手段、法律手段和思想教育手段等，各类手段分别以不同的方式发挥其执行功能。

1. 公共行政手段

公共行政手段，是指公共行政主体凭借国家公共行政权力，依靠公共行政组织的层级节制性，采取公共行政命令的方式，来实现国家对公共行政工作的领导、组织和管理的方法。公共行政手段的本质是借助公共行政权力和隶属关系实施强制。

公共行政手段具有控制、制约、调整、协调社会各方力量，集中社会优势，保证公共行政执行的集中统一的优点。它具有以下特点：

（1）权威性。公共行政手段以国家权力为基础，以服从为前提，强调垂直领导。公共行政手段以上级政府为公共行政中心，实现政令统一。

（2）强制性。公共行政手段的性质是指令性的，令行禁止，须无条件落实执行，具有强制效力。它要求下级必须坚决服从和执行上级的命令、指示和决定。

（3）垂直性。公共行政手段按公共行政组织系统隶属关系纵向层级传达，只对上下级垂直隶属关系具有约束力。

（4）具体性。公共行政手段往往通过具体的公共行政命令或指示，在特定时间针对特定对象。

公共行政手段是计划经济体制下的主要公共行政执行方式，弊端是难以调动下级和群众的积极性。市场经济条件下公共行政执行的主要方式让位于经济手段和法律手段，但公共行政手段仍是公共行政执行方式之一，只不过同传统的计划经济条件下的公共行政手段相比，市场经济条件下的公共行政手段无论在机制、运用界限和条件等方面，都正在并将继续发生显著的变化。

2. 经济手段

经济手段是公共行政主体按照经济规律，运用税收、物价、经济合同等经济杠杆来组织、调节管理对象的管理活动和方法。经济手段是一种通过利益诱导进行间接管理的方法，其特点如下：

（1）间接性。经济手段是通过对各方物质利益的调节来间接影响组织和个人的行为，这是它与公共行政手段的根本区别。

（2）有偿性（利益性）。经济手段以等价交换、按劳取酬原则，以有偿的物质利益刺激调动人们的积极性。这是经济手段区别于其他手段的根本特点。

（3）多样性。经济手段是多种多样的，它包括价格、信贷、利率、税收、工资等，且这些经济杠杆之间是相互关联的，每一种经济杠杆的变化都会引起多方面经济关系的连锁反应。

经济手段是市场经济条件下公共行政执行的主要方式，但不是唯一的方式，经济手段还需与法律手段、公共行政手段，特别是思想教育手段相结合。

3. 法律手段

法律手段是公共行政主体以公共行政立法、公共行政执法、公共行政司法的方式履行公共行政职能、实现公共行政决策目标的公共行政执行方法；或者说是公共行政主体以法律为武器，根据法律活动的规律、程序和特点实施公共行政管理的方法。在依法公共行政的今天，法律手段日益成为公共行政执行的主要方式之一。

与其他公共行政手段相比，法律手段具有以下特点：

（1）权威性。法律是国家意志的体现，法律手段的实施是以国家强制力为后盾的，任何公共行政管理的法律、法规，对其作用的对象都具有普遍约束力和强制性。

（2）规范性。公共行政管理的法律、法规和规章都严格按照法定的程序制定，并都运用准确的语言表述，其效力等级都有严格的规定，一旦实施是所有适用对象都必须遵循的行为准则。

（3）稳定性。所有的法律、法规和规章一经公布，便具有相对的稳定性，不得因人而异、随意更改。

法律手段是其他公共行政手段的保障，是最具公共行政执行效力的手段。但实施法律手段首先是强调公共行政执行主体守法，强化依法公共行政。其次，还应看到依靠法律手段并不能解决所有的问题，即便是在强调依法公共行政的今天，也不可能使所有的公共行政关系都转化为公共行政法律关系，有很多经济关系和社会关系还必须结合使用其他手段，才能发挥作用。

4. 思想教育手段

思想教育手段是指依靠宣传、说服、沟通、精神鼓励等激励人们的积极性，实现公共行政目标的方法。这是公共行政管理最经常、最广泛使用的一种手段。其方式有启发教育、说服劝告、建议协商、树立典范等。

思想教育手段具有以下特点：

（1）潜在性、长期性。人的思想、观念是内在的心理活动，转变人的思想观念，绝非一日之功，需要思想教育工作者反复、细致、长期地工作，而且人的思想转变也是潜移默化的、渐进的过程。

（2）内在稳定性。一旦通过思想教育手段使管理思想内化为管理对象内心的自觉意识，它将产生一种稳态的动力，持续地激励和引导管理对象的行为。

（3）超前性。思想教育手段一旦生效，便能调动管理对象的内在积极性，预先主动地约束自己的行为。

思想教育手段能从根本上激发人的主观能动性，但需时较长、工作艰巨，而且是一项政治性、科学性、艺术性很强的工作，需要在实际工作中晓之以理、动之以情、言行一致，即实现情、理、行三者的统一。

公共行政手段、法律手段、经济手段和思想教育手段之间既有区别又有联系。各种手段都从各自角度反映了公共行政管理的客观规律，各有其优越性。但各种手段不是孤立的，而是相互联系、相互制约和相互促进的。因此，在公共行政执行中，必须使各种手段协调配合、相辅相成，才能实现既定的公共行政目标。

本章小结

公共行政决策是否科学直接决定着公共行政管理的成败，保证公共行政决策科学性必须遵循科学的决策原则、程序和方法，并建立科学的行政决策体制。公共行政管理的基本任务完成过程就是公共行政执行职能实现的过程，公共行政执行是贯穿于全部行政管理活动的重要环节，是实现公共行政决策及管理目标的最直接、最重要的行政活动。

复习思考题

1. 简述公共行政决策的含义及特点。
2. 简述公共行政决策的地位和作用。
3. 分析现代公共行政决策体制及其构成。
4. 简述公共行政执行的地位和原则。
5. 简述分析不同类型的公共行政执行手段及其功能。

第十章 公共行政监督

本章重点

公共行政监督是国家公共行政管理体系的一个重要组成部分,是政府职能顺利实现的重要手段,也是公共行政机关依法公共行政、提高效率、减少腐败的重要保证。公共行政活动如果缺少了公共行政监督这一环节,就很难做到快速、有效、廉洁的公共行政。因此,当前公共行政监督在整个公共行政活动中的作用就显得尤为重要。本章重点掌握公共行政监督的含义、公共行政监督的分类及公共行政监督的程序。

第一节 公共行政监督概述

一、公共行政监督的含义

公共行政监督是监督的一种。学术界一般把公共行政监督分为狭义的公共行政监督和广义的公共行政监督。狭义的公共行政监督是指当代各国国家生活中各种法定的监督主体依法对国家公共行政机关及其工作人员实施的监督。广义的公共行政监督是指一切公共行政机构的活动同时受到来自公共行政机构内部的监督以及整个政治体系包括立法机关、司法机关和其他不同利益集团、公众舆论的监督。本章采用的是广义的公共行政监督概念。

从定义中,我们可以看出,公共行政监督这个概念包含如下几个要点:① 公共行政监督是当代各国国家生活中的一种监督活动,其监督活动具有法律效力和法律权威性;② 公共行政监督是由各种监督主体实施的监督活动,各个监督主体具体负责不同层级和不同部门的监督工作;③ 公共行政监督是对国家公共行政机关及其工作人员的公共行政管理活动实施的监督。

一般来看,公共行政监督的主体由一个国家的宪法或法律做出明确规定。由于当代世界各国社会制度和政治体制各异,因此,各国宪法、法律中所规定的公共行政监督主体也不尽一致。

我国的公共行政监督主体有:① 各级国家权力机关,即各级人民代表大会;② 各级国家审判机关,即各级人民法院;③ 各级国家检察机关,即各级人民检察院;④ 各级国家公共行政机关,即各级人民政府及其所属各部门以及在政府内部特别设置的各级监察部门、审计部门;⑤ 各种社会力量,即各种社会团体,各种报刊和电视台、广播等舆论组织,以及广大公民群众;⑥ 全国政协和地方各级政协;⑦ 中国共产党的各级组织。

在资本主义国家中,公共行政监督主体一般包括:① 国家立法机关。各级政府和在政府系统内特设的公共行政监督机构。如在日本，中央政府设置了主管地方政府事务的机构——自治省，它是中央政府中特设的、有权对地方政府公共行政管理活动实施公共行政的主管机构。自治省是日本式的一种法定的特殊形式的公共行政监督主体。又如在美国，尽管各州政府都享有广泛的自治权，但宪法规定，州的各项立法均不得与联邦宪法相抵触，否则联邦政府有权予以纠正。在这种情况下，联邦政府对各州政府来说，就享有公共行政监督权，因而也是法定的监督主体，是美国式的公共行政监督主体。② 国家的司法机关。如在日本，各级法院对政府的公共行政管理活动可以通过受理公共行政案件实施公共行政监督。又如在英国，属于国家司法系统的各种类型的公共行政裁判所，也享有公共行政监督权，可以通过受理公共行政案件对政府的公共行政管理活动实施公共行政监督。因此，日本的各级法院和英国的公共行政裁判所，也都是国家法定的公共行政监督主体。③ 广大公民。在当代资本主义国家中，由于政府的权力不断膨胀，一些国家提出所谓"市民参政"的口号，承认广大公民也有权对政府的公共行政管理活动实施公共行政监督。例如，英国设有"诉怨窗口"等监督机构，日本则设有"审议会"等监督机构。

二、公共行政监督的分类

从公共行政监督的特征和内容上进行考察，可以从不同的角度对公共行政监督进行分类。

（1）以监督的主体来划分，根据我国《宪法》和有关法律规定，具有监督权限的主体分别有国家各级权力机关、司法机关（检察机关和审判机关）、具有隶属关系的公共行政机关、公共行政系统内特设的监督机关（监察机关和审计机关）、政党、各种社会组织、人民群众和各种新闻传播媒介等，从而构成不同主体的监督。它们的法律地位不同，监督的任务和权限有别，实施监督的途径、方式各异，监督所产生的法律后果也不一样。它们的监督不是彼此孤立、各不相关的，而是相互配合、相互作用，构成具有中国特色的监督体系。尤其是 2018 年 2 月，党的十九届三中全会审议通过《中共中央关于深化党和国家机构改革的决定》和《深化党和国家机构改革方案》，决定组建国家监察委员会，同中央纪律检查委员会合署办公，监察委员会依照法律规定独立行使监察权，不受行政机关、社会团体和个人的干涉，同时也在法理上保证监察委员会的独立性，在国家组织机构设置上形成"一府一委两院"不再是"一府两院"的内设机构，构成新的国家机构格局。这意味着，在国家层面有了行使监察权的专门机构，中央一级纪检监察合署办公迈进新的历史阶段。

（2）从监督的对象看，公共行政监督可以分为对公共行政机关的公共行政行为的监督和对公共行政工作人员的职务行为的监督。这里我们要指出，作为公共行政监督对象，就其行为主体的公共行政机关，是指享有国家公共行政权力，能以自己的名义从事公共行政活动，并能独立地承担由此而产生的法律责任的组织。其公共行政行为的内容总是与公共行政管理权相联系的。公共行政工作人员因受公共行政职务关系的约束，其职务行为在法律上也属公共行政机关的行为。公共行政机关的行为与公共行政管理职权是无关的，如公安机关到百货公司购买办公设备的行为，就不是公共行政行为，而是作为一般的法人组织进行的民事活动，不是公共行政监督的对象。

（3）以监督的内容为标准，公共行政监督可以分为对公共行政行为的合法性监督和对公共行政行为的合理性监督两种。前者是审查公共行政行为所适用的法律是否正确，以及有无越权、滥用权力的情况。后者审查公共行政机关行使自由裁量权是否正确，即有无违背法律意图、国家和人民的利益，在法定的范围和幅度内做出的公共行政决定是否是合情合理和适当。

（4）从监督的方向上考察，公共行政监督则可分为纵向监督、横向监督和双向监督。纵向监督，是指有隶属关系的上级公共行政机关对下级公共行政机关的监督，中央公共行政机关对地方公共行政机关的监督；横向监督，是指同级的不同职能的国家机关的监督，如公安消防部门对同级公共行政部门的消防系统、设施的检查监督等；双向监督，是指来自被管理者一方和上级公共行政机关或人民法院两个不同方向的监督，如被管理者不服公共行政机关的处罚决定向其上一级公共行政机关申请复议或依法向有管辖权的人民法院起诉而引起的公共行政复议活动和公共行政诉讼活动，均属于双向监督。

（5）以监督的时间先后为标准，公共行政监督可以分为事前监督、事中监督和事后监督。事前监督是公共行政行为开始实施前进行的监督，多以审议、审查批准方式进行为主，目的在于预防、避免违法或不当的公共行政行为的发生。事中监督，是在公共行政行为实施过程中进行的监督，一般为上级公共行政机关对下级公共行政机关日常性的例行工作检查。目的是指导工作，及时发现问题，及时纠正。事后监督，是在公共行政行为实施终结之后进行的监督，是对公共行政行为后果进行评价、审定，并做出相应处理。

（6）从监督的目的和方法上来划分，公共行政监督可分为积极监督和消极监督。积极监督，是指享有监督职权的国家机关或其他组织、个人直接主动履行职责促进公共行政机关依法认真完成工作任务，实现预期目标而实施的监督，一般采取检查督促的方法进行。消极监督，是指公民、法人或其他组织等被管理者就公共行政行为后果的评价、审定，依法向有关公共行政机关、人民法院提出申诉或诉讼，以维护自己的合法权益而实行的监督。这种发生在公共行政行为完成之后请求法律保护的监督，又称为救济监督。

三、公共行政监督的任务和作用

（一）公共行政监督的任务

（1）对公共行政活动进行合法性监督。公共行政机关制定的公共行政管理法规，公共行政机关及其工作人员必须服从、执行。对公共行政机关及其工作人员的决定和命令，通过和发布的决议，规定的公共行政措施，制定的计划、规划及其各种实施行为是否符合《宪法》、法律的规定，以及党和国家现行公共政策进行监督。这种监督主要是通过对公共行政行为的事前或事后的检查、审查和调查分析，确认其是否合法，以便防止可能发生的违法行为，对于已经发生的违法、违纪行为则及时加以揭露和纠正，并对违法、违纪行为负有责任的公共行政工作人员进行处罚和教育，从而保证依法公共行政原则的贯彻。

（2）对公共行政活动进行合理性监督，即对公共行政机关在组织、指挥、管理国家经济和社会发展等公共行政活动过程中，是否遵守我国社会主义公共行政管理的各项原则，能否保证工作效率、工作质量等情况进行监督。这种监督主要是通过对公共行政活动的事前审查或事后检查，揭露不合理现象，并查明产生不合理现象的原因，提出改进措施，追究有关人员的责任。

（3）对国家公共行政工作人员是否遵守国法、政纪和职业道德以及在公共行政活动中是否有成效地使用技能和技巧等情况进行监督。

（二）公共行政监督的作用

公共行政监督作为公共行政管理的重要职能和重要手段，随着管理社会化、现代化程度的提高，管理的范围越来越大，内容越来越多，情况也越来越复杂，管理工作的这种多目标、多层次、多因素的特点，为公共行政监督职能作用的发挥提供了广阔的天地。从大的方面讲，对于保证公共行政管理活动的正确方向，保障改革开放总方针的贯彻执行，维护国家和公民的合法权益，推进公共行政管理法制化的进程，都具有极其重大的作用。从公共行政管理过程看，它具有三个明显的作用：

（1）预防作用。预防作用主要体现在公共行政决策阶段，预先防止决策失误。现代国家事务是复杂多变的，一项决策的制定，既要考虑政治因素，又要考虑经济文化因素；既要考虑国内情况，又要考虑国际形势；既要考虑当前利益，又要考虑长远利益；等等。作为决策者，个人的知识能力是有限的，难免出现疏漏，所谓"智者千虑，必有一失"就是这个道理。因此，在决策制定过程中，对其进行有效的监督，及时发现和纠正公共行政决策中存在的偏差和失误，避免造成损失，起到防患于未然的作用。

（2）补救作用。补救作用主要体现在公共行政执行阶段，对管理活动中出现的偏差和失误，采取必要的措施进行补救。现代公共行政管理的对象是个动态的、多变的系统，在实施管理过程中，由于大量不确定因素的存在，以及管理工作人员能力上的因素和主观上的官僚主义，很容易出现偏差和失误，因此，必须通过严格的监督加以控制，采取必要的措施加以纠正和补救，避免造成更大的损失。

（3）改进作用。改进作用主要体现在事后阶段，总结经验教训，改进工作。一项公共行政活动完成后，是否符合国家政策法规，是否优质高效，需要通过严格的检查和考核，帮助分析问题，总结成功的经验加以推广；找出失败的原因吸取教训，引以为戒。同时，通过总结工作，探索更科学、更有效的管理途径和方法，使之不断改进工作，提高管理水平和能力，达到提高公共行政效率的目的。

第二节 公共行政监督系统和程序

一、西方国家公共行政监督系统

由于各国政治制度的差异性，公共行政监督的系统构成千差万别。西方国家的公共行政监督系统主要有以下几种模式。

1. 由议会设立的公共行政监察机构

这种模式的特点是,公共行政监察机构由议会选出的人员组成,对公共行政机构及其所属部门的工作人员的公共行政行为实施监督。西方国家的议会多拥有立法监督权、财政立法监督权、弹劾监督权和条约监督权,这些权力构成了对政府的直接监督。

(1) 立法监督权。国民选举产生的议会享有立法权并实际行使,从而形成了立法监督。其表现在:政府虽然实际行使广泛的执法权,但一般需要经过议会委员会的审议、议会程序和多数人的同意,执法性质等重要法纪则还要求 2/3 以上多数人同意;此外,议会通过立法在一定程度上还支配和控制着政府的机构设置、权限划分、人员编制和职责范围。

(2) 财政立法监督权。议会的主要权力之一表现为议会通过对政府提出的预算和决算进行审核和批准,来约束政府的行为。政府预算的年度总收入和总支出均应得到议会的同意,政府的支出只能限于议会同意的范围,主要防止政府对国家资财的浪费或无度使用,以及非法用途。

(3) 弹劾监督权。议会有权根据法定程序对政府高级官员的违法犯罪和重大失职行为进行控告和制裁。在内阁制国家里,这种监督手段一般适用于政府主要首脑和法官,还可以通过不信任案而拥有倒阁权。在总统制国家里,弹劾则广泛包括一切联邦高级官员。

(4) 条约监督权。条约监督权即国家对外条约——至少重要条约和法律所规定的条约及协定,需经议会批准方产生法律效力。例如,美国宪法规定:以总统名义缔结的条约须经参议院出席议员 2/3 的同意方能生效。

各国立法机关监督公共行政活动经常采取的行之有效的做法大致有质询、不信任表决、弹劾、审批、调查国政、设立专门机构和专职监督人员几种形式。

2. 由政府设立的公共行政监察机构

日本是这种模式的典型。日本的最高公共行政监察机关设在首相府,称为公共行政监察局。下设计划调查、公共行政对话两个部门,十个高级监察官分掌内阁各省、厅的监察事务。中央公共行政监察局下按区域划分,设立了管区公共行政监察局和公共行政监察事务所。

3. 属公共行政机关系统,但独立于公共行政机关的监察机构

加拿大属于此种模式。20 世纪 70 年代末,加拿大各省建立了监察专员制度,监察专员先由广告征聘,由立法机关的特殊委员会推荐提名,由省副总督任命,或由总督提名,议会 2/3 多数通过任命。他们的权力和地位与法官相似。他们可以调查处理政府机关、社会团体和社会公共部门的官员或雇员的违法失职、玩忽职守及官僚主义行为,处理不正当的公共行政程序和公共行政决定。

4. 设于公共行政机关内各部门的监察机关

美国政府各部门内的监察长就属此类。1978 年,美国制定了《监察长法》,规定在各部和各独立机构内设监察长,其职责是监督本单位的审计和调查,指导协调本部门的工作,发现及防止官僚主义违法行为,并提出纠正措施。

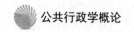

5. 社会团体的监督

社会团体的监督是指各种社会团体对国家公共行政机关的活动所实行的监督。西方国家实行多元政治，除政党之外广泛存在着政治性社会团体和利益集团。利益集团亦称压力集团，通常由具有共同利益或目标的人所组成，其目的一般在于为自身和其成员谋取利益，或维护既得利益，或争取新的权益。利益集团为了充分实现其利益，就必须经常向政府或政府官员施加影响和压力，以得到主管部门或主管官员的同情、理解、认可、默许、批准或给予方便。当压力集团的需要得不到满足时，就有可能采取一定的方式发泄不满或进一步施加压力，揭露或攻击政府及其官员的有关政策和违法失职行为。以实现一定的公益性社会目的为宗旨的社会团体，为了达到其目的，也可能采取类似的行为，这在客观上形成了对政府及其官员的外部监控制约。

6. 公民的监督

公民对政府及其官员的监督，是载入宪法的公民的基本权力之一，是社会监督的重要内容之一。尽管有些议论不完全正确，但是政府公共行政领导和管理者也应把它看作是公众参与公共事务，进行信息交流的重要机会和渠道。要注意深入的调查研究、工作策略和正确疏导，从而使矛盾转化、消除。公民对公共行政的监督属于个人监督。它的具体形式包括：

（1）用大众传播媒介表达自己的意愿、要求或提出有关的批评、建议。

（2）就公共行政机关及公务员在公务活动中侵犯了自己的合法权益的事件及其他违法事件，向司法机关提起诉讼。

（3）通过影响国会或人民代表，间接地实施对政府活动的监督。

（4）公民投票。公民投票亦称公民公决，即由全国公民（主要指选民）用直接投票的办法来通过或批准某项法律，或决定对内对外政策、政治制度等方面的重大事件。

7. 社会舆论的监督

社会舆论的监督是指通过社会公众的议论评价和报刊、广播、电视等新闻媒介对国家公共行政机关及其公务员的公共行政行为实施的监督。它包括公民批评和新闻舆论监督。以言论和出版自由为基础，以新闻报道为主要形式的社会舆论监督，是监控政府公共行政行为合法性、合理性的有效力量，政府及其官员对社会舆论是重视和顾忌的。有些研究者甚至认为，新闻社会舆论是一种广泛的权力，是一种并列于立法、司法和公共行政权力的"第四权力"。这种权力虽不是正式的权力，却对国家和社会生活产生极大的影响，并对国家行为构成直接的制约，即所谓"舆论控制"。

二、我国的公共行政监督系统

（一）政府内部监督

1. 政府内部监督的含义

政府内部监督，是指公共行政组织内部的某些人对另一些人的了解、协助、指导或控制。在多数情况下，政府内部监督表现为公共行政上级或公共行政主管对下级工作状况的监督。在公共行政组织中，政府内部监督通常是建立在合法的监督权的基础上的。

政府内部监督是法制公共行政的一个基本观念和范畴。首先，它是一种制度和管理功能。通过监督权的有效运用以保证法律和公共行政决策全面、有力的贯彻执行；通过时、空、物、人、财、观念的最佳配合，改进工作方法，以强化组织的功能，提高工作效率。其次，它是一种工作方式和管制功能。通过有效的启发、激励、辅导和督导，来调动成员的工作热情，实现人尽其才、物尽其用；通过对不法和不当公共行政行为的惩戒、处置，来约束和促使国家公共行政人员恪尽职守、勤勉谨慎、努力为国家服务。

2. 政府内部的监督体系

公共行政内部监督由三种基本的监督组成：

（1）一般监督。这是指根据公共行政层级隶属关系，上级公共行政机关对下级公共行政机关、下级公共行政机关对上级公共行政机关的监督。即上级机关对下级机关行使权限实行监督，以及公共行政机关内部公共行政领导人对其下级工作人员的一般监督。根据我国《宪法》和《地方组织法》，国务院统一领导各部、委及不属于各部、委的全国性的公共行政工作，以及地方各级政府的公共行政工作；上级有权改变或撤销各部、各委员会发布的不适当的命令、指示和规章，改变或者撤销地方各级公共行政机关不适当的决定和命令。县以上的地方各级人民政府领导监督所属各部门和下级人民政府的工作及对设在本辖区内不属于自己管理的国家机关监督，并对上一级人民政府负责和报告工作。上级人民政府，有权改变或撤销所属各工作部门和下级人民政府不适当的命令、指示。这都是自上而下的监督。根据民主集中制原则，下级公共行政机关也有权向上级公共行政机关提出批评、建议，履行自下而上的监督。1955年，国务院《关于各省、自治区、直辖市人民委员会工作报告制度的规定》中明确指出：各地政府对国务院的批评和建议，应随时整理和报送，国务院对这种批评和建议应认真处理和答复。

（2）业务监督。它有两种：一是上级对下级的业务监督，又称主管监督；二是部门之间的业务监督，又称为职能监督。前者包括国务院各部、委和直属机构对省一级政府的各工作部门实行监督，地方上一级政府部门对下一级政府部门实行监督，主管公共行政机关对所属企事业公共行政领导人员的监督等。这种监督，有些属领导关系，有些属业务指导关系。后者指有些政府部门就主管业务在其职权范围内对无隶属关系的公共行政部门进行监督。包括平行关系和上下级关系的政府职能部门的监督。如计委、统计、财政、税收、审计等部门对其他同级或下级部门的监督。

（3）专门监督。它与广义的一般监督相对应，由政府设立的专门机关独立行使监督权，对所有部门的公共行政工作实行专业性分工的监督，如公共行政监察机关的监督、审计监督（财会监督、财政监督）等。

① 公共行政监察机关的监督。这是公共行政监督的一种，是指国家公共行政组织内部设立的监察部门对其他公共行政机关和公共行政人员实行的监督、纠举和惩戒。

2018年3月20日第十三届全国人民代表大会第一次会议通过《中华人民共和国监察法》，依法赋予监察委员会职责权限和调查手段，用留置取代'两规'措施。监察法是反腐败国家立法，是一部对国家监察工作起统领性和基础性作用的法律。制定监察法，贯彻落实党中央关于深化国家监察体制改革决策部署，使党的主张通过法定程序成为国家意志，对于创新和完善国家监察制度，实现立法与改革相衔接，以法治思维和法治方式开展反腐败工作，意义重大、影响深远。完善我国监督体系，既要加强党内监督，又要加强国家监察。深化国家监察体制改革，成立监察委员会，并与党的纪律检察机关合署办公，代表党和国家行使监督权和监察权，履行纪检、监察两项职责，加强对所有行使公权力的公职人员的监督，从而在我们党和国家形成巡视、派驻、监察三个全覆盖的统一的权力监督格局，形成发现问题、纠正偏差、惩治腐败的有效机制，为实现党和国家长治久安走出了一条中国特色监察道路。现在，国家监委和省市县三级监委已经组建完成。在新起点上，要以新时代中国特色社会主义思想为指导，全面贯彻落实党的十九大和十九届二中、三中全会精神，坚持目标导向，坚持问题导向，继续把纪检监察体制改革推向前进。①

② 审计监督。审计就是对财务收支情况的监督、考核与审查。它是国家审计机关根据预算和有关法律，以科学的方法对国家各机关、各企业、事业单位的财务行为实施监督、检查的一种专门性活动。审计可分为一般审计和政府审计。一般审计就是审计机关对一切部门、单位财务情况的审查。政府审计是国家审计机关依法对政府预算执行情况作系统而详细的审查。

我国《宪法》规定，国家设立审计机关，实行审计监督制度。审计监督是应生产的社会化和商品经济发展而产生的一种有效财政监督手段，是财产所有权和经营权分离的客观需要。审计关系是一种经济监督关系。其法律性质主要体现在：我国审计制度由《宪法》确定，并通过有关法律、法规及审计署发布的一系列指示和规章加以具体化；审计的指导原则贯穿于《审计法》的各种规范中；审计监督必须按照国家法律、法规和政策规定进行。

3. 政府内部监督的主要方式

政府内部监督可以分为高层监督、中层监督和基层监督三个层次，不同的层次其监督的对象、任务和方法存在一定的差别。一般说来，政府内部监督的工作方式主要包括以下八个方面：

（1）工作报告。这是指下级公共行政机关要经常向上级公共行政机关就工作中的重大事项、重大措施、重大问题或事件等呈送工作报告，以保证上级机关及时了解下情，掌握动态，发现问题采取措施，从而有效地领导和监督下级机关的工作。工作报告可以是书面的，也可以是口头的；可以是定期的，也可以是不定期的；可以是全面的，也可以是专项的。在工作报告中应注意克服空洞无物、报喜不报忧的现象，要使各类工作报告规范化、制度化，使下情能及时地、准确地上达。

---

① 2018年12月13日，习近平总书记在十九届中央政治局第十一次集体学习时的讲话。

（2）工作指导。这是指工作分派之后，事权者对执行者进行督导或督促等，其目的是要按预定进程和标准有效完成任务。工作指导既是管理，也是一种监督。上级公共行政机关及其领导人对下级公共行政机关及其公务员的指示和引导，本身就包含着应该怎么做和不应该怎么做两个方面的内容，这对于下级有效地开展工作是必需的。只有经常指导，才能有效完成上级交付的各项管理任务。

（3）工作督促。这是指上级机关及其领导人对下级机关在预定要求基础上的一种催促，具有提高重视程度、增强责任感、紧迫感的作用。

（4）审查。这是上级公共行政机关或主管机关对下级公共行政机关的有关文件、决议、计划、材料、报表、账册、单据、报告、证件等书面资料进行审查，判断书面材料的合法性、合理性和真实性，做出批准、许可、表彰或制裁等处理。

（5）检查。这是上级公共行政机关检查下级公共行政机关工作进行情况，查明是否按原计划进行，是否存在问题和困难，以便根据实际情况加以调节，目的是为了保证按期完成工作计划。检查的形式主要包括：特别检查、全面检查、抽样检查、综合检查、专题性检查、定期检查和临时检查等。下级机关和公务员有责任向上级机关报告工作，接受上级监督。

（6）调查。在公共行政监督中，为了判明情况，掌握第一手材料，往往需要采用调查的方式。调查有：一般调查、专案调查、联合调查、专题调查、现场调查、向知情人调查等。

（7）召开会议和参加会议。上级机关为了了解下级机关的情况，可以召集各种会议，听取所属工作部门和下级机关的工作汇报，也可以直接参加所属工作部门和下级机关召开的有关的会议，了解情况，实施监督。

（8）批评、建议、处分和处罚。下级机关或下级机关的公务员，对上级机关领导人的决定、命令、指示，认为有违背法律、政策或有错误时可提出批评或建议，以监督上级机关及领导人的工作。上级机关对监督对象的违法行为实行公共行政处分或处罚，也是公共行政监督必不可少的方法。

4. 政府内部监督的基本组织条件

政府内部监督的基本组织条件,通过国家公共行政管理部门自身的管理方式表现出来。现代国家公共行政机关自身管理方式的优劣，反映公共行政监督组织机制的强弱。国家公共行政管理部门自身管理方式的总和，构成公共行政监督的基本组织条件。这里有如下几层含义：

（1）建立符合国情和国家公共行政管理规律的、充分体现公共行政管理职能的国家公共行政管理体制。公共行政管理职能是国家职能社会效用的集中反映，是国家公共行政活动的特有作用和功能。政府通过计划、组织、人事、指挥、协调、报告、预算等项基本职能的有机结合并运用，形成国家公共行政管理职能的整体，并通过职能的相互协调，形成公共行政监督的内在动力；而公共行政机关本身，则是公共行政管理职能的物质存在形式和公共行政监控发挥作用的空间场所。一般来说，监控作用的大小与空间场所的大小成正比，而空间场所的大小，则取决于公共行政结构的设置是否科学与合理，而检验公共行政结构设置的主要标准，要看它是否适应公共行政管理职能的客观需要，是否与管理职能相适应。

（2）建立和健全公共行政监督制度。公共行政监督是国家公共行政机关内部的监督，是政府实现内部管理的最主要手段之一。它是公共行政责任自身的内在要求，也是从制度上保证公共行政内在控制手段的重要环节。在公共行政组织内部，监督首先是指公共行政上级对其所属下级所拥有的指挥权、指示权、决定权、训令权、督导权、取消权、停止权等权限。公共行政监督的目的不仅在于确保直线公共行政领导关系，还在于确保公共行政责任的落实。其次，监督是指直接对公共行政首长负责的独立的监督结构。这种结构归属公共行政系统，并拥有法定的权限，专司监察与审核、建议与报请、受理与调查方面的公共行政事务。在某些国家里，公共行政监督结构还有权直接做出公共行政惩处，对既定的公共行政惩处进行复查并重新处理。

（3）实行分工负责、权责一致的管理原则和管理方法。分工负责与权责一致的管理思想在科学管理时期以来成为西方国家公共行政机关普遍实施的原则和方法。其基本内容包括：第一，根据公共行政权力再分配所形成的权力体系结构，在公共行政授权、委派工作任务的同时规定相应的责任；第二，根据政令归一的原则，实行首长负责制，公共行政首长集职、权、责于一身，防止因政出多门而混淆工作责任；第三，根据各司其职的原则，实行公共行政工作人员工作责任制。许多国家在这方面还另有一些比较详细的规定。

（4）建立和健全门类齐全、明确严格的公共行政规章制度，并以此作为规范公共行政机关和公共行政公务人员公共行政行为的标准，包括考核、任用、晋升、奖惩、培训、工薪福利、辞职、退休、权益保障等。通过一整套规章制度，促使公共行政工作人员尽职尽责、奋发向上，实现"部分之和大于整体"之功效，充分发挥政府职能。在这方面，许多国家都有一套较为完备的制度。在这里，合理的切实可行的公共行政规章制度，是产生有效的公共行政监督组织体制的必要条件。

（二）政府外部监督体系

1. 政府外部监督的含义

政府外部监督是来自公共行政机关以外的监督主体，为保证公共行政工作的合法性、正确性及社会效益而对公共行政机关及其工作人员实施的监督，主要包括法制监督和社会监督。

（1）法制监督主要指西方国家按照三权制衡、以权制权的分权政治体制，除公共行政以外的立法和司法机关对公共行政机关及其成员的监督。在我国主要是指政党监督、立法监督、司法监督及监察委的监督。

（2）社会监督主要指除国家机关以外的社会组织、团体、舆论和公民依法对国家公共行政机关及其成员的监督，主要包括社会团体的监督、人民群众的监督、社会舆论的监督等。

2. 政党监督

(1)政党监督的含义。政党的监督是指党的各级组织,对国家公共行政机关及其工作人员贯彻党的路线、方针、政策,遵守和执行国家法律以及公共行政管理过程中一系列行为所进行的监督。加强政党监督,就是要确保政府忠实地为本党所代表的阶级和阶级利益服务。它是政党对国家公共行政管理实行领导的重要方式。在我国,政党监督主要由执政党,即中国共产党来实施。我国公共行政机关必须接受共产党的领导和监督,是《宪法》确定的一个基本原则。党的十一届三中全会以来,实行改革开放政策,党政职能逐步分开,为切实加强党对公共行政机关的监督创造了前提条件。党章规定:"党的领导主要是政治、思想和组织的领导。"这就明确了党对公共行政监督的主要内容。各级党的纪律检查委员会的主要职责,就是要从这三方面管好党纪,协助党委搞好党风建设,教育和监督在公共行政机关中任职的党员干部贯彻党的路线、方针、政策,严格遵守国法政纪,依法公共行政,维护国家、集体和群众的利益,恢复和发扬党的光荣传统和优良作风。

中国共产党在我国处于领导地位,是社会主义事业的领导核心,它对国家政权的领导,除了制定正确的路线、方针、政策外,还要对整个国家事务的管理进行监督。党对国家公共行政工作的监督,并不是要党的组织直接从事公共行政管理工作,而是主要从事好宏观管理、信息服务等工作。

(2)政党监督的途径。欧美资本主义国家政党对政府活动的监督,主要通过两个途径来进行的:一是政党可以通过自己所掌握的舆论工具和自己的成员揭穿、支持和反对政府的某些政策和工作;二是政党可以通过议会等机构对政府进行监督和批评。

在我国,政党监督主要通过以下两种途径进行:一是通过各级党组织对党员进行监督。我国各级公共行政机关及其所属部门和单位都设有党组织,各级党组织是管理党员的机构,通过党的中央和地方各级委员会,党的基层组织来进行监督工作;二是通过党的专门监督机构纪律检查委员会对党员进行监督。

3. 国家权力机关的监督

(1)国家权力机关监督的含义。国家权力机关的监督又叫立法监督,即国家立法机关对公共行政机关实施的监督。欧美发达国家的立法监督主要有质询、诘问、不信任表决、弹劾、审批、调查国政、设立专门机构和专职监督人员对政府实施监督。欧美大多数国家奉行三权分立的原则,这些国家的立法机关在监督政府的公共行政管理活动中发挥了巨大作用,并取得了成效。

在我国,国家权力机关的监督权是我国人民通过《宪法》确定的。《宪法》明确规定:"中华人民共和国的一切权力属于人民。人民行使权力的机关是全国人民代表大会和地方各级人民代表大会","全国人民代表大会和地方各级人民代表大会都由民主选举产生,对人民负责,受人民监督。国家公共行政机关、审判机关、检察机关都由人民代表大会产生,对它负责,受它监督。"

(2) 国家权力机关监督的法律特征。权力机关实施的对公共行政的监督是人民赋予的重要职能之一，具有其他形式的监督不可比拟的重要法律特征：

① 监督层次最高。权力机关是以国家主人的最高法律地位，充分代表人民的意志实施的监督。

② 监督权威最大。权力机关是国家政权的集中代表者，其他最高国家机关都受其领导和监督，不受任何其他国家机关的牵制。

③ 监督范围最广。一是审议、审查政府针对全社会做出的一切公共行政法规、规章、决定、命令、指示和规范性文件等抽象行为，对政府的具体公共行政活动也可以进行监督检查；二是监督政治、经济、教育、科技、文化、国防、外事等公共行政管理的一切领域。

④ 最有法律效力。公共行政机关的一切行为都必须以权力机关制定、颁布的宪法、法律为根据，对权力机关负责，接受它的监督。凡违背宪法、法律或与之相抵触的行为，必须予以撤销，并受处理制裁。

(3) 权力机关监督的内容和方式：

① 检查政府机关及其工作人员执行国家法律、法规和各项国家大政方针的情况。

② 听取和审议政府工作报告，全面、客观地审查、评价政府的决策及其实施结果。

③ 审查政府的国民经济和社会发展规划。预算、决算及它们的执行情况报告，即对实施规划及政府财政控制工作的审查、评价。

④ 审批或备案审查政府制定颁布的公共行政法规、规章，改变或者撤销政府违法或不当的法律文件、决定和命令。

⑤ 对政府机关及其主要领导人提出质询和询问。质询一般针对公共行政管理中的重大问题的决策失误或其他重大过失，是必须答复的一种质问；询问主要是针对不清楚事项的解释和说明。

⑥ 监督、检查政府处理人大代表的提案和意见。

⑦ 视察、检查政府工作，组织对特定问题的调查。

⑧ 选举、决定、罢免政府机关的主要领导人等。

在当前，为加快改革开放，实现由计划经济体制向市场经济体制转换，保障和促进社会主义市场经济健康发展,权力机关对公共行政执行的监督将发挥更为重要的突出的作用。

4. 国家司法机关的监督

国家司法机关的监督是指检察机关、审判机关依照法定职权和程序对公共行政机关及其工作人员的监督。其最大特点是解决公共行政机关具体公共行政行为的违法问题，直接产生法律效果。

(1) 人民检察院的监督。人民检察院是国家的法律监督机关，它所实施的监督仅限于对触犯刑律、已经构成犯罪的人员和事件进行侦察、批捕和提起公诉。人民检察院的监督方式主要是：

① 通过它的法纪监察部门对严重破坏国家的政策、法律、法令、政令统一实施的重大

犯罪案，侵犯公民民主权利案，渎职案以及自认为需要直接受理的其他案件，行使检查权，以维护法制和政令统一，保证公民的合法权益，保证公共行政人员严格遵守宪法和法律。

② 通过它的经济检查部门对公共行政人员中的贪污行贿受贿、玩忽职守、重大责任事故、偷税抗税、挪用国家抢险救灾物资、假冒商标、滥砍滥伐森林等案件行使检查权，以维护财经纪律和社会秩序、生产秩序，保护公有财产和劳动者的生命安全。

③ 通过办案反映出来的问题，用司法建议通知书的方式，向发案单位及其主管部门提出改进意见和建议。

（2）人民法院的监督。人民法院是国家的审判机关，它通过审理和公共行政机关及其工作人员有关的案件，处罚公共行政人员违法犯罪的行为，实施对国家公共行政机关的监督。人民法院监督的主要方式有：

① 通过审理刑事案件，追究违法、失职、侵权的犯罪公共行政人员的法律责任，保障法律为公共行政机关和公共行政人员所遵守，使之不能有超越宪法和法律的特权。

② 通过审理民事案件，追究在民事活动中违法、侵权的公共行政机关和公共行政人员的民事责任，督促这些机关人员正确行使民事权利，履行民事义务，使之杜绝在民事交往中的任何特权。

③ 通过审理公共行政案件，审查公共行政活动的合法性与合理性，追究公共行政人员违法、失职、侵权行为的公共行政责任，责成有关机关恢复公民被侵犯了的合法权益。

5. 监察委的监督

《中华人民共和国监察法》第八条规定"国家监察委员会由全国人民代表大会产生，负责全国监察工作"，第九条规定"地方各级监察委员会由本级人民代表大会产生"，在法理上保证了监察委员会的独立性，在国家组织机构设置上形成"一府一委两院"，构成新的国家机构格局。首先，监察委员会是党统一领导下的国家反腐败工作机构，为确保监察委员会依法独立行使监察职权，在监察工作上监察委员会实行"垂直领导"体制，接受上级监察委员会的领导和产生它的人民代表大会的监督，但是同级党委不得再干涉其工作，保证其在地方工作的独立性；其次，监察委员会的人事与财政拨款不再归于地方，由国家监察委直接拨款或专项专用，确保其不受同级和上级行政领导的干预；最后，派驻地方的巡视监察员的工资福利待遇同样不再归于地方，确保其巡视力度的独立完整。《中华人民共和国监察法》规定的六类公职人员全面覆盖《公务员法》所规定的公务员范围，将所有行使公权力的人员全部纳入监察范围，有利于实现监察全覆盖的目标。

监察委员会在国家体系中事实上是在行政、立法、司法三项基本权力以外，形成了第四种国家基本权力——监察权。这意味着监察委员会的法律和实际地位将大大提高。

6. 群众团体的民主监督

群众团体的民主监督是指各种社会团体对国家公共行政管理活动进行监督。这些社会团体主要是指工会、共青团和妇联等团体和《宪法》规定的居民委员会、村民委员会及其所属的人民调解委员会、治安保卫委员会、公共卫生委员会等基层群众性自治组织对政府

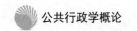

工作的监督。这种监督不属于国家组织系统的监督,没有国家强制力来保证其实施。

社会团体是党和政府联系工人阶级和人民群众的桥梁和纽带,在积极参与社会协商对话、民主管理和民主监督等社会主义民主生活中发挥重要作用。为了做好群众组织的监督工作,国家先后颁布了居民委员会、治安保卫委员会、人民调解委员会和村民委员会等群众自治性组织建设的法规,对及时反映当地群众的具体要求、督促基层政府及时改进工作、提高工作效率和效益起到了积极的作用。

7. 人民群众的监督

人民群众的监督是指公民对公共行政机关及其公务员的公共行政行为所实施的监督。我国《宪法》规定公民有批评建议、申诉、控告、检举的权利;取得损害赔偿的权利;提供公民对国家机关特别是公共行政机关进行监督的途径和方式,以防范对公民合法权益侵犯的权力,充分体现了社会主义国家人民当家做主的广泛性。

群众监督实质上是一种自上而下、主人对公仆的监督。通常采用的方式有:直接对公共行政机关及其公务员的违法侵权行为提出申诉、控告和检举;通过社会协商对话等形式要求恢复合法权益,追究违法侵权者的法律责任。加强人民群众对国家公共行政机关管理活动的监督,对于改善公共行政机关的工作,提高公共行政效率,以及调动人民群众当家做主的积极性都具有重要意义。

8. 社会舆论监督

社会舆论监督是指利用报纸、刊物、广播等新闻媒介对公共行政机关及其公务员进行的监督。新闻媒介包括的信息量大,传播迅速,覆盖面广,能够形成广泛的影响和巨大的社会冲击力。因而,社会舆论是一种十分广泛并迅速有效的监督,它一旦与其他监督结合起来,将产生特殊的监督效力。舆论监督对克服官僚主义和腐败现象,改进政府工作,增加公共行政管理透明度,提高公共行政效率,增强人民的监督意识,具有明显的导向作用。舆论监督的震慑作用是其他监督所无法取代的。

舆论监督主要体现在:大力宣传党和国家的政策、法律、法规;反映人民呼声;通过采访、调查、发表评论、跟踪报道、群众信访受理等途径,采用批评、建议、谴责、曝光等方法,督促公共行政机关及其公务员改进工作作风和方法,保证公共行政管理活动正确、顺利地开展。

三、我国公共行政监督的程序

严格的程序是公共行政监督高质、高效的保证。我国公共行政监督的程序是根据《中华人民共和国监察机关调查处理政纪案件试行办法》的规定设置的,通常包括以下几个阶段。

(1)立案。公共行政监察机关根据情况,认为有违法、违纪,确需追究责任的,经过一定的批准手续,便可立案。

(2)调查核实事实。根据案情组成调查组,制订调查方案,广泛收集证据,运用证据,认定事实,写出汇报。

（3）定性处理。核实证据材料，分析案情；确定违法、违纪的性质，提出处理意见，写出正式报告；把定性处理意见与本人见面，听取申辩。

（4）审议案件。各级案件审理委员会接到报批的案件后，召开会议，进行审定。属本部门职责范围的要受理，并指定专门审理人员承办，然后召开会议进行集体审理，提出审议报告，提请审理委员会审批。

本章小结

公共行政监督是政府职能顺利实现的重要手段，作为国家公共行政管理体系的重要组成部分，是行政机关依法行政、提高效率、减少腐败的重要保障，一旦缺少公共行政监督这一环节，公共行政活动也很难实现廉洁、高效。当前，中国特色社会主义进入新时代，对公共行政监督也提出了更高、更现实、更迫切的要求，彰显了公共行政监督在整个行政活动中的地位。

复习思考题

1. 了解公共行政监督的含义。
2. 简述公共行政监督的任务和作用。
3. 公共行政监督的种类有哪些？
4. 简述我国公共行政监督系统。
5. 试述西方国家公共行政监督的模式。

第十一章 公共行政法治

**本章重点**

随着公共行政法治的不断发展和完善,不同时代的公共行政法治蕴含着不同精神。公共行政法治是法治在行政领域的具体化,是法治的重要组成部分。党的十八大以来,全面推进依法治国开启了法治建设的新篇章,依法行政和法治政府建设进一步提速增效。未来的行政法治建设应当回应新时代法治中国建设的重大理论需求,回应政府治理和社会变迁带来的理论变革,回应互联网、大数据、人工智能等新兴科学技术带来的理论挑战,着力完善中国特色行政法学理论体系;深入推进依法行政,加快建设法治政府,实现国家治理体系和治理能力的现代化。本章重点掌握公共行政法治的含义、基本原则及其重要作用。

第一节 公共行政法治概述

一、公共行政法治的含义

公共行政法治是指公共行政组织结构法治、公共行政职权法治和公共行政行为法治的总和。具体包括:

(1)公共行政组织结构法治。依据《中华人民共和国地方各级人民代表大会和地方各级人民政府组织法》和编制管理的有关要求来管理政府公共行政机构的设置、职能和职权配置,处理各级政府之间、各政府部门之间的关系。

(2)公共行政职权法治。政府职权来源于法,政府的各项职权都是由法律明文规定的,政府自身不能为自己设置任何权限。公共行政权力是国家公共权力的组成部分,坚持政府职权法治要从根本上杜绝国家公共权力部门化、部门权力个人化现象。

(3)公共行政行为法治。这是指要坚持依法公共行政,具体做到:第一,公共行政权的作用不得与法律相抵触;第二,公共行政权没有法律依据,不得使人民负担义务,或分割其权利;第三,公共行政权没有法律依据,不得免除特定人在法律上应尽的义务,或为特定人设定权利;第四,法律经各个公共行政机关自由裁量时,其裁量权的界限仍需受到法律限制。一切公共行政权力的行使都必须依据法律、服从法律、遵守法律。

因此,公共行政法治的含义主要包括三个要点:公共行政权力的取得必须由法律设定;公共行政权力的行使必须依据法律;违法公共行政必须承担法律责任。将公共行政权严格置于法律的约束之下,正是依法公共行政的本质所在。

二、公共行政法治的基本原则

（一）合法公共行政原则

合法公共行政原则的两个子原则如下：

（1）法律优先。（法已规定不可违）

第一，在公共行政立法方面，公共行政机关的任何规定和决定都不得与法律相抵触，公共行政机关不得做出不符合现行法律的规定和决定。公共行政机关的规定和决定违法，就不能取得法律效力。

第二，在公共行政执法方面，公共行政机关有义务积极执行和实施现行有效法律规定的公共行政义务。公共行政机关不积极履行法定作为义务，将构成不作为违法。

（2）法律保留。（法无规定不可为、法无授权即禁止）

第一，在公共行政立法方面，立法机关保留对某些事项的立法权限，公共行政立法不能以消极地不抵触法律为满足，还需法律的明确授权。依法只能由法律规定的事项，公共行政机关除非获得授权，否则不得做出任何规定和决定。

第二，在公共行政执法方面，如果没有立法文件进行规定，公共行政机关不得做出影响公民、法人和其他组织合法权益的行为。

（二）合理公共行政原则

合理公共行政原则的三个子原则如下：

（1）公平公正对待原则。公共行政机关要平等对待公共行政相对人，不偏私、不歧视。同时，面对同等情况应当同等对待，不同情况应当区别对待，不得恣意地实施差别待遇。

（2）考虑相关因素原则。公共行政机关在做出公共行政决定和进行公共行政裁量时，只能考虑符合立法授权目的的相关因素，不得考虑不相关因素。

（3）比例原则。比例原则又称"禁止过分"原则或最小侵害原则，是指公共行政权尤其公共行政裁量权的行使应当全面权衡公共利益和公民、法人和其他组织的个人利益，尽量采取对公共行政相对人和公共行政相关人权益损害最小的方式，并使其与所追求的公共行政目的之间保持平衡。比例原则包括三个子原则：

① 合目的性。这是指公共行政机关行使裁量权所采取的具体措施必须符合法律目的。在多数情况下，法律会对其立法目的做出明确规定，但有时法律规定的目的可能比较含混，这些情况下就需要公共行政机关根据立法背景、法律的整体精神、条文间的关系、规定含义等因素做出综合判断。

② 适当性。这是指公共行政机关所选择的具体措施和手段应当为法律所必需，结果和手段之间存在着正当性。为了达到这一要求，就需要公共行政机关根据具体情况，判断拟采取的措施对达到结果是否有利和必要。

③ 损害最小。这是指公共行政机关在可以采用多种方式实现某一公共行政目的的情况下，应当采用对当事人权益损害最小的方式。也就是说，公共行政机关如果能够用较为轻微的方式实现公共行政目的，就不能选择使用手段更激烈的方式。

（三）程序正当原则

程序正当原则包括三个子原则：

（1）公共行政公开。除涉及国家秘密、商业秘密和个人隐私外，公共行政机关实施公共行政管理应当做到信息公开，以实现公民的知情权。程序正当的首要要求就是信息公开，所谓"阳光是最好的防腐剂""电灯是最好的警察"，就是对信息公开意义的形象说明。

（2）公众参与。公共行政机关做出重要规定和决定，尤其是做出对公民不利的决定时，应当听取公民的陈述和申辩，公民的参与主要包括：获得通知权；参与权；表达权，即陈述和申辩权；监督权。

（3）回避。公共行政机关工作人员履行职责，与相对人存在利害关系的，应当回避。

（四）高效便民原则

1. 公共行政效率原则

（1）公共行政机关应当积极履行法定职责，禁止不作为或不完全作为。

（2）公共行政机关必须遵守法定时限，禁止不合理延迟，延迟是公共行政不公和公共行政侵权的表现。

2. 便利当事人原则

公共行政机关在公共行政活动中增加当事人的程序性负担的，是公共行政侵权行为。

（五）诚实信用原则

诚实信用原则主要是指信赖利益保护原则。

1. 诚实

这是指公共行政机关公布的信息应当全面、准确、真实。无论是向普通公众公布的信息，还是向特定人或者组织提供的信息，公共行政机关都应当对其真实性承担法律责任。

2. 信用

（1）非因法定事由并经法定程序，公共行政机关不得撤销、变更已经生效的公共行政决定。公共行政行为生效之后，对当事人产生法律上的效力，社会公众基于对公共行政机关权威的尊重和信赖，将根据已经生效的公共行政行为的效力来行事，进一步安排自己的生产和生活。从而使整个社会达到和谐稳定、井然有序的良好状态。但是，如果公共行政机关自身不能保证公共行政行为的稳定性、可预期性，朝令夕改，则将导致公共行政行为的当事人和社会公众的无所适从，引发社会秩序的混乱。

（2）因国家利益、公共利益或者其他法定事由需要撤回或者变更公共行政决定的，应当依照法定权限和程序进行，并对公共行政相对人因此受到的信赖利益损失依法予以补偿。

在公共行政法上，公共行政机关做出的公共行政行为合法，但是因为法律依据的修改废止或者客观情势的变化而需要撤回，此时对公共行政相对人的信赖利益损失应当予以补偿。而如果公共行政机关违法做出公共行政行为，或者违法撤销公共行政行为，对公共行政相对人由此遭受的损害应当予以赔偿。

（六）权责统一原则

1. 公共行政效能

这是指公共行政机关依法履行管理职责，要拥有法律、法规赋予其相应的强制执行手段，用国家强制力作保障，行使公共行政优益权，保证政令有效。

2. 公共行政责任

这是指违法或者不当行使职权，应当依法承担法律责任。

权责统一原则的基本要求是公共行政权力和法律责任的统一，即执行有保障、有权必有责、用权受监督、违法受追究、侵权须赔偿。

三、公共行政法治的作用

（一）实现公共行政法治是保证国家公共行政管理职能顺利实现的前提和基础

法律是国家意志的体现，是由国家强制力保障实施的。它具有不可违背、不可侵犯的严肃性和权威性。正是由于法律的这种属性，有关公共行政管理的法律、法规便成为国家管理社会公共事务的有力工具和手段。它为公共行政机关实现国家公共行政管理的各项职能确定了必要的规则，为国家公共行政机关及其工作人员为实现公共行政职能所从事的一切公共行政活动规定了正确的原则、程序、方法，使国家的政治、经济、社会、文化等管理职能在法律的保护下得以顺利实现。

（二）实现公共行政法治是促进政府管理民主化、科学化的有力手段和必要保障

政府管理的民主化、科学化和法制化是相互依存、相互促进的，而这三者的结合又是公共行政管理现代化的主要内容。民主的、科学的、高效的公共行政管理方法和技术有赖于制度化、规范化和法律化才能巩固下来，才能有效地、持久地、普遍地发挥作用。公共行政管理必须借助完备的法制来维持和巩固各种管理制度、管理权威和管理效能。公共行政管理法制化是达到公共行政管理现代化的必经之路，它既是实现公共行政管理现代化的重要手段，又是实现公共行政管理现代化的重要标志。

（三）实现公共行政法治有助于提高公共行政效率

提高公共行政效率是公共行政管理的出发点和最终目的，是检验公共行政管理是否科学的一个重要标准。公共行政效率的提高取决于公共行政机关及其工作人员的管理水平的高低和公共行政管理活动的是否协调统一。依法进行公共行政管理可以使公共行政机关工作人员的任用、考核、培训、辞退、奖惩等规范化、制度化，实现国家公务员队伍的革命化、知识化和专业化；可以依据法律来规定公共行政管理的步骤和程序，使公共行政工作有合理的分工、清晰的层次，保证整个公共行政管理活动横向上的协调，纵向上的贯通；依据法律实现对各级国家公共行政机关及其工作人员积极、有效的激励、鞭策；使国家的公共行政管理机制运行畅通，避免紊乱，提高公共行政效率，实现公共行政管理目标。

（四）实现公共行政法治是深化我国公共行政管理改革的必然要求

由于受众多不良因素的影响，长期以来，我国的公共行政管理活动中还存在着某些非

科学的因素和不良的现象。长官意志，仅凭个人感情和经验从事管理和决策，等级观念，瞎指挥，官僚主义，贪污腐败，以权谋私等现象时有发生，严重影响公共行政管理功能的发挥和公共行政效率的提高。改变这种状况的重要途径就是健全法制，依法公共行政，变"人治"为法治。同时，伴随着经济体制改革，公共行政管理体制改革已着手进行并逐步走向深入，实现公共行政管理法制化是这一改革的一项内容之一，也是完成这一改革的必要保证。只有依法公共行政，健全法制才能使改革成果发挥效用。

第二节 公共行政法治的实现

一、公共行政复议

（一）公共行政复议的内涵

对于公共行政复议的概念，学界多有不同看法。通常认为公共行政复议包括以下几个要素：公共行政复议的主体是公共行政相对人和做出具体公共行政行为的公共行政主体，公共行政复议起于公共行政相对人对公共行政主体做出的具体公共行政行为不服，止于公共行政复议机关对公共行政主体做出的具体公共行政行为进行审查并依法做出决定。随着时代的发展和法治建设的不断完善，公共行政复议的概念也随之被概括得更加全面。我国《行政复议法》第二条定义的公共行政复议活动，是指公民、法人或者其他组织认为具体公共行政行为侵犯其合法权益，向公共行政机关提出公共行政复议申请，公共行政机关受理行政复议申请、做出复议决定的公共行政行为[①]。据此规定，我国将公共行政复议定义为一种客体为具体公共行政行为，主体为公民、法人或其他组织的由公共行政复议机关做出的类公共行政行为。

（二）公共行政复议的特征

公共行政复议因其定义而具有以下四个特征。

（1）公共行政复议的被动性。公共行政复议是依申请的行为，其是被动的行为。申请公共行政复议的主体限于对公共行政主体做出的具体公共行政行为不服的利害关系人；公共行政复议机关应当受理符合法律规定的复议主体的申请；若无利害关系人的申请，公共行政复议机关即便发现某具体公共行政行为可能存在不合法、不合理的情形，也无权主动启动公共行政复议程序。

（2）公共行政复议当事人的地位固定性。公共行政复议的申请人和被申请人的法律地位是不变的，复议双方法律地位不具有相互转换的可能性。其原因在于公共行政机关在做出影响公共行政相对人利益的具体公共行政行为无须听取公共行政相对人的意见，公共行政相对人的权利救济只能向公共行政复议机关依法定程序才能完成。因此，在公共行政复议程序中，申请人只能是公共行政相对人，被申请人也只能是公共行政机关。

---

① 杨建顺. 公共行政规制与权利保障[M]. 北京：中国人民大学出版社，2007.

(3) 公共行政复议审理的客体是特定的具体公共行政行为。公共行政复议涉及的公共行政争议往往是公共行政机关维护公共利益的过程中损害公共行政相对人的个人利益所引起的。公共行政复议审理的是公共行政主体做出的、影响公共行政相对人合法权益的具体公共行政行为。因此公共行政复议程序的必要前提是存在影响公共行政相对人权利的具体公共行政行为,而后公共行政相对人通过公共行政复议程序维护自身的合法权益,进而监督公共行政主体依法公共行政。

(4) 公共行政复议是公共行政机关的内部监督活动。公共行政复议和公共行政诉讼作为公共行政相对人对影响自身合法权益的具体公共行政行为的两种救济途径,除程序司法性的程度不同之外,其最大的区别就是公共行政复议的内部监督性和公共行政诉讼的外部第三方监督性。公共行政复议是一种公共行政机关上级对下级的领导和监督活动,是一种内部监督。这种监督最常采用的措施就是依公共行政相对人的申请,审查下级公共行政机关做出的具体公共行政行为是否合理合法。而公共行政诉讼则是一种外部监督,由独立的第三方人民法院以司法程序约束公共行政机关的具体公共行政行为。

(三) 公共行政复议的功能

1997年,党的十五大明确提出了依法治国的基本方略,推动依法公共行政已经成为各级政府及部门的重要职责。国务院法制办公室在第九届全国人大常委会第五次会议上所做的《关于〈中华人民共和国公共行政复议法(草案)〉的说明》中指出,"公共行政复议是公共行政机关内部自我纠正错误的一种监督制度",并将"体现公共行政复议作为公共行政机关内部监督的特点,不宜、也不必搬用司法机关办案的程序,使公共行政复议司法化"作为起草《公共行政复议法》的指导原则之一。此外,随着经济社会的发展和普法活动的推动,公民的法律意识不断增强,促使广大群众越来越多地选择运用法律手段维护自身合法权益。故而《公共行政复议法》制定过程中也将救济公民合法权益放在极其重要的位置。公共行政复议法的根本目标是保护公共行政相对人的合法权益。公共行政复议法以调整权力与权利之间的关系为手段,通过监督公共行政机关履职,防止并纠正违法和不当公共行政行为,以达到保护公共行政相对人合法权益的目的。然而,随着2007年5月《中华人民共和国公共行政复议法实施条例》的颁布,立法者的意图已经明显发生了转变。从该实施条例第1条所体现的立法目的及其主次顺序上来看,不再像《公共行政复议条例》和《公共行政复议法》一直重点强调公共行政机关的监督,代之首次出现了"解决公共行政纠纷"这样的字眼表述。这一规定的转变充分体现了我国公共行政复议制度以保护公共行政相对人合法权益为本、监督公共行政机关具体公共行政行为合法性为手段的立法意图。

(四) 公共行政复议的机构

公共行政复议机关和负责公共行政复议工作机构是两个互相联系却又截然不同的概念。我国《公共行政复议法》第三条明确了公共行政复议机关是履行复议职责的公共行政机关。公共行政复议机构则是内设于公共行政复议机关的负责法制工作的机构,其具体负责受理、审理公共行政复议工作。也就是说,公共行政复议机构不具有独立的公共行政复议权，其仅能提出复议处理决定，由公共行政复议机关以机关的名义向公共行政相对人和做出具体公共行政行为的机关做出复议决定①。我国公共行政复议机构一般是各级政府及各工作部门内部设立的法制办公室，其中各级政府的法制办公室往往还会设立复议应诉科/处等科室经办具体复议事务。

通过与一般公共行政机构相比较，我们可以确定公共行政复议机构既是公共行政机关，但又不是一般的公共行政机关。我们归纳出公共行政复议机构具备以下三个与一般公共行政机构截然不同的特点②：

（1）任务不同。一般公共行政机构职责是实施公共行政管理，其任务是维护正常的国家公共行政法律秩序。公共行政复议机构的职责是通过审理公共行政相对人提起的公共行政复议案件，以公共行政复议程序监督公共行政机关依法公共行政，进而保障公共行政相对人的合法权益。

（2）工作方式不同。一般公共行政机构在公共行政管理过程中的监督贯穿始终，可以依职权主动对下级的公共行政行为进行事前、事中和事后的监督。而公共行政复议机构的监督以公共行政相对人在公共行政争议发生后提出复议申请为前提。公共行政相对人的申请经审查符合法定条件，公共行政复议机构才依法进行审议。这种对具体公共行政行为的监督是一种事后的监督。

（3）适用依据不同。一般的公共行政机构实施公共行政管理所依据公共行政法律规范的规定范围非常广泛。而公共行政复议机构在审理公共行政复议案件时应当严格遵守《公共行政复议法》及其实施条例的规定。

二、公共行政诉讼

公共行政诉讼是公民、法人和其他组织认为公共行政机关和公共行政机关工作人员的具体公共行政行为侵犯其合法权益，在法定期限内向人民法院起诉，由人民法院按司法程序审理裁决公共行政纠纷的活动。

（一）公共行政诉讼的特点

（1）公共行政诉讼所要处理解决的是公共行政案件。这是公共行政诉讼在受理、裁判的案件上与其他诉讼的区别。

（2）公共行政诉讼是法院运用国家审判权来监督公共行政机关依法行使职权和履行职责，保护公民、法人和其他组织的合法权益不受公共行政机关违法公共行政行为侵害的一种司法活动。原告提起公共行政诉讼必须是由于认为国家公共行政机关的具体公共行政行为侵犯其合法权益，而不是是否适当。

（3）公共行政诉讼是以不服公共行政行为的公民、法人或其他组织为原告，以做出公共行政行为的公共行政机关为被告的诉讼。这是我国公共行政诉讼在原告、被告上的重要

---

① 姜明安. 公共行政法与公共行政诉讼法[M]. 北京：法律出版社，2006.
② 刘恒. 公共行政救济制度研究[M]. 北京：法律出版社，1998.

特点。

（4）公共行政诉讼的标的只能是具体公共行政行为。所谓诉讼标的，是指当事人所指向的事物，公共行政诉讼的标的就是公共行政诉讼双方当事人争议所指向的事物。根据我国《行政诉讼法》的规定，公共行政诉讼的标的只能是具体的公共行政行为。

（5）公共行政诉讼的原告又必须在法律、法规规定的期限内向有管辖权的人民法院起诉。

（6）公共行政诉讼不适用调解。这是公共行政诉讼同民事诉讼的重要区别之一。调解是民事诉讼的基本原则之一，在我国有许多民事纠纷都是通过调解结案的。但公共行政诉讼不适用调解。《行政诉讼法》第50条规定："人民法院审理公共行政案件，不适用调解。"所谓不适用调解，是指人民法院不能以调解书的形式审结案件。

（二）公共行政诉讼的主要原则

1. 人民法院依法独立行使公共行政审判权原则

《行政诉讼法》第三条第1款规定："人民法院依法对公共行政案件独立行使审判权，不受公共行政机关、社会团体和个人的干涉。"人民法院独立行使公共行政审判权，不仅体现了我国《宪法》和《法院组织法》的立法精神，而且有助于人民法院公正、正确地行使职权。理解这一原则应注意以下几点：

（1）人民法院依法对公共行政案件进行独立审判，是指人民法院作为一个整体，在行使审判权时是独立的，即每个人民法院独立进行审判而不是审判员独立审判，也不是合议庭独立审判。

（2）人民法院独立进行审判，必须依法进行，不能脱离法律规定讲独立审判。

（3）人民法院依法独立行使公共行政审判权与接受权力机关和法律监督机关的监督并不矛盾。根据我国《宪法》的规定，各级人民法院受同级人民代表大会及其常委会的监督，向其负责并报告工作。因此，各级人民法院必须接受同级人民代表大会及其常委会的监督。我国《行政诉讼法》规定，人民法院的公共行政审判活动还要受人民检察院的法律监督。所以，人民法院依法独立行使公共行政审判权，是不受任何公共行政机关、社会团体和个人的干涉的。但应该注意的是，任何监督都不能代替人民法院行使公共行政审判权。

2. 以事实为根据，以法律为准绳原则

《行政诉讼法》第四条规定："人民法院审理公共行政案件，以事实为根据，以法律为准绳。"这一原则对民事诉讼、刑事诉讼和公共行政诉讼都是至关重要的。要求司法人员在办案过程中，要忠于事实，忠于法律，全面客观地掌握案情依照法律做出公正判决。"以事实为依据"是指任何诉讼活动都必须在查清事实的基础上，以法律为尺度评判是非，忠于事实真相，全面客观掌握情况，做出公正判决。"以法律为准绳"的法律，则包括国家最高权力机关制定的法律，国务院制定的公共行政法规，地方权力机关制定的地方性法规，民族自治地方制定的自治条例和单行条例。人民法院审理公共行政案件时，还应参照执行国务院各部委制定的规章，省、自治区、直辖市人民政府和省、自治区人民政府所在地的市

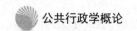

以及国务院特批的较大的市的人民政府制定的规章。

3. 人民法院审理案件，对具体公共行政行为进行合法性审查原则

这是公共行政诉讼区别于民事诉讼、刑事诉讼的特有原则。《行政诉讼法》第五条规定："人民法院审理公共行政案件，对具体公共行政行为是否合法进行审查"。该原则规定人民法院享有的司法审查权的对象是公共行政机关的具体公共行政行为，而不是抽象公共行政行为，审查的范围原则上只是具体公共行政行为是否合法，而不包括对具体公共行政行为是否适当进行审查。

4. 当事人在公共行政诉讼中的法律地位平等原则

我国《行政诉讼法》第七条规定了这一基本原则。公共行政机关与公民、法人或其他组织在公共行政法律关系中是管理与被管理的关系，当双方发生公共行政争议依法进入公共行政诉讼程序后，这种关系发生了明显的变化，双方都是公共行政诉讼法律关系的当事人，在公共行政诉讼中的法律地位是平等的。当事人法律地位平等原则具体包含以下内容：

（1）公共行政诉讼双方当事人都是公共行政诉讼法律关系的主体，双方当事人的诉讼地位完全平等。在诉讼中没有地位高低之分，也没有贵贱的差异，而是处于相同的法律地位。

（2）双方当事人的诉讼权利平等。当事人双方诉讼地位平等，必然要求诉讼权利的平等，不能允许一方有特权，而破坏诉讼地位的平等。诉讼权利平等不等同于诉讼权利完全相同。由于公共行政诉讼的特点决定了当事人权利、义务的差异性，比如原告有起诉权，而被告则有应诉权，在诉讼过程中亦无反诉权。双方当事人尽管享有不同的诉讼权利，但相互对等，彼此适应，不因享有诉讼权利的不同，而影响双方当事人诉讼地位的平等。此外，双方当事人的诉讼权利和诉讼义务是对等的，相适应的，享有权利，就必须承担一定义务，不允许只享有权利而不承担义务的当事人存在。

（3）对当事人适用法律上必须一律平等。诉讼地位的平等要求人民法院在适用法律上对当事人必须平等。没有适用法律的平等，诉讼地位的平等就会遭到彻底的破坏，诉讼权利的平等也就成为空谈，从而没有公正的诉讼。

5. 民族语言文字原则

我国《行政诉讼法》规定，各民族公民都有使用本民族语言文字进行公共行政诉讼活动的权利。任何一个民族的公民，无论在什么时间、什么地点进行公共行政诉讼，都有权使用本民族的语言文字。任何人都无权以任何理由限制或剥夺他们行使这样的权利。人民法院在少数民族聚居地或者多民族共同居住的地方审理公共行政案件和发布法律文书时，应当以当地民族通用的语言文字进行审理，并用通用文字发布法律文书。对不通晓当地通用的语言文字的诉讼参与人，人民法院有义务为他们提供翻译以保护他们的诉讼权利。人民法院在公共行政诉讼中如果违背了该原则进行审理公共行政案件，可能会引起裁判无效的后果。

6. 辩论原则

我国《行政诉讼法》规定，当事人在公共行政诉讼中有权进行辩论。辩论原则是指在公共行政诉讼中，在人民法院主持下，当事人有权就案件事实和争议的问题，各自陈述自己的主张和根据，向人民法院提出诉讼请求或反驳对方的诉讼请求，并出示有关证据和对法庭出示的证据进行质证辩论的基本制度。辩论原则是公共行政诉讼中双方当事人法律地位平等的具体体现。

7. 合议制原则

人民法院审理公共行政案件组成合议庭，集体进行审理。实行合议制度，是民主集中制原则的体现，它有利于集思广益，发挥集体的智慧，防止个别人的偏见和专断，从而使案件得到正确的审理。合议庭的组成根据我国《行政诉讼法》的规定，由审判员组成合议庭，或者由审判员陪审员组成合议庭。合议庭的成员应当是三人以上的单数。

8. 回避制原则

人民法院审理公共行政案件，实行回避制度。回避制度是指在符合法律规定的情况下，承办本案的审判员和其他人员自己必须主动退出对本案的审理，当事人也有权利申请更换承办本案的审判员和其他工作人员的制度。回避制度是法律赋予当事人的一项重要的诉讼权利的有效保证。实行回避目的在于保证人民法院公正审理案件，保护当事人的诉讼权利。回避分为自行回避和申请回避。自行回避是指审判人员、书记员、勘验人、鉴定人和翻译人员在审理案件或执行有关任务时，遇有法律规定的情况，应自行不参加该案的审理或免除相关任务。申请回避，是指诉讼当事人认为上列人员是本案当事人或当事人的近亲属，或与本案有利害关系或者与本案当事人有其他关系，可能影响本案的公正审理，可以申请他们回避。

9. 公开审判原则

人民法院对案件的审理和裁决实行公开化，除涉及国家秘密、个人隐私和法律另有规定的案件外，其他案件应公开审理，允许公众旁听、允许新闻报道。公开审判对于保证人民法院能依法正确、公正审理案件，接受社会监督，教育人民遵守法律，进行法制宣传都具有重要意义。

10. 两审终审制原则

两审终审制是指一个公共行政案件经两级人民法院审理就宣告终结的制度，但最高人民法院为一审的公共行政案件除外。根据这一原则，案件经过第一审人民法院审理后，当事人对判决裁定不服的，在法定期限内有权依法向上一级法院提出上诉。第二审法院对上诉案件做出的判决、裁定是终审判决、裁定，当事人必须执行不能再上诉。两审终审原则以法律的形式确认了当事人享有的上诉权。但并非每一个公共行政案件都必须经过两级人民法院的审理才告终结。

11. 人民检察院对公共行政诉讼实行法律监督原则

根据《行政诉讼法》规定，人民检察院对公共行政诉讼实行法律监督。这一原则对于

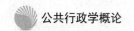

保障公共行政审判权的正确行使,保护公民、法人和其他组织的合法权益,维护和监督公共行政机关依法行使职权具有重要意义。

(三)公共行政诉讼的作用

公共行政诉讼是实施公共行政管理法规的一种重要手段,公共行政诉讼的任务在于保证司法机关查明事实,解决纠纷,适用法律审理公共行政案件,以保护某个组织和公民的合法权益,促进公共行政管理的民主化和法制化。公共行政诉讼作为我国的一项法律制度,在国家公共行政管理中具有重要作用。

(1)公共行政诉讼是保护公民、法人或其他社会组织合法权益的重要手段。通过公共行政诉讼活动,可以保证人民法院及时纠正公共行政机关及其工作人员的违法行为,保护公民、法人或其他组织的合法权益。这是国家对公共行政机关的一种司法监督制度,也是对公共行政管理相对人的一种司法保护制度。凡是公共行政管理相对人的合法权益受到侵害时,只要在人民法院的受案范围内,都可以通过公共行政诉讼的途径得到补救,得到保护。

(2)公共行政诉讼是维护和监督国家公共行政机关依法行使职权的重要措施。人民法院通过对公共行政案件的审理裁决,在维护公民、法人或其他社会组织的合法权益的同时,对国家公共行政机关的作用有两点:一是维护国家公共行政机关依法行使职权,二是监督公共行政权的行使。所谓维护,就是通过审判活动,判决维持公共行政机关的正确决定。所谓监督,就是指人民法院在调查分析的基础上,及时发现和纠正公共行政机关的错误决定,防止公共行政机关滥用职权。通过人民法院的监督活动,有助于促使公共行政机关依法公共行政,提高公共行政工作的质量。

(3)公共行政诉讼是加强我国公共行政法制建设的重要环节。在公共行政诉讼活动中,人民法院通过审理裁决公共行政案件,不仅可以辨别公共行政行为是否合法,维护公共行政管理相对人的合法权益,而且通过审判活动,可以发现和指出公共行政法律规范中的疏漏和不完善之处,促进公共行政立法工作的改进和提高。还可以完善公共行政执法程序、增强公共行政执法力度,保证公共行政司法的公正、有效。这一切都将推进我国的公共行政法制建设。

三、公共行政赔偿

公共行政机关及其工作人员在行使职权过程中,不可避免地对公共行政相对人的权益造成损害。为了弥补这种损害,国家确立了公共行政赔偿制度。[①]在公共行政赔偿中,首先要确定的是承担赔偿义务的主体,即公共行政赔偿义务机关。同时,在公共行政赔偿范围内,确认是否应当获得国家赔偿。

(一)公共行政赔偿义务机关

在我国,公共行政赔偿和司法赔偿被一同规定在《国家赔偿法》中,而在英国、奥地

---

① 马怀德. 完善国家赔偿立法基本问题研究[M]. 北京:北京大学出版社,2008.

利、日本等国,对于公共行政赔偿与司法赔偿是分开立法的。这就导致我国的赔偿义务机关一词的指代有了不同含义。在公共行政赔偿中,赔偿义务机关指的是代表国家接受公共行政赔偿请求,参与公共行政赔偿诉讼,履行赔偿义务的机关。① 而在司法赔偿中,赔偿义务机关则是指接受司法赔偿请求,具体承担责任,支付赔偿费用的机关。② 当权利人寻求公共行政赔偿时,首先要确定的是"谁来赔"的问题。在确定了赔偿义务的主体后,然后再审查"是否赔",即是否属于公共行政赔偿的范围。因此,确定公共行政赔偿义务机关,以及界定公共行政赔偿的范围,是启动国家赔偿程序重要环节。在公共行政赔偿制度的主体下,本部分所讨论的赔偿义务机关仅指公共行政赔偿义务机关,司法赔偿义务机关暂且不论。

目前,我国公共行政赔偿义务机关的设置采取的是分散式的模式,也就是侵权机关和赔偿义务机关相一致。在这种模式下,侵权机关与赔偿义务机关为同一主体,赔偿义务机关在履行赔偿义务的同时,还有接受赔偿申请和确认赔偿责任的相关职能,这样做有违公平公正原则。赔偿请求人在向侵权机关提出赔偿请求时,也可能存在多个主体共同侵权的情况,其赔偿义务机关也是不同的,这就可能导致当侵权机关的情况比较复杂,各机关之间就有可能相互推卸责任,影响国家赔偿案件的处理效率。此外,国家机关应当尽可能地给寻求救济的公民提供便利,而不应造成申请难或者申请主体不确定的困境。

(二)我国公共行政赔偿范围

公共行政赔偿范围是指公共行政职权活动造成的损害,国家对此承担责任予以赔偿的领域。公共行政赔偿范围一般包括两个方面:一是公共行政赔偿的行为范围,即引起公共行政赔偿责任的侵权行为的范围,即国家对于哪些行为造成的损害承担赔偿责任;二是赔偿的损害范围,即赔偿哪些损害,而这些损害又可分为人身损害和财产损害,物质损害和精神损害等。③

我国《国家赔偿法》中对于公共行政赔偿范围,主要规定为两个方面,即人身权和财产权的侵害属于国家赔偿范围,法律原文表述在第三条和第四条分别列举的赔偿事项。

1. 侵犯人身权的公共行政赔偿

在人身自由权方面具体包括:违法拘留;违法采取限制人身自由的公共行政强制措施;非法拘留。除上述三种行为外,实践中还存在其他方法非法剥夺公民人身自由的兜底条款。在生命健康权方面具体包括:公共行政机关工作人员暴力行为;武器、警械的滥用行为和造成公民身体伤害或者死亡的其他违法行为。而除了列举项外,公共行政机关在职权范围内的其他违法行为,造成公民合法权益的损害,国家同样要承担公共行政赔偿责任。

2. 侵犯财产权的公共行政赔偿

依《国家赔偿法》规定,公共行政机关及其工作人员在行使公共行政职权侵犯公民财

---

① 姜明安. 公共行政法与公共行政诉讼法[M]. 北京:北京大学出版社,高等教育出版社,1999.
② 应松年. 公共行政法学新论[M]. 北京:中国方正出版社,1998.
③ 马怀德. 国家赔偿问题研究[M]. 北京:法律出版社,2006.

产权时，受害人有取得国家公共行政赔偿的权利，这是概括性的对公权力侵犯财产权的赔偿规定。同时《国家赔偿法》第四条具体地列举规定："公共行政机关及其工作人员在行使公共行政职权时，凡有违法实施罚款、吊销许可证和执照、责令停产停业、没收财物等公共行政处罚的；违法对财产采取查封、扣押、冻结等公共行政强制措施的；违反国家规定征收财物、摊派费用的；造成财产损害的其他违法行为的，国家应当对受害人承担公共行政赔偿责任。"这里的"违法行为"，既包括公共行政机关对符合法定条件的申请人直接拒绝的行为，也包括间接不作为的违法行为。

3. 国家不承担公共行政赔偿责任的情形

《国家赔偿法》第五条规定："公共行政机关工作人员实施的与行使职权无关的个人行为；因受害人自己的行为致使损害发生的；法律规定国家不承担赔偿责任的其他情形。"这其中的兜底条款主要是因不可抗力，或因第三人过错致使损害发生的情形，即当存在第三人侵权行为时，国家则不再赔偿转向民事侵权赔偿的范畴。在法律限定的紧急避险、正当防卫等致人损害的情况，国家当然不是赔偿主体。例如，消防车在执行公务时，违反交通规则，致使公民车辆合理限度的损坏，公共行政机关可能给予适当补偿，但不属于国家赔偿的范围。

公共行政赔偿是公共行政机关侵犯公民合法权利的事后救济，是国家对公共行政权力不合法、不合理运用的纠正。我国《国家赔偿法》，在公共行政赔偿中复议加重处罚及被撤销的赔偿义务机关责任确定上，应当明晰责任划分，确保公共行政赔偿责任主体及时承担责任。同时，应当扩大公共行政赔偿侵权行为和损害范围，使公民在遭受公共行政侵害后，能及时获得符合国家赔偿立法精神的救助。

党的十九大以来，全面推进依法治国开启了法治建设的新篇章，依法公共行政和法治政府建设进一步提速增效。未来的公共行政法治建设应当回应新时代法治中国建设的重大理论需求，回应政府治理和社会变迁带来的理论变革，回应互联网、大数据、人工智能等新兴科学技术带来的理论挑战，着力完善中国特色公共行政法学理论体系；深入推进依法公共行政，加快建设法治政府，实现国家治理体系和治理能力的现代化。同时，完善公共行政组织立法，推进公共行政程序立法，研究制定公共行政法总则。坚持问题导向，依法破解政府治理难题。重视制度落实，确保法律有效实施。加强重点领域立法，破解法治政府建设的现实难题，着力推进法律的实施和制度的落实；重点提高各级领导干部的法治意识和法治素养，在全社会形成良好的法治氛围。

 **本章小结**

在现代社会，公共行政与法律的结合是维护公民权利和实现公共利益的根本保障，也是公共行政走向法治化的重要标志。中共十八届四中全会通过了《中共中央关于全面推进依法治国若干重大问题的决定》，该《决定》从立法、执法、司法、法律监督、法律队伍建设等方面对我国全面推进依法治国进行了总体部署。"全面推进依法治国，总目标是建设中

第十一章 公共行政法治

国特色社会主义法治体系，建设社会主义法治国家。这就是，在中国共产党领导下，坚持中国特色社会主义制度，贯彻中国特色社会主义法治理论，形成完备的法律规范体系、高效的法治实施体系、严密的法治监督体系、有力的法治保障体系，形成完善的党内法规体系，坚持依法治国、依法执政、依法行政共同推进，坚持法治国家、法治政府、法治社会一体建设，实现科学立法、严格执法、公正司法、全民守法，促进国家治理体系和治理能力现代化"具有十分重要的意义。

 复习思考题

1. 简述公共行政法治的含义。
2. 试述公共行政法治的基本原则。
3. 了解公共行政法治的作用。
4. 掌握公共行政诉讼的特点。
5. 公共行政诉讼的主要原则有哪些？

第十二章　公共行政价值与公共行政伦理

本章重点

公共行政价值与公共行政活动相伴而生，任何公共行政活动总是追求和体现着特定的公共行政价值。而公共行政价值的实现，离不开公共行政伦理的制约，因此公共行政伦理是理解公共行政学不可或缺的重要内容。公共行政价值与公共行政伦理的内涵及关系是本章学习的基础和前提，公共价值的实现和公共行政伦理的规范建设是应该思考的前沿性问题。

第一节　公共行政价值概述

一、公共行政价值释义

价值是值得希求的或美好的事物①。"价值反映的是每个人所需求的东西——目标、爱好、希求的最终地位，或者反映的是人们心中关于美好的和正确事物的观念，以及人们'应该'做什么而不是'想要'做什么的观念。价值是内在的、主观的概念，它所提出的是道德的、伦理的、美学的和个人喜好的标准"。在公共行政学研究中，"公共行政价值"可以有如下的含义：

（1）用"公共行政价值"来指称公共行政在发挥其社会作用的过程中能够保护和助长哪些值得期冀、希求的或美好的东西。可以说公共行政的价值是公共行政的灵魂和核心。按照一般的价值观念，人身安全、人格尊严、社会的公共福利、经济的可持续发展、善良风俗的维持、环境的保护与改善等，都是美好的和值得珍视的，都是有价值的。其中，人权、秩序、自由、正义和效率，在现代社会更是备受重视的基本价值，公共行政的正确方向和有效把控可以使以上各种价值得到维系和促进，公共行政的过程也就在于对那些有价值的事物予以保护并助长的过程。

（2）用"公共行政价值"来指称公共行政自身所应当具有的值得追求的品质和属性。例如，公共行政本身应该逻辑严谨，而不应当自相矛盾；应当依据明确，而不应暗箱操作。公共行政的这些品质与属性既不是公共行政所服务的对象，也不是公共行政所追求的社会目的和社会理想，而仅仅是指公共行政自身在形式上应当具备的和值得肯定的"好品质"。

（3）用"公共行政价值"来指称公共行政所包含的价值评价标准。在英语和其他西语中，"价值"（value）一词同时具有名词和动词两种属性，当作动词使用时，其意思是"评

---

① 张文显. 法理学[M]. 3版. 北京：高等教育出版社，2007：295.

价",因此在许多场合,讨论公共行政的价值问题也就是讨论公共行政评价的标准问题。

公共行政价值,从本质上讲是指公共行政活动满足公众需要的效用性;而在实践中它一方面表现为公众对于行政的希望、期待和要求,另一方面也表现为行政组织、行政人员在行政活动中应该奉行和实际奉行的尺度和规范。[①]用"公共"来修饰和限定"行政"决定了政府管理的本质特征,正如怀特在其著作《公共行政研究概论》中指出:"公共行政研究的起点应以管理为基础,而非以法律为基础。"[②]

管理领域的公共行政意味着追求经济和效率,所以人们总是从改善行政方法来改革政府,不断提高政府的管理效率和职业能力。这样的发展和进步却带来了很多意料之外的负面结果,如生态环境的破坏、贫富差距的扩大、公平正义的缺失、政府腐败等,所以当下"公共"显得尤为重要,"公共"内涵的诠释和倡导使人们逐渐认识到,"公共"才是公共行政的本质属性,它应该成为公共行政现代化的方向标,引领政府治理改革。"公共"的内涵应该包括但不限于公共利益、社会公平、公开、公众参与等。

二、公共行政价值体系

价值体系也称价值系统,有的学者把价值系统界定为"一个人所持的或一个团体所赞同的一组相关价值"[③]。公共行政的价值体系反映着行政的创制和实施的宗旨,它是关于社会治理的理想状态是什么的权威性蓝图。经过价值的冲突与整合,在当今时代背景下公共行政学的价值应主要围绕公平、效率、自由和安全。

所谓公平,可以简单地理解为是每个人或每个群体得到同样的利益。公平的标准在相当程度上依赖于价值判断,因为不同的人、团体或者阶层的价值尺度不同,因此在基本的政策目标问题上很难达成一致。不过一般情况下,公共行政的价值应符合利益普惠原则,即公共政策应该为全体公民(绝大多数公民)谋利益而不是少数人或者特殊的利益集团。我们可以把公平归纳为三种公平:机会公平、分配公平和最终状态公平。从实践看,在市场经济条件下,机会的公平最能调动劳动者的积极性。

所谓效率,是指在给定投入的情况下的产出最大化,既包括经济的发展,也包括社会总体福利的发展。因此,公共行政的价值不仅要有利于应该解决实际的政策问题,而且应促进个人和社会的进步,保证量和质的同步发展。第二次世界大战后,世界各国将经济增长作为最大的追求目标,但过度追求单一经济增长,付出了高昂的环境及其他方面的代价。因此,公共行政的价值伴随经济增长方式的转变,由单纯追求量的扩张转变为可持续的质和量的协调发展、绿色发展、科学发展。

所谓自由,学界争论较多。孟德斯鸠认为,"在一个有法律的社会里,自由仅仅是:一个人能够做应该做的事情,而不被强迫去做其他不应该做的事情。""自由是做法律许可的

[①] 汪辉勇. 行政价值:概念、体系及其实现[J]. 东莞理工学院学报,2013(6).
[②] 戴维·H. 罗森布鲁姆,罗伯特·S. 克拉夫丘克. 公共行政学:管理、政治和法律的途径[M]. 北京:中国人民大学出版社,2000:18.
[③] 杰克·普拉诺,等. 政治学分析词典[M]. 胡杰,译. 北京:中国社会科学出版社,1986:187.

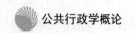

一切事情的权利。"①简而言之,自由就是在法律许可范围内,在不伤害他人和群体利益的条件下,人们能做他们想做的事。这就涉及公共行政组织,主要是政府对人们的行为制约的范围和程度。在现代公共行政研究理论和实践中,公共行政日趋转向以服务为主。

所谓安全,是指一种预期的有保障的稳定的感觉。它是人们生理生存上的一种最低需求。一般包括人身安全、财产安全、社会安全、国家安全、信息安全等。这种安全的保障,已经超越了地域和界别。因为在国内安全、国际安全和全球安全的界限出现交叉和模糊的趋势下,对非传统安全威胁的预警和防范、应对及遏制,不仅是一国公共行政的价值追求,更是国际社会共同的愿望。

第二节 公共行政价值的实现

以国家为载体的公共行政活动对人类社会的积极意义或有用性就是公共行政价值,公共行政价值是国家与社会的互动关系中实现的,它的实现要通过政治、经济、社会、文化等多方面的共同改进和发展。公共价值的实现不是一蹴而就的,它是一个不断更新发展的永恒主题。

一、公共行政价值实现的现状

公共行政价值的实现与行政改革是紧密联系在一起的。在本质上,行政改革是政府源于公共利益实现的需求而对自身价值与合法性的求证,也是政府根据新生成的历史条件而对自身与社会关系的调整。伴随经济社会市场化,政治社会民主化、法制化,社会的利益结构多元化等变化,公共行政在转变职能、理顺关系、调整机构等方面也迈出了实质性的步伐,取得了较为明显的成效。但公共行政价值过程中也存在着一定的问题,主要有:

(1) 政府定位易迷失,政府职能定位尚不明确,存在越位、缺位、错位现象,政事不分、政企不分,政府在有些方面依然过多地干涉、影响经济活动的正常进行。

(2) 价值观功利化。公权力实施者实施具体的行政行为时,存在没有从全局和实际需要出发,而着眼局部利益和眼前政绩,好大喜功、急功近利,善于做表面文章的情况。

(3) 注重形式轻视本质。某些政府行政理念强调形式、忽视本质,看重和注重行政过程、手段和方法等一成不变的标准,而忽视行政本质和目的,脱离了价值本源。

(4) 经济社会发展失衡,地域间发展不平衡确实存在,贫富差距的两极分化现象确实存在,道德自律意识下降、食品安全问题、市场无序竞争确实存在,为高速发展生态环境恶化确实存在。

(5) 服务弱化、监管缺位。公共行政往往比较重视对公共产品和公共服务的供给,却忽略了公共产品和公共服务的质量和供给是否及时、有效,而且也没有辅之以相应的监督措施。

---

① 孟德斯鸠. 论法的精神[M]. 北京:商务印书馆,2012.

二、公共行政价值实现的对策

公共行政价值的实现是指公共权力的行使者即政府及行政人员制定相应的公共政策，做出具体的行政行为，使公共行政价值客体的属性不断满足主体的需要。其实现路径主要包括公共行政的外部控制和内部控制。

（一）公共行政的外部控制

从人性角度考虑，依靠公权力行使者的主观自觉性不是很可靠，这容易导致公共权力滥用，严重的会导致极端的政治行为，如专治独裁的统治、出现渎职行为和腐败现象。这些现象可通过加强立法、制定行为规章规范、出台制度、严明纪律来解决和管理控制。

外部控制的使用形式，主要包括采用伦理立法和进行道德管制两种，简而言之，就是给行政权力的使用披上制度的"外衣"。伦理立法指的是，用立法的方式，把约定俗成的东西用制度固定下来，来处理公共事务中发生的不容易界定范围的道德问题。这样做的优点在于，为公共行政人员解决伦理问题时，提供一般的限制性规定，使行政行为更加具有可操作性和执行性，还可以对不按照规定履行职责和承担义务的公务员实施惩罚提供标准。

（二）公共行政的内部控制

公权力行使者行做出政行为往往受心理层面因素的影响，公共行政人员在开展行政行为时自律性占据重要位置，同时，公权力行使者做出具体判断、做出具体行政行为也受公众情感的影响。

现代社会实行民主政治、尊重保护人权，公权力行使者做出具体的行政行为一方面在完成例行公事，另一方面在解答公众提出的诉求。在这过程中，适应公众需求，调整公共政策，探索工作机制，建立公共政策体系，尽量达成供需平衡。内部控制的优点是自我约束的力量，从根基上筑牢行政人员心中的公共行政价值观，从而建立更具责任感的组织制度，减少行政成本，提高行政效率。同时，更具有创新精神，能够鼓励采取更符合公共要求的公共政策，在一定程度上也能防止行政人员在处理具体问题时的片面行为。

单纯依靠内部控制和外部控制很难统筹解决好问题，两个手段之间都有各自优点，因此要努力做到两者之间的平衡。一方面要有充足的内部控制来鼓励更多的社会性建构、创新精神，另一方面施加充足的外部控制以防止个人自私自利倾向的严重化。这对于行政人员负责任的行为必不可少，有利于树立政府的形象，对于公共行政价值的实现更是不可或缺。

第三节 公共行政伦理概述

一、公共行政伦理概念

关于公共行政伦理的理论研究最早出现在美国，在第一次国会会议中，美国前总统华盛顿认为，国家的政策将会以纯洁而坚定的个人道德原则为基础。美国第三任总统托马斯·杰斐逊也认为，道德行为的普遍的宗教原则不仅是可接受的，而且是必不可少的。所以美国从开国初期就确立了国家政策来源并依靠道德和宗教，其行政实践中包含了与此对应的行政伦理思想。

19世纪后半期，美国完成工业革命进入工业社会，这一时期美国社会生产力和科学技术有了较大发展和进步，科学技术的发展影响了各个领域的发展，科学和效率观念走进人们的思想并逐渐取代道德和宗教。这一时期著名行政学家伍德·罗威尔逊提出了"政治行政二分法"，提出了政治和行政存在不同，公共行政的目的是政府如何适当而成功且有效率地运作，他表达了公共行政的意义在于效率、经济最大化，而道德、伦理等价值因素遭到忽视。

20世纪70年代的"水门事件"成为公共行政伦理学科产生发展的关键推动力，"水门事件"严重损害了美国政府的民主形象，使美国社会重新审视其政治和行政体制，推动了人民对政府作用和权力的重新认识，使美国社会意识到应采取补救措施，切实加强行政伦理建设，直接结果是1978年美国国会通过了《美国政府伦理法》，根据《美国政府伦理法》颁布了《美国行政官员伦理指导准则》。

20世纪后期至今，行政伦理随着公共行政的实践有了全面的发展，行政伦理的概念可以总结为关于国家公务人员与社会、国家公务人员与行政机构、国家公务员之间、行政机构之间相互关系的行政行为规范总和。[①]行政伦理有了跟随时代发展的丰富内涵，如以服务为导向，追求公正兼顾效率，注重分工与合作，将法治和德治相结合，等等。

二、公共行政伦理内容和作用

（一）公共行政伦理的内容

公共行政伦理内涵丰富，外延宽广，是一个体系结构。公共行政伦理的结构体系是静态结构与动态结构的统一，动态结构是主体性问题，涉及行政个体伦理和行政组织伦理；动态结构是过程问题，涉及行政职业道德和公共政策伦理。

1. 行政个体伦理

各国的行政体系都重视公务人员的个人品德，行政人员的个体伦理就是公务人员的行为规范伦理。公务人员的行为规范是一个社会政治、经济等方面的反映，这是客观的，不以某个公务人员个体意志为转移的。公务人员的个体伦理是美德与公德的统一，行政伦理是公权公用的保障性规范，公务人员应在公共道德的制约范围内实施行政行为，公共道德是外部道德制约，只有将公德内化为公务人员的行为规范，并保证公务人员的个人美德与其相呼应，才能使公务人员在开展行政行为时受内在德行观念指引。公务人员的个体伦理是自律与他律的统一，公务人员要受政府和相关制度的支配和制约，同时也受自身品格要求的制约，停留在他律阶段的行为规范是被动地遵守，公务人员应将他律的规范内化为自身品格，即完成他律到自律的转变。

2. 行政组织伦理

约克·威尔本把行政伦理概括为六个层面：① 对法律最基本的遵守和忠诚；② 利益

---

① 夏书章. 行政管理学[M]. 北京：高等教育出版社，2008：255.

冲突问题伦理；③ 服务取向和程序方面的公平合理；④ 有关民主责任方面的伦理；⑤ 政策制定方面的伦理；⑥ 妥协和社会整合的伦理。①前三项侧重个人的伦理行为，后三项侧重于政府决策伦理和公务人员集体行动伦理，不难发现从个人层面难以把握行政伦理的完整含义。从 20 世纪 80 年代开始，组织层面的行政伦理逐渐被人关注。行政组织伦理的基本内涵扩展为程序工作、民主责任、组织信任和制度激励。

3. 行政职业道德

职业道德就是从事一定职业的人们在其特定的工作或劳动中的行为规范的总和。②因为社会分工产生了职业道德，最早的职业道德准则有古希腊的《希波克拉底誓言》。中国古代儒家思想中也有很多关于从政道德的表述。在古代并没有行政的概念，政治权力和行政权力是不分开的，所以古代的行政职业道德就是从政道德。孔子"为政以德，譬如北辰，居其所而众星共之"的思想就是古代从政道德的体现，即要以道德原则治理国家，它代表了孔子的为政思想，强调道德对政治生活的决定作用，主张以道德教化为治国的原则。古代从政道德可以概括为廉政和勤政，廉政的道德原则表现为见利思义、守法循礼、士应守廉、廉为政本等，勤政的道德原则表现为克明俊德、立身惟政、明道善策、举贤任能、教而后刑等。③

进入工业时代后，社会逐步出现社会分工，社会结构和功能发生了巨大变化，职业道德日渐发达，20 世纪，行政管理理念出现后，行政管理趋向职业化，职业道德也趋向职业化。

近 30 年，人们对于职业道德有了不断深化的认识，职业道德的职业化发展也形成了较为具体的规范，概括而言，行政职业道德主要应包括遵纪守法、忠于职守、依法奉公、敢于担当、乐于奉献。

4. 公共政策伦理

公共政策是指国家通过对资源的战略性运用，以协调经济社会活动及相互关系的一系列政策的总称，包括管理政策、分配政策、再分配政策、立法政策等。与法律不同，公共政策主要是党的方针和计划以权威形式标准化地规定在一定的历史时期内，应该达到的奋斗目标、遵循的行动原则、完成的明确任务、实行的工作方式、采取的一般步骤和具体措施。公共政策伦理在行政伦理结构中是最复杂的，它涉及重大的社会价值。自古以来，不同的社会有着不同的伦理观念，每个时代的人们都在不懈努力地追求其最满意的伦理观念，纵观古今主要有四种涉及公共政策选择的伦理观念：一是功利主义，大多数的人谋取最大的利益是功利主义所倡导的，它强调利益最大化；二是公平正义论，公平正义论主张公平是第一性的，公共政策应做到公平地分配利益，强调保护弱者；三是权利主义，权利主义主张在同等条件下每个人的行动应保证其他人也能够做出同样的选择，权利主义认为权利

---

① 陈世香，胡荣华. 20 世纪美国行政伦理研究的发展述评[J]. 天津行政学院学报，2013（6）：24.
② 罗国杰. 马克思主义伦理学[M]. 北京：人民出版社，1982：384.
③ 张国庆. 公共行政学[M]. 4 版. 北京：北京大学出版社，2017：416.

义务一致的政策才是正确的；四是个人自由主义，这种伦理观念反对公平分配，认为自由是第一性的，公共政策应保障个人行动有更多的自由。

（二）公共行政伦理的作用

公共行政伦理的作用是指在行政管理活动中，对行政结构和行政者自身完善和进步所具有的功效和意义。公共行政伦理的作用可概括为告示和指引、规范和约束、教育和激励、认同和凝聚。

1. 告示和指引作用

公共行政伦理代表国家公务人员应当如何行为的意见和态度。这种意见和态度大多以成文的形式昭示于天下，向整个社会传达公务人员可能或必须如何行为的信息以及其他人们可能或必须如何行为的信息，起到告示的作用。它通过对人们的意志、是非观、价值观的影响而为行政行为发挥其作用提供必要的前提。国家公务人员通过其行政行为对行政相对人的行为进行确定或否定，以此来调整人们的行为，调整就是指引，指引有两种情况：一是确定性的指引，即明确确认后否认一定的行为；二是不确定的指引，即给人们创造一种选择的机会，指引所包括的后果都是促使人们行为时所考虑的因素。行政伦理的调整具有稳定和持续的影响和效力。

2. 规范和约束作用

公共行政伦理以一定的行政伦理规范体现，并对公务人员的行政行为和行政过程发挥其作用。公共行政伦理规范和约束功能的特点是：行政角色自身道德意识和人格追求通过外在舆论评价和内心信念体验，以及一定的道德约束，形成强大的规范场，对其自律品质的形成起指导、监督和自我评价作用。①公共行政伦理对公务人员的行政行为起到了方向性的指引，对于符合行政伦理的行为、情感、信念给予肯定，对于不符合行政伦理的行为给予否定，即作出行政行为的公务人员若出现了错误的认识、错误的行为等行政伦理将对其行为给予否定，并纠正其错误的想法、行为，使公务人员改变行为方式，以避免产生不良的行政后果。行政伦理可以调整行政管理的行为模式、行为选择，使行政管理行为趋于程序化、规范化，行政伦理发挥着类似"检察官"的作用，对行政人员不断变化的行为和想法给予监督，使其按照行政伦理的要求选择行为。

3. 教育和激励作用

公共行政伦理的价值是社会公共性和道德观念的直观体现，因此它对社会具有教育示范指导作用。通过公共行政伦理的教育，可以使国家公务人员同心同德，共同奋斗，形成良好的政风政德形象，树立道德榜样，形成良好的社会舆论。国家公务人员掌握国家行政权力，拥有广阔社会政治资源，其行为受到社会大众的关注，所以国家公务人员的尊重行政伦理所为的行政行为对社会大众起到好的示范教育作用。公共行政伦理可以激发人的积极性和主动性，激励行政个体或组织不断完善，以有效地实现组织及其个人的目标。公共

---

① 夏书章. 行政管理学[M]. 6 版. 广州：中山大学出版社，2018：261.

行政伦理通过提出行政行为的标准，树立行政行为好的榜样，对违背行政伦理行为进行批评和否定起到外部激励作用，通过培育认同感、成就感、让符合伦理要求的公务人员更有尊严和荣誉起到内部激励作用。

4. 认同和凝聚作用

行政伦理能够规范国家公务人员的行为，同时国家公务人员的群体状态反映着行政伦理的高度。国家公务人员的行为和行政伦理的高度决定性地影响公民对国家的认同，进而影响国家的稳定。公共行政伦理是社会的主体道德，如果行政伦理价值奉行贪污腐败、欺压百姓，这个社会是不可能有长久发展和人民认同的；反之，行政伦理价值奉行廉洁自律、公平公正，切实地为人民负责、为人民办实事，就会得到人民的拥护。公共行政伦理对国家公务人员的影响是客观的也是内在和隐性的，需要公务人员共同努力去发展和进步，而公共行政伦理对公众的影响更多的是隐性的评价，公众会衡量伦理价值的好与坏，但身体力行去推进和改进的机会不多，所以公务人员应尊重并践行公共行政伦理价值，为公众做好榜样。

第四节　公共行政伦理规范建设

公共行政伦理是行政管理领域的角色伦理，它是以"责、权、利"的统一为基础，以协调个人、组织与社会的关系为核心的行政行为准则和规范系统。在当前新公共管理发展的情况下，公共行政伦理的建设对于公共行政的开展、中国政府转型及促进公民与国家的和谐有重大作用。

一、公共行政伦理制度化初探

1978年美国颁布《政府道德法案》，此法案对政府的行政管理有重大意义，是行政管理方面的重大发展。法案中设置了美国联邦政府道德办公室，其职责主要是塑造美国联邦政府官员及雇员的行为规范，被称为"制约腐败的达摩克利斯之剑"。

美国联邦政府道德办公室的出现，是在一系列腐败等丑闻的刺激下产生的。"水门事件"等一系列丑闻引发美国上下关于政府道德的大辩论，最终通过国家立法健全国家廉政法律制度体系，以规范公职人员的从政行为，并设立廉政监察机构监督查处公职人员的腐败行为。

法案对道德办公室的职责做出了具体规定，政府道德办公室有六大任务：① 根据政府道德法案，根据公务人员利益冲突的情况，制定有关的规章条例；② 审查财务公开报告；③ 通过培训道德官员和培训政府雇员预防失范行为；④ 进行解释性的建议和指导；⑤ 检查监督道德计划的执行情况；⑥ 对道德法和道德条例进行评价，并提出立法建议。《政府道德法案》的出台和施行使美国的行政管理有了快速的发展，对其他国家也起到了示范作用，其后很多国家效仿制定并颁布类似法律法规，成立相应的管理机构。

经济合作与发展组织成员国为应付经济全球化的挑战，于1996年3月首次召开部长级会议专门研究行政改革问题，讨论未来如何加强政府管理。在研究确定行政改革日程的主要问题时，伦理建设被列为首要任务之一。1997年11月，该组织的公共管理委员会主办了以伦理道德为主题的国际研讨会，公共管理事务局向大会起草了一份关于加强伦理道德的建议书草案，提交大会讨论。该草案经过讨论修改后，《改进行政伦理行为建议书》于1998年3月定稿并获通过。建议书的核心内容就是确立了行政伦理管理原则。组织会议认为，以上这些原则可以由各国结合本国国情加以运用，寻求建立符合本国实际的有效的行政伦理框架。

从20世纪七八十年代的美国到90年代的经济合作与发展组织各成员国对于行政伦理发展和建设的思路不难看出，世界各国都在寻找行政管理的有效方式，公共行政伦理的制度化已经成为21世纪行政管理的趋势。

二、公共行政伦理立法

从20世纪的伦理立法实践不难看出，通过伦理立法规范公务人员的行为准则，可以使公共服务得到很大提高。行政伦理立法作为行政伦理制度化的最重要形式正逐渐推广并起着积极的作用。

公共行政伦理法规的形式主要包括：专门的行政道德法典；宪法、行政法和刑法典中的有关规定；职业守则及法律实施细则。[①]从各国立法趋势看，行政伦理法规多见于专门的行政道德法典。各国的行政伦理法规几乎都包含两个方面：一是与职业道德规范有关的具体规定，二是与组织道德相关的内容，但公务员个人品德和公共政策伦理各国法规规定较少，这也应该通过法律改进或规范。

公共行政伦理立法是对行政职业道德规范的条文化。对于国家公职人员各国法规均要求公职人员应忠于国家，公正执行公务，遵守法律，不谋私利等。《国外公务员从政道德法律法规选编》第一章就规定了对国家公职人员的要求。结合我国实际，近年来我国相继通过了一些规章制度，推进并逐步建立健全有效的行政伦理体系，大体有如下特点：

（1）从私人德行转变为公德主导。仅仅基于个人德行修养不足以保持官员和公共机构对于行政伦理规范的谨言慎行。[②]我国的行政伦理须建立在公权公用的现代政治基准上。要坚信和实行法治原则，要对公众负责，承担社会责任。

（2）从为民众服务发展到为公民尽责。国家公务人员无论职位高低都应全心全意为公民服务，坚持以人民为中心，将人民利益摆在首位，为公民尽责现实地体现为人民服务的精神实质。

（3）从信念责任转变为职业责任。现代的责任形态是一种职业责任形态，公务人员应该对其行为后果负责。

（4）从清廉的理念转化为清正廉洁的实际行动。公务人员应公私分明，坚持崇廉拒腐，坚持尚俭拒奢，廉洁修身。

---

① 张国庆. 公共行政学[M]. 4版. 北京：北京大学出版社，2017：427.
② 夏书章. 行政管理学[M]. 6版. 广州：中山大学出版社，2017：278.

本章小结

公共行政价值是公共行政学中十分重要的问题。在某种意义上说，它是为了准确地揭示并有效地发挥政府的作用，最大限度地实现行政的价值。公共行政价值是一个价值系统，反映了行政的创制和实施的宗旨，它具有多元性和时代性的特点。经过价值的冲突和整合，当今时代背景下公共行政学的价值主要是公平、效率、自由和安全。而公共行政价值的实现与行政改革是紧密联系在一起，从国家与社会的关系层面而言，即社会越向前发展，社会自我管理、自我调节的能力越强，国家对社会发挥作用的领域就越小。这其实是公共行政价值实现的轨迹和基本图示。当然这一过程绝不是轻而易举的，需要从多方面进行培育和改革。而行政伦理学的产生就是伦理学学科发展和公共行政价值实践发展相互回应的过程，它帮助公共行政人员形成公权公用的伦理观念，努力提高公共服务的伦理品质。当前，在公共行政领域，仍存在各种伦理问题，我们需要在制度和立法层面上进行规范和完善。

复习思考题

1. 如何理解公共行政价值的内涵？
2. 如何处理公共行政价值的冲突与整合？
3. 简述当代公共行政价值体系的基本内容？
4. 简述公共行政价值实现的现状及实现对策。
5. 简述公共行政伦理的内涵和作用。
6. 关于中国行政伦理建设的思考。

第十三章　公共行政机关管理

本章重点

公共行政机关管理是指利用科学方法，有计划、有效率、有技术的规划、管理、联系、协调和运用公共行政机关的组织、人员、经费和物材，作适时、适地、适人和适事的处理，以便提高行政效率，发展机关业务，完成机关的使命。通过本章学习，要了解机关管理的含义、机关管理的原则、机关管理的主要内容。同时，重点思考如何实现机关管理的科学化和现代化。

第一节　公共行政机关管理概述

一、公共行政机关管理的含义

在行政管理研究中，公共行政机关管理指对作为行政组织办公地点的机关环境的完善、机关设施的营建、机关物财的配置、文书文件的处理、机关事务的分工或运行等，以提升行政组织运行的效率为目的而进行的有计划、有组织的系统和合理化管理。[①]机关管理有以下特征：

（1）机关管理事务多样性。机关管理所涉及的行政事务种类较多，较为琐碎繁杂，因为机关管理是对政府部门的办公地点、设施、运行等的管理。机关管理涉及机关办公程序及财务的管理、机关后勤的管理、机关文书的管理、机关会议的管理等。

（2）机关管理事务固定性。机关管理的对象是机关，固定的机关是政府部门的象征，有了机关的存在，日常的政府工作可以例行，正常的社会经济生活可以稳定，政府的公共政策从而可以保持连续。

（3）机关管理事务辅助性。公共行政机关是辅助行政首脑处理组织内部行政管理事务的办事机构，协调行政首脑与各职能部门之间的关系以及为相关职能部门提供支持和服务是机关的特点。由于机关管理事务具有辅助性、协调性和服务性，决定了评价机关管理的成效一般与行政首脑和政府职能活动相联系。

（4）机关管理事务技术性。机关管理事务种类多样，纷繁复杂，而且机关事务的管理需要一定技术，因为机关事务诸如政府文书处理、财务管理等需要一定的技能去驾驭，除了技术外还需要经验的积累和在管理上的不断创新，以使机关运转顺利。

---

① 张国庆. 公共行政学[M]. 4版. 北京：北京大学出版社，2017：293.

二、公共行政机关管理的意义

现代公共行政机关的运转离不开机关的管理。而"专业化"是当代行政区别于传统行政的重要特点。专业化是政府的职能发生了"质"和"量"的改变,政府机关管理国家和管理社会的服务总量增多,而且越来越追求服务的品质。"专业化"已经成为当代政府行政发展的重要课题,机关的管理服务工作需要更高的技术性和熟练性。现代国家政府职能的扩展无论是在广度上还是深度上都已超出以往任何社会。①

而政府的机关管理事务,也随着政府职能、行政服务的增多和复杂化而发生变化。除了国家公共行政机关外,企业、事业单位等主体也存在与行政系统的机关管理内容类似或相同的组织管理,因此,公共行政机关的管理具有普遍性和共性。但长期以来政府行政系统中的机关管理同企业相比特别是在效率上存在滞后现象,因为公共行政机关中的管理往往更受到政治机制、法律约束等因素的影响。作为公共权力的政府机关在这方面应该吸取经验,做到其他单位的榜样,学习其他社会组织的管理经验,接受社会公众的监督,加强机关管理的研究和改进机关管理,严格遵循制度化、科学化、勤俭办事等原则。

机关管理其本身并不是目的,而是实现目的的手段。②处理好对环境、物材、财务、文书、档案以及日常工作制度和后勤等的管理是公共行政机关管理的要求。有效开展社会管理、提升服务、理顺复杂的行政事务是机关管理的核心,现代化机关管理应遵循制度化、科学化、效率化。

三、公共行政机关管理的原则

机关管理是对大量、复杂多样的机关事务的管理,具有较强的连续性和稳定性,其应遵循以下原则。

(一)文书主义原则

在公共行政领域,文书是十分重要的,大量的行政事务需要文书作为媒介去传输,如发文、收文、立卷、档案管理等。文书的记录、传递和保存是现代行政正常运营管理的基础。机关管理的常规工作如做出指令、得出结果等均要求以文书形式表示、记录、保存下来。可以说机关文书和机关人员是机关的骨骼,机关是建立在文书和人员的基础之上的。有关文书管理的机关管理也需要不断加强制度化、科学化、效率化和专业化的管理,否则难以适应现代行政的发展和社会经济环境的变化。

(二)管理程序规范原则

机关的管理应该实行制度化和规范化,制度化和规范化是行政部门正常和稳定运转的保证,所以机关事务的开展都应按照行政组织相关的规则、规章制度进行。机关日常工作制度的管理内容包括设定、规范和实施机关管理制度和维持机关管理秩序,保持机关自身的正常运转才能进一步地实施机关对其他机构的管理。遵循管理程序规范原则,可以使很

---

① 郑琳春. 简析公共行政机关规范化管理[J]. 江淮时报, 2019(6): 27.
② 王晓丹, 等. 探析企业公共行政机关文档的一体化管理[J]. 信息与电脑(理论版), 2018(17): 19.

多具体的行政事务制度化进而排除人为因素的干扰,如考勤制度可以公平公正地对工作人员进行平等地管理。所以制度化和规范化是现代行政组织管理必不可少的基本前提,也是评价行政效率、保证行政系统合理运营的重要因素。管理程序规范原则的贯彻对机构的分工和工作人员的职权划分有所帮助。

(三)公私分离原则

行政人员日常办公需要大量的资材、物品、设施、设备、用具等,公共行政机关会根据自身机构的工作性质以及工作人员的工作需要提供相应的资材,这是保证工作正常运行的前提,是工作人员的"武器"。任何行政组织中的成员不得将其占为私有、转为私用,公私分明应该是公共行政机关工作人员应该做到的底线。公私分离原则是现代公共行政机关的性质所决定的,因为提供相应的物品、设施、设备是为了保证工作的进行,所以机关要对这些资材的使用进行严格管理。

(四)技能转移原则

随着行政管理本身趋于专业化,从事机关管理的机关行政人员应具备适应本职位的技能。技能的转移过去往往通过师傅带徒弟式的传授,传授的效果与师傅的经验以及徒弟的学习有关,比起现代的技术专业效率较低,如今的技能转移大多是通过专业培训的形式使技能转移合理化。技能的转移也是一种由人将技能向机械器材的转移过程,机械化、自动化的普及带来了机关管理的革命。计算机、复印机等的出现使机关事务处理的效率大大提高,同时也使机关管理更加合理化、高效化,促进了机关管理的进步。

(五)例外原则

机关事务的管理大多数类似例行公事,有较强的稳定性和连续性,所以机关事务有定型化和单一化的特征。对于机关管理者来说,定型化的工作只要按照流程去实行就可以完成工作任务,但机关事务有时是复杂的、特殊的,有时会出现例外和个别的情况,需要机关工作人员去分析和判断,而在机关事务中这些例外的情况往往是容易引起关注并会吸引一定的精力去应对的。因此,例外原则也是机关管理的一项重要原则,关注例外的原则,就会使大量而复杂的机关管理事务得以分类和有效处理,使机关管理职责明确、合理化。同时能更好地应对新的行政环境的变化。①

(六)集中管理原则

该原则是指当多个部门中存在相同、类似的机关行政事务时应尽量集中到一处进行处理。在我国办公厅(室)及其直属办事部门,如机关事务管理局、总务处(科)等,作为专门的部门来集中处理相同的行政事务。集中管理原则可以使行政事务处理得更合理化、效率化,而且可以有效避免机构臃肿、人浮于事等行政弊端的根源。贯彻集中管理原则是我国机关管理现代化、高效化的前提条件,甚至可以说是从根本上改革行政管理体制

---

① 张国庆. 公共行政学[M]. 4版. 北京:北京大学出版社,2017:298.

的关键。

(七) 机械化的原则

机械化原则、例外原则、技能转移原则是相互联系的，例外原则的前提是机关行政管理的连续性和稳定性，即是机械化原则的体现。如今的机械化已不像过去那些简单依靠笔和算盘等工具进行工作，而是对大量繁杂的机关行政事务进行专业化处理，应该推广机械化，使机关管理向科学化、自动化方向发展。

上述机关事务处理的具体原则，文书主义原则、管理程序规范原则、公私分离原则、技能转移原则、例外原则、集中管理原则、机械化的原则是为了适应当代社会行政环境复杂、快速多变的特征而提出来的。贯彻落实上述原则是国家机关顺利运转的保障，也是评价机关管理成效的重要标准。

第二节 公共行政机关管理的主要内容

公共行政机关的管理主要包括财务管理、文书管理、会议管理、后勤管理，本节将对以上内容进行阐述。

一、财务管理

财务管理主要是对政府部门中的金钱进行的收支管理，因为管理对象是金钱，较为特殊，所以财务管理同其他的机关事务的管理有所不同。它主要包括以下几方面内容。

(一) 预算管理

预算是对以税收为主体的财政收入，安排用于保障和改善民生、推动经济社会发展、维护国家安全、维持国家机构正常运转等方面的收支计算。预算作用十分重要，其对国家行政活动起到了指引的作用，国家的行政活动都是紧密围绕预算活动展开的。

预算管理是机关财务管理主体根据被授予的具体管理职责，对行政组织内部的预算编制整个过程进行的综合协调管理，以保证该项工作按计划推进、按具体标准实施以及顺利按时完成。预算管理不是简单的测算，其最终结果一般要通过人民的代表机关议决。通过科学的成本收支安排政府相关机关的行政行为完成预定计划，这关系到行政活动能否顺利进行。预算活动除了要遵守《中华人民共和国预算法》外，还应遵守相关的部门规章、条例、办法等。

(二) 决算管理

决算是指根据年度预算执行结果而编制的年度会计报告。它是预算执行的总结。它反映年度预算收支的最终结果，是行政活动在财政上的集中反映。决算收入表明资金的主要来源、构成和资金积累水平，决算支出体现了各项经济建设和社会发展事业的规模和速度。财务管理中对决算的管理过程与对预算的管理过程有相似之处，就是协调本部门中的各单位计算、统计决算数据。《中华人民共和国预算法》对决算管理也做出了明确的法律规定。

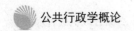

(三)资产管理

资产管理主要是指对与机关发展相关的固定资产的购买、处置等活动进行的管理。资产管理涉及的财务包括保管支出和相关成本的支出。资产管理涉及金额巨大,机关管理对于资产的管理较为敏感和微妙,因此,资产管理应严格遵守相关法律法规,防止贪污腐败,防止国有资产的流失。

(四)报销管理

报销是常见的机关财务行为之一,是几乎涉及每一位工作人员的财务管理。报销管理具有日常性、经常性管理的特征。每一位工作人员几乎都会因公出差,产生的差旅费、会议经费等会根据相关规定进行核销。行政行为支出的必需的费用支出是政府机关维持运营的必要支出,按照既定的报销流程完成财务报销过程是促进行政活动的效率化的必要前提。

当前,在我国,如何有效预防腐败的发生已经成为重大公共政策课题,而有效的机关财务管理首先要解决的是如何有效实现清正廉洁的政策目标。①推进财务公开、落实审计监督、媒体监督、社会监督是当务之急。财务管理自身的合法运行是基本,其目的在于如何促进公共政策和政府行政活动的效能提升。

二、文书管理

文书管理指的是管理公务文书,即公文。公文指政府部门及公务员为了公共事务的有效开展,在政府部门的决策、沟通、协调、处理、执行等行政活动的过程中,以文本形式,表达和传递政府公共组织的意志、联系各方的最为常用的手段或工具。

《党政机关公文处理工作条例》第七章对公文的管理做出了具体规定:各级党政机关应当建立健全本机关公文管理制度,确保管理严格规范,充分发挥公文效用。

党政机关公文由文秘部门或者专人统一管理。设立党委(党组)的县级以上单位应当建立机要保密室和机要阅文室,并按照有关保密规定配备工作人员和必要的安全保密设施设备。公文确定密级前,应当按照拟定的密级先行采取保密措施。确定密级后,应当按照所定密级严格管理。绝密级公文应当由专人管理。公文的密级需要变更或者解除的,由原确定密级的机关或者其上级机关决定。复制、汇编机密级、秘密级公文,应当符合有关规定并经本机关负责人批准。绝密级公文一般不得复制、汇编,确有工作需要的,应当经发文机关或其上级机关批准。复制、汇编的公文视同原件管理。复制件应当加盖复制机关戳记。翻印件应当注明翻印的机关名称、日期。汇编本的密级按照编入公文的最高密级标注。

公文的撤销和废止,由发文机关、上级机关或者权力机关根据职权范围和有关法律法规决定。公文被撤销的,视为自始无效;公文被废止的,视为自废止之日起失效。涉密公文应当按照发文机关的要求和有关规定进行清退或者销毁。不具备归档和保存价值的公文,经批准后可以销毁。销毁涉密公文必须严格按照有关规定履行审批登记手续,确保不丢失、

---

① 李建发,肖华. 公共财务管理与政府财务报告改革[J]. 会计研究,2004(9):24.

不漏销。个人不得私自销毁、留存涉密公文。

机关合并时,全部公文应当随之合并管理;机关撤销时,需要归档的公文经整理后按照有关规定移交档案管理部门。工作人员离岗离职时,所在机关应当督促其将暂存、借用的公文按照有关规定移交、清退。新设立的机关应当向本级党委、政府的办公厅(室)提出发文立户申请。经审查符合条件的,列为发文单位,机关合并或者撤销时,相应进行调整。

机关文书管理流程包括公文的收文办理、发文办理、立卷整理、归档管理等内容,这些流程环环相扣,使机关的文书管理效率大大提高。机关文书的管理具体包括公文格式、行文、发文办理、收文办理、分类整理、保管保存、归档和销毁等主要内容,看似过程简单,但机关文书的形成需要很强的专业性。

机关文书管理在政府管理中具有无法取代的作用。[1]通过文书传递政务信息是政府行政活动开展能够有效实现的保障。随着政府行政管理的专业化、科学化和法制化发展,文书的作用比以往更为重要。文书管理本身虽然属于辅助性的工作,但行政管理学科的研究者正将其深入探析,使其成为各级政府工作的有利武器。

三、会议管理

办事效率低、会议多是一些政府机关内部工作人员和一些社会公众对政府机关工作低效率的批判性描述,也被看作是官僚主义的一种表现形式。[2]从宏观上加强会议管理,使实事求是、精简高效原则在政府机关有效贯彻落实,是会议管理研究的价值所在。

机关会议是指政府组织及其成员等为决策、沟通、协商、协调、听取意见、解决问题,而有目的、有组织地召集三人以上相关人员,汇聚参与、共同议事,来整合组织、推进工作的方法。机关会议管理是机关管理的重要组成部分。会议实效的实现还受到很多因素的影响,如人、财、物、信息等公共行政资源的质与量的程度。[3]

减少会议数量、缩短会议时间、降低会议成本、提高会议效率,需要坚持"6W"原则,特别是会议决策者要在会前、会中经常思考6个"W":Why(为什么要召开会议,即会议的目的、理由、要求、方针);What(召开什么会议,即会议的内容、议题);When(什么时间开会,即何时、从何时、到何时);Who(哪些人开会,即与会人员、会议对象);Where(在什么地方开会,即会议的地点、场所、会场);How(怎样召开会议,即会议召开的方法、手段、步骤、程序等)。

参会人员的数量决定了会议能否成立,三人以上参加才能使会议成为可能,会议的人数应该根据会议目标、会议主要议事事项来决定,适当合理的与会人员人数有利于机关会议取得实效。"捧场"或"凑数"不利于会议实效的取得,会带来会议成本的增多,浪费资源,是不良的工作作风。机关会议管理所追求的目标是机关会议的高效率,机关会议管理

---

[1] 杨丽. 浅析机关文书档案管理中的常见问题及解决策略[J]. 办公室业务,2019(10):43.
[2] 谢宁,张馨怡. 浅谈科技手段在会议管理中的应用[J]. 办公室业务,2018(22):53.
[3] 孙温平. 会议管理的学问[J]. 领导科学,2011(12):24.

追求的最大目标也应该是机关行政效率的最大化。①

参加会议人员与会议内容的相关度也是决定会议能否取得实效的关键,会议的组织者、主持人是会议管理中的核心,对保证会议实效有很大租用,会议的组织者、主持人一般是根据职务权威实施对会议的管理。做到"明确会议目标和议题、监督与会者的出席情况、保证会议按照预定时间进行、避免时间冗长、进行会议时间管理、规定具体会议细则、依照细则完成会议程序、创造活泼民主令人畅所欲言的氛围、围绕会议中心议题来诱导与会者的发言、不时做出阶段性总结、最终得出一定的结论和决定"②,可以保证会议取得实效。

很多会议的召开需要一定经费的保障,所以在会议确定后,应该根据会议的主题、规模等对会议做出预算,科学合理的预算既可以保障会议的实效也可以避免盲目浪费,避免公共资源的不当利用。机关会议管理应该强调会议成本意识和会议效益意识,明确必要开支和合理负担,提出厉行节约,反对铺张浪费。

会议管理的具体内容还有很多,如会议地点、会场选定、会场的装饰、会议时间的安排、会议资料的准备、会议安排的周知等。机关会议管理是一项重要的行政管理活动,在把握目的、流程、结果的同时,工作人员应各尽其职保证每一次会议的成效。

四、后勤管理

后勤管理是一项综合的管理内容,对机关管理来说,凡是有办公处所的地方,都需要机关后勤提供服务。保障机关正常运行和工作人员正常工作是机关后勤管理的主要内容和根本。

机关后勤管理的重心是创造良好的工作环境,这有利于提高工作人员的工作热情。机关后勤管理应该追求的是对劳动条件的改善以便于公共行政活动的顺利推行,同时应适应机关大环境的变革。除了宏观的保障工作环境,与机关后勤管理最密切的就是机关的物材管理,对物材的合理分配、有效筹措和充分利用是对物材管理的要求。物材管理的金钱支出同时还受到公司财务管理的把控,这些金钱支出是各级政府日常预算和消费的重要组成部分,是开展行政活动必需的成本。机关后勤管理应该维持一个适度的规模,后勤的成本是一笔不小的支出,在满足基本保障的同时还应平衡政府职能活动所投入的支出。如果后勤支出规模较大或者不合理,将对日常行政活动造成不好的影响,从而难以实现有效的社会管理和稳定的经济生活。因此,科学合理地实行机关后勤管理,不断推进后勤管理改革是我国各级政府一直追求的目标。

机关后勤管理关系到财务管理,所以各级政府都在推行阳光采购,以法定的程序,公开透明地采购相关的物材、服务等。同时,机关管理应受到财政的监督监管和社会大众的监督。半集中半分散的采购模式是阳光采购推行的方式,这样可以节约人力成本、提高资金使用效益。这种采购方式也可以预防来自后勤管理中的腐败,树立政府公正廉洁的形象。如今后勤工作的开展比过去多了很多的有利条件,最重要的就是随着我国经济的发展和国

---

① 符丽莉. 公共行政机关会议管理研究[D]. 长沙:湖南大学,2006.
② 张伟. 我国省级政府机关会议管理问题初探[D]. 长春:吉林大学,2008.

民收入的提高,各级政府在后勤投入上有了较大的提高,这也使我国各级政府机关的硬件办公环境有了较好的改善,物材的支持也较为稳定和充足,办公自动化、办公设施和环境的现代化得到了基本实现。我们应该珍惜这来之不易的大环境,继续保持勤俭节约的好作风,着眼当下,从我国各级公共行政机关的实际情况出发,将机关的后勤管理在制度化的轨道上继续推进,以经济性、效率性、程序性、合规性为基准,为实现公共行政管理的现代化继续努力。

第三节 公共行政机关管理的自动化与科学化

一、公共行政机关管理的发展趋势

随着高科技研究成果广泛应用到人们的社会经济生活中,政府公共行政管理效率也有了质的飞跃,办公自动化、信息高速化、办公环境智能化等使政府的行政管理节省了大量的人力和物力,公共行政机关管理日益科学化和现代化。

公共行政机关管理的科学化与现代化是一个系统工程,需要根据行政管理的特点制定系统的分阶段的实施方案,制定统一的标准和细则,在实现各个阶段完成的同时还需根据当时的科技发展水平进行改进和完善。公共行政机关管理的不断变革是机关管理发展的必然规律,在行政管理中应掌握工作及改革的主动,使机关管理的相关流程、计划、管理规范等有效服务机关管理的全过程。

二、公共行政机关管理自动化和科学化

现代的机关管理主要体现在办公的自动化和办公室管理的科学化。

(一) 办公自动化

办公自动化(Office Automation,OA)是指应用计算机技术、通信技术、系统科学和行为科学等先进科学技术,不断使人们的部分办公业务借助于各种办公设备,并由这些办公设备与办公人员构成服务于某种目标的人机信息系统。办公自动化服务于办公机构、办公制度和办公环境。

办公自动化系统包括三个不同的层次:事务型 OA 系统、信息管理型 OA 系统、决策支持型 OA 系统。事务型 OA 系统主要应用于局域网上的文字处理、电子表格处理、办公日程管理等,其直接面对的是办公人员,以提高办公效率,改进工作质量。信息管理型 OA 系统是整体性办公系统与综合性数据库紧密结合的一体化办公信息处理系统。决策支持型 OA 系统建立于信息管理 OA 系统基础上,使用由综合数据库所提供的信息,针对所需要做出决策的课题,构造或选用决策数字模型,结合相关的内部和外部条件,由计算机执行决策程序,做出相应的决策。[①]办公自动化系统功能齐全,其功能有文件处理、图像处理、声音处理、信息查询、网络通信、决策支持和行政管理等。

---

① 赵雯. 论政府办公自动化系统安全性设计[J]. 科技视界, 2016(25): 47.

办公自动化不仅需要办公自动化系统的运行还需要人员的管理和操作。办公自动化的核心是人机关系。①借助办公自动化提高行政管理效率需依靠人的管理和操作，因此，办公人员具备操作相关办公系统的技能是办公自动化实现的保证。在办公自动化条件下，技术性手段成为管理的基本手段，即应用计算机技术和通信技术的方法进行行政管理，技术性手段起到了有效的协调、保障和支持作用。

（二）办公室科学化管理

现代的机关管理因其自身的性质需要不断地追求科学化管理，科学化管理要求办公室管理实现规范化和制度化。

1. 办公室管理的规范化

规范化的办公室管理是实现科学化管理的前提，规范化管理要求工作人员应当按照工作的标准和流程进行工作，规范化管理包括很多内容，列举如下：

（1）公文撰写规范化。公文撰写规范化要求公文的完成应遵守《国家公共行政机关公文处理办法》，包括公文种类、格式、审稿、核稿、签发等。

（2）公文处理规范化。公文的收发和传递应该做到规范化，公文的签收、登记、拟批、阅批、催办、督办到立卷、归档、销毁，都要严格按规定办理。

（3）会议安排规范化。规范化的会议安排要求精简会议并提高会议效率，安排好会议召开的时间、内容、人员等。

（4）接待工作规范化。随着各级政府部门接待任务的增多，规范化的接待工作可以使接待部门按章接待，规范接待。

（5）办事程序规范化。程序化要求常规工作按事情进行的先后次序划分成递进步骤，并按规定的步骤办理。程序化把办事流程步骤化，而且应该做好每一个步骤。

2. 办公室管理的制度化

制度化是现代办公室管理的基本要求，制度化可以使工作人员及相对人有章可循，要求工作人员各司其职，做到事事有人管，件件有落实，从而提高工作的效率和质量。工作人员应该遵守的主要规章制度有：

（1）岗位责任制。这是办公室中最重要的制度，要求办公室内部明确职责、分工，进行目标管理和考核，每一位工作人员各尽其职按照目标和程序要求在规定的时间内完成自己的工作任务。责任制还包含着对工作人员的奖励和处罚。

（2）公文处理制度。2012年4月16日，中共中央办公厅、国务院办公厅印发了《党政机关公文处理工作条例》（中办发〔2012〕14号），其中规定了公文种类、公文格式、行文规则、发文办理、收文办理、公文归档、公文管理等与公文有关的各项内容，该条例的出台使办公室的公文操作运转更加顺畅。

（3）会议制度。会议制度的内容主要包括：严格控制会议数量和规格，精简会议活动；

---

① 夏书章. 行政管理学[M]. 6版. 广州：中山大学出版社，2017：243.

严格会议审批制度,不开泛泛部署工作和提要求的会议,大力精简会议文件、简报,切实改进文风,没有实质内容、可发可不发的文件、简报一律不发;革除繁文缛节,讲求实效,端正会风,开短会、讲短话,力戒空话、套话;严格财务制度,节约会议经费。会议制度是发挥集体智慧进行民族决策的重要形式。

(4)接待制度。2013年12月8日,中华人民共和国中央人民政府网公布中共中央办公厅、国务院办公厅印发的《党政机关国内公务接待管理规定》,该规定的施行使讲排场、比阔气、大手大脚、奢侈浪费、公款大吃大喝问题杜绝,使吃工作餐、住普通套间、不清场封路、不组织迎送活动、不层层多人陪同的好作风在各级政府中施行。

本章小结

机关管理为行政系统内部组织管理活动的一部分,不同于政府对社会实施管理的行政职能活动,但为保证政府行政目标的实现发挥着不可忽视的重要作用。因此,机关管理不仅在实际运作中,而且作为管理技术在行政管理学的研究中,长期都受到了政府部门和学术界的重视。在我国公共行政学研究中,自改革开放后恢复行政管理学的研究,机关管理已成为公共行政学的一个重要研究领域,主要财务管理、文书管理、会议管理和后勤管理构成。随着高科技研究成果广泛应用到人们的社会经济生活中,以及政府对公共行政管理效率要求的提高,机关管理应该不断变革,在行政管理中掌握工作及改革的主动,使机关管理的相关流程、计划、管理规范等更高效地服务机关管理的全过程。

复习思考题

1. 简述机关管理事务的含义及特征。
2. 简述机关管理的主要原则及其内容。
3. 详述机关管理的主要内容及意义。
4. 分析政务公开与机关管理。
5. 如何看待机关后勤管理的改革?
6. 思考机关管理的科学化与现代化改革。

第十四章 公共行政效率与政府绩效管理

本章重点

公共行政效率是衡量国家行政机关和行政人员管理活动的重要指标，它贯穿行政管理活动的始终，涵盖各个程序、环节和层次，是公共行政追求的重要目标。而政府绩效不仅包括效率，还包括效能，它是推进公共行政学更加科学化、现代化、规范化的重要途径。效率与绩效的关系是什么？公共行政效率的基本内容、政府绩效管理的价值标准与实施、中国政府绩效管理的优化路径，都是本章应重点思考的问题。

第一节 公共行政效率概述

一、公共行政效率的内涵

"效率"一词原本是物理学和机械学用词，后来才被引入到社会活动中用以考察社会活动的有效程度。管理学对效率的研究始于几百年前，虽时间不短，但对公共行政效率的研究至今没有形成统一的认识，尤其是中西方学者对公共行政效率的解释可以说是"充满了矛盾和困境"。

（一）西方学者对公共行政效率的认识

西方学者对公共行政效率的认识倾向从狭义范围进行定义，将效率看作广义政府绩效或公共组织生产率的一个构成部分。最典型的是管理学家哈罗德·孔茨（Harold Koontz）等的观点：生产率（productivity）这一概念反映了个人和组织绩效的多个层面，包括效益（effectiveness）和效率（efficiency）；效益指的是目标的实现程度，而效率则是用最少的资源达到既定的目标。[①]

目前，"3E"是国际上最流行的政府绩效考核方式。"3E"分别是经济（economy）、效率（efficiency）、效益（effectiveness，又译效能）三部分。"3E"实际上是三种关系，涉及行政管理全过程的四个环节：资源（resources）、投入（inputs）、产出（outputs）、效果（outcomes）。资源转换为行政工作所需的投入，投入转换为产出，产出导致所期望的结果或效果。所谓管理，其实就是对资源到效果的转换过程的驾驭。

其中，政府绩效"3E"三部分将管理过程的四个环节联系起来。具体关系如下：

（1）"经济"涉及资源与投入之间的关系，可以说是公共资金和投入之间的转换率。经

[①] Harold Koontz, Heinz Weihrich. Management[M]. New York: Mc Graw-Hill, 1988: 58.

济性表现为获得既定投入时资金成本最低,或者说充分使用已有资金获得最大量和最佳比例的投入。

(2)"效率"涉及投入与产出之间的关系,指行政管理活动消耗的人力、物力等要素和实际产出之间的比率。高效率可以表现为获得既定产出时投入最少,也可以表现为投入为既定时产出最大。

(3)"效益"涉及产出与效果之间的关系,指政府部门产出是否/在多大程度上达到所期望的结果,主要包括客观社会效果和公民满意度。

(二)我国学者对公共行政效率的认识

我国学者则是从广义和狭义范围界定公共行政效率。从广义看,"公共行政效率就是指一国整个行政组织,或某一行政机关,或某一特定行政设施,于一定之时空,以一定之人力、财力、物力,作业之成果,同其预期的成果之比例。"[①]公共行政效率不仅体现在时效、速度、理想的投入产出比上,"更重要的是体现在社会效益上",是"数量和质量的统一,价值和功效的统一"。[②]从狭义范围看,"效率指产出与投入之间的比较情况,着重数量层面;效能则指目标达成的程度,着重品质层面"[③],绩效与生产率则是效率和效能的综合评量。

"公共行政效率"概念的界定需要兼顾理论上的科学性和实践上的可行性。从理论上看,行政管理活动的直接产出与最终社会效果之间的关系是十分复杂的。首先,最终社会效果较直接产出而言具有明显的时间上的滞后性。其次,现实中存在行政管理产出提高但效益下降的现象,如违规排污企业处罚数目或处罚金额上升,但环境生态却持续恶化。再次,部门内部管理机构如人事、保卫、后勤服务等并不直接面向社会,其行政活动的产出很难与社会效果直接联系起来,即这些机构的高效率只能间接地影响到社会效果。最后,单个机构的产出具有局部性,是各个行政"细胞"功效的展示,社会效果则具有整体性,是一个行政系统功效的综合反映。

从实践上看,公共行政效率的概念界定要有利于管理操作。由于行政活动的最终社会效果与其直接产出相比具有滞后性、间接性和整体性等特点,效率和效益测定必然存在理论框架、运用范围、分析模型、应用技术与方法上的差别,把效率和效益在概念上区别开来,也就承认了这些差别,有利于在操作中因事制宜,灵活运用。如果把公共行政效率界定为"包括了社会效益",且"主要体现在社会效益之上"的一个综合概念,意味着要把效率和效益的测定合二为一、一步到位,这在目前的技术水平下难以实践。[④]鉴于上述原因,本章的讨论主要基于狭义公共行政效率观。

二、公共行政效率的类型

根据不同标准,公共行政效率可以划分为不同的类型。

[①] 富伯平,杨祖望. 机关管理之研究[J]. 中国行政,1994(4).
[②] 黄达强,刘怡昌. 行政学[M]. 北京:中国人民大学出版社,1988:365-366.
[③] 吴定,张润书,等. 行政学[M]. 台北:台湾空中大学出版社,1994:57.
[④] 张国庆. 公共行政学[M]. 4版. 北京:北京大学出版社,2017:275.

(一) 微观效率和宏观效率

按照经济学家查尔斯·沃尔夫（Charles Wolf, Jr.）的观点，微观效率"用私人、市场导向的公司或政府机构提供相同单位的产品或服务所需要的相对成本进行解释"，宏观效率"用不同国家中市场和政府（非市场）的相对规模所真正引起的经济增长率来进行解释"。①

经过对沃尔夫观点的分析和整合，我们可以将公共行政效率划分为"微观公共行政效率"和"宏观公共行政效率"。"微观公共行政效率"可以用特定公共组织提供相同单位的产品和服务所需要的相对成本来解释，亦即具体行政位管理和服务活动的产出和投入的比率。"宏观公共行政效率"可以用不同国家中不同制度安排所引起的总体发展速度来解释。其中的制度安排包括政府与市场、政府与第三部门的相对规模和相互关系，政府与社会的关系及政府结构和不同政府部门的职能分工等，总体发展速度既包括经济增长率，又包括文化、教育、社会道德水平等方面的社会发展速度。

(二) 技术效率与配置效率

从投入与产出的比例看，如果一个组织的公共行政效率未达 100%，即是无效率。根据无效率的产生原因，可以将其划分为技术效率和配置效率两种类型：

（1）技术效率。在投入为定值时，因未充分利用投入的资源，没有产出最大可产出值，称为"技术无效率"。换言之，技术效率关注的是是否充分有效地利用了各项投入。

（2）配置效率。因多种投入要素未调整到最佳比例而导致的无效率，称为"配置无效率"或"价格无效率"。因为在确定最佳投入比例时，每一单项投入的价格是一个重要的考虑因素。"配置效率"关注的是各项投入是否达到最佳组合或最佳比例。②

基于技术效率和配置效率的产生原因不同，其提高的方法也各有侧重点。技术效率的提高重在充分利用资源提高产出，而配置效率的提高则是主要通过调整优化投入要素之间的比例，如调整特定单位领导职数和办事员职数之间的比例，或者调整人力资源和其他资源如计算机之间的比例。虽然侧重点有所不同，但只有两者都达到较高程度时，公共行政效率才能真正实现高效。

(三) 静态效率和动态效率

从公共行政效率涉及的时间段看，公共行政效率可以分为静态效率和动态效率。"静态效率"指关注的是在特定时段能否有效利用资源进行管理和提高服务，测定的是特定时点内投入和产出的比率。"动态效率"指在不增加投入的前提下，在一定时期内提高管理、服务的能力和水平，即一定时期内投入和产出的变动率。

(四) 个人效率和组织效率

从公共行政效率所涉及的对象看，公共行政效率可以在具体的行政人员和特定行政单

---

① 查尔斯·沃尔夫. 市场或政府——权衡两种不完善的选择[M]. 北京：中国发展出版社，1994：12.
② M. Barrow. Measuring the performance of local education authorities:a frontier approach[J]. Economic of Education Review, 1991, 10：19-27.

位体现出来，因此可以将其划分为个人效率和组织效率。"个人效率"指特定行政人员在履行职责过程中所体现的时效、办事速度等，其影响因素包括工作积极性、业务素质和能力、人际关系能力等。"组织效率"指特定行政单位从事行政管理活动和提供公共服务的时效、办事速度、投入产出比等。从涵盖的内容看，组织效率要比个人效率更加广泛，不仅涉及组织成员的工作态度、办事能力、人际关系能力等，还包括组织之间的职能划分，组织内部的责任分工、组织结构、领导水平、工作流程等一系列因素。

在行政管理实践中，行政组织的高效率并不是个别或少数行政人员高效率的简单相加，低效率也不是意味着每个行政人员都是低效率者。因此，公共行政效率的提高既要关注行政人员的个人效率，更要关注行政组织的组织效率。

三、公共行政效率测定的指标与方法

公共行政效率的测定方法及技术是测定公共行政效率和进行绩效评估的主要依据，因此对公共行政效率测定的研究和探索由来已久，一直处在不断变化的发展之中。传统的测定方法，主观性较强，缺乏科学性和合理性，而随着理论和实践的发展，现代效率测定方法日趋成熟和完善。

（一）公共行政效率的测量指标

公共行政效率测定的实施包括两个方面：一是公共行政效率测定的业务计划，具体包括测定对象、测定内容、测定过程和步骤；二是公共行政效率测定的组织安排，具体包括实施环节的行为主体、行为责任及时间安排等。据此，公共行政效率的测量指标要根据需要具体设计。

效率指标是对人类生产及管理活动效率水平的规范化测量和显示。如果把政府绩效评估视为"绩效信息的系统化收集、分析和报告过程"，那么，绩效指标就是信息收集的基本依据，是绩效评估的基本元素。行政管理活动各个方面功效的信息并不是现成的，因而公共行政效率指标不是固定不变的。一般的效率指标包括单位成本、平均个案处理时间、反应速度等。鉴于行政管理和公共服务活动的多样性，效率指标还要根据不同行政管理部门的活动性质和特点进行专门的设计。

（二）公共行政效率的测量方法

1. 直接测定方法

直接测定方法，是通过对公共行政效率的有形因素进行评估，并直接运用公共行政效率公式测量产出与投入的方法。直接的测定方法有如下三种：预期效率比较法、行政费用测定法、行政时效测定法。

（1）预期效率比较法。这是对公共行政效率的预期测定，它适用于行政领导决策层。公共行政效率的高低，首先决定于行政决策质量的高低。

为了确保行政决策质量，可以对各种决策方案的预期效果进行测定和比较。在设计备选方案时，由于某些无形的因素可以忽略不计，或者可以转化为有形的因素加以计算，所以,各种备选方案的投入和产出的指标一般都是比较确定的。把这些指标代入公共行政效率公式,就可以比较预期效率的高低。

(2)行政费用测定法。这是以行政经费的开支和使用的合理性及其效果为依据来测定公共行政效率的,它适用于管理层及其操作执行层。完成同一件行政工作,行政开支较少,则公共行政效率较高,反之则较低。完成同类行政工作,在行政开支相同的情况下,完成的任务量多,表明效率高,反之则表明效率低。具体可以从三个方面来测定:从单位费用测定、从件数费用测定、从人均费用测定。

(3)行政时效测定法。时效是公共行政效率的一个重要指标,因为任何行政管理活动都是在时间流程中进行的。能否以最短的时间实现预定的目标,是衡量公共行政效率高低的重要尺度。减少或缩短时间,实际上就是提高了公共行政效率。

2. 间接测定方法

间接测定公共行政效率主要是通过对行政机关效能和效益的评定,来估量公共行政效率的高低。具体的评定方法有三种:行政功能测评法、行政要素评分法、标准比较测定法。

(1)行政功能测评法。此法用于测评行政机关的总体效能,即测评该机关能否有效地实现行政目标,出色地完成行政任务。运用此法首先要规定每种行政功能的各项目标,定出理想标准和最低限度标准,确定不同达标情况的分数等级,并确定主要目标和次要目标的权数(反映各种目标重要程度的数值)。然后,根据行政运行实况,对每种功能的各项目标分别评定分数,最后以该功能的总分反映其效能高低。

(2)行政要素评分法。行政管理工程,有各种要素参加起作用。不同要素对工作成败和效率高低有不同影响。有些因素会导致成功或高效率;有些因素会导致失败或低效率。运用此法先要通过分析找出影响工作成败和效率高低的主要因素,按其作用的方向和强弱,确定等级分数标准和最高标准分。评定时,根据实况按标准评分,以各项因素得分总和表现行政机关效能和公共行政效率。实际得分与最高标准分比较,可反映该机关该项行政活动在管理方面先进与落后的程度。

(3)标准比较测定法。此法是对特定行政活动的效果进行评定,看其是否和在多大程度上符合标准,反映的是行政活动的效益。衡量行政效果的标准,或是公认的,或是经专家研究由有关部门规定的,都反映社会和人民对行政活动的要求。这些标准的设定,也要分等级确定分数,并确定一般标准分。凡达到或超过标准分的为效益优良,低于标准分的为效益差。把行政效益的得分与行政费用情况加以比较,便可对其效率做出评定。

3. 综合测定方法

在现实的行政活动中,多数行政工作都不是单一的,而是综合的。因此,测定公共行政效率,除了进行直接测定和间接测定外,还必须对公共行政效率的各组合因素进行综合测定。这种测定方法可分为两个步骤:对公共行政效率各组合因素分别进行测定评分;再进行加权综合评分,所得总分的高低便表示公共行政效率的高低。分别对各要素(指标)评分,然后按各要素(指标)权重计算综合评分,公式为:

$$E = \sum A \cdot X$$

式中：E——公共行政效率总得分，A——各组合要素得分，X——各组合要素权数。

事实上，不同公共行政效率的测定方法，其结果也会有较大差异。由于行政产出与行政投入均具有多样性与复杂性的特点，进行量化测评十分困难。例如，员工的工作精力投入虽然可以用工作时间来度量，但工作能力、工作态度等决定工作效率的核心因素却难以用工作时间来反映。但随着现代信息技术的飞速发展，效率测定方法和技术将不断得到完善。通过更先进的效率分析模型，不仅动态效率的测定会得到加强，而且宏观效率测定和效率水平的预测将成为可能。

第二节 政府绩效管理概述

目前，我国正处于向服务型政府转变的时期。行政效能替代讲了多年的公共行政效率，变得越来越重要。之所以强调行政效能，直接原因是随着社会发展，社会对公共服务的要求不断提高，政府必须跟上并满足快速发展的社会要求。而现实中，在城市建设、政府管理等政府公共服务方面，仍存在不能满足社会需求的现象。如何建设一个高效能的政府，如何进行有效的政府绩效管理，都是必须面对并需要切实解决的问题。

一、政府绩效管理的内涵

政府绩效是指各级政府提供社会公共事务、管理社会公共事务的效率和效能。政府绩效管理是适应社会公共服务需求，提高政府绩效，创新政府治理的有效途径。实践证明，科学的政府绩效管理，有助于推进公共行政的科学化、规范化、现代化。具体来说，政府部门的绩效包含三方面的内容：公共行政成本、公共行政产出、公共行政效果。

1. 公共行政成本

公共行政成本是行政活动中消耗的人力、物力、财力、信息、空间、时间、权威、信誉等各种有形与无形资源的总称。政府部门的资源同样具有稀缺性。因此，政府部门的绩效一定会受到成本的限定和约束。公共行政成本包括两方面：

（1）有效成本。在行政过程中，能够转变为行政绩效的成本。具体而言，它有量化成本和非量化成本两种形式，如工作人员的工资、办公物品的折旧消耗费用、调研和决策执行费用等，都是以货币计量的有效成本；而政府部门在各项决策中必须承担的风险，是无法以货币计量的有效成本。

（2）无效成本。在行政过程中，不能转变为行政绩效的成本。例如，政府部门难以杜绝的铺张浪费，或因政府直接参与市场竞争而引发的寻租腐败等无益于提高政府绩效的支出就是一种无效成本。

2. 公共行政产出

公共行政产出指公共行政活动所形成的直接结果，其结果或是有形的，或是无形的。例如，政府主持修建防洪大坝、实施航天工程，这些都是有形的，可见的；而政府倡导健康文明的社会风尚、依法治国的精神等，这些产出都是无形的、看不见的。政府部门公共行政产出的无形性也是难以精确测量行政绩效的重要原因之一。

3. 公共行政效果

公共行政的效果是指政府部门的产出对社会所产生的最终影响。如政府制定的某项政策是政府部门的产出，该项政策所引起公民、社会、企业等观念和行为上的变化就是公共行政的效果。

公共行政效果根据不同的标准可划分不同的类型：根据时间跨度，可划分为短期效果、中期效果和远期效果；根据内容和范围，可分为经济效果、政治效果和社会效果；根据作用的方向，可分为正面效果和负面效果；根据可识别程度，可分为显性效果和隐性效果。

二、政府绩效管理的特征

在现代公共行政管理中，绩效管理的重要性越来越突出。基于政府绩效管理与企业绩效管理价值取向的不同，政府绩效管理有着自己的特征。

（一）公共目标导向

政府绩效管理以建设服务群众、让民众满意的高效政府为目标。通过奖惩机制强化政府的责任意识和危机意识，以奖优罚劣为手段，促进政府效能建设，不断提高政府在经济、效率、效果和公平方面的绩效。

（二）重视公民参与

政府绩效的公共性目标导向决定了政府绩效管理外部评价的重要性，那就是对全体公民负责。政府管理绩效的高效性来自公众对政府提供的公共产品和公共服务的满意程度，这种满意程度是衡量政府绩效的终极标准。为此，政府绩效评估必须重视公民参与的广泛性。因为从公共行政的角度来看，政府部门的支出必须获得公民的认可并按合法程序进行，公民有权评价政府部门是否为他们提供了优质的服务。例如，珠海市推行的"万人评议政府"就是典型案例。

（三）指标多元性

政府绩效管理的有效评价来自指标设计的科学性、合理性和精细，以此满足不同民众对多样性、差异性的公共服务需求。而行政管理的困境之一就是不能同时让所有民众对同一服务都感到满意。因此，要塑造一个现代的顾客导向型政府，必须综合考量民众各方面公共需求，设计一套符合大多数公民根本利益的考核指标体系，才能促进政府绩效管理。

（四）兼顾过程和结果

企业绩效评估的一般原则是"目标导向"和"结果为本"，但由于政府管理活动往往是涉及全局性、宏观性的领域，如果过分关注结果而放松对过程的监控，可能导致严重的后果，如 SARS 等公共卫生安全问题和公共危机事件等。因此，政府绩效管理必须加强事前、事中监督，在注重结果的同时更注重管理过程的有效性。

第十四章 公共行政效率与政府绩效管理

（五）兼顾组织和个人绩效

政府绩效的构成是一个整体，包括个人绩效和组织绩效。在过去的政府绩效评估中，往往侧重公务员个人绩效的评估，或将政府绩效等同于公务员个人绩效的简单相加，却忽略了个人绩效和组织绩效之间的联系。公务员个人绩效与政府的职能部门设置、部门内的岗位设置、相应的信息传递系统、机构运转机制等密切相关，两者其中任何一个因素不科学都会影响整体的绩效，只有将二者有机结合起来才能促进政府部门整体绩效的提高。

三、政府绩效管理的意义

从实践的角度看，政府绩效管理的意义有以下几个方面。

（一）为创新行政管理模式提供了支撑

随着新公共管理学派的提出，传统僵化的行政模式受到了严重的挑战。传统的集权等级制开始向参与协作的扁平化组织结构调整，日益注重公共服务市场化、社会化、权力非集中化和以结果和顾客为价值导向。而决定组织能否放权的因素之一就是绩效可以得到测定和控制的程度。作为组织绩效的系统测定和展示，绩效管理为上级提供了充分的信息和控制绩效的手段和基础，从而为推进政府简政放权改革提供了支持。

（二）有利于政府部门形成竞争机制

政府绩效管理的应用可强化政府部门内外的竞争机制，主要表现在两个方面：一是在政府外部，通过并公布政府部门绩效测评的结果，引导公民对政府公共服务水平进行投票和考核，从而形成对政府部门的外部约束和压力，促使政府提供公共服务效能；二是在政府部门内，通过绩效评估考核体系的建立，将绩效结果与奖惩机制结合，有助于形成诱因机制，营造良好的竞争氛围，以激发人的工作热情和动力。总之，绩效评估为政府组织提供了激励约束机制，进而可开展针对性的奖惩，从而强化了政府组织的行政管理。

（三）为政府进行资源配置提供了科学工具

绩效管理作为一种管理工具，其最重要的意义是在政府运作和管理中加入了成本和效益的考虑，有助于政府组织科学地设定目标并根据效果来配置资源，减少政府部门的资源浪费。从某种角度上说，它是政府部门进行有效资源配置的一个重要手段。

四、政府绩效管理的实施

政府绩效管理是一个系统性过程，其中处于绩效管理方法计划与考核之间的绩效实施与过程管理是决定绩效管理方法的关键。这个过程中，政府最容易忽视的就是在绩效计划制订后对绩效实施与过程的管理，只注重等待绩效考核的结果。因此，我们要重视政府绩效的全过程管理。

（一）持续的绩效沟通

绩效沟通是一个动态的过程，是管理主体与考核对象双方追踪进展情况、找到影响绩效障碍以及得到使双方成功所需要信息的过程。这些信息包括工作进展情况、潜在的障碍

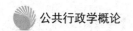

和问题、可能的解决措施以及管理者如何才能帮助员工等。在这个过程中，需要持续地密切关注实施过程中的问题，针对不合理和过时之处及时整改，确保绩效周期内的管理者和员工，都可以随时获得有关改善工作的信息，并就随时出现的变化情况达成新的承诺。

（二）绩效信息的收集和分析

任何决策都离不开信息的整合。绩效信息的收集和分析是指系统地收集有关员工、工作活动和组织等方面的绩效信息并对此进行科学分析。如果不能获得充足有效的信息，就无法掌握员工的工作进度和所遇到的问题，也无法对员工工作结果进行评价并提供反馈；没有准确及时的信息，就无法使整个绩效管理循环不断地进行下去并对组织产生良好影响。因此，信息的收集和分析是政府绩效管理的前提。

绩效信息的收集贯穿绩效管理过程的每一个环节，不像其他过程是时间上的顺承关系，因此要注意信息收集的持续性。与绩效有关的信息主要包括：目标和标准达到或未达到的情况、考核对象因工作或其他行为受到表扬或批评的情况、证明工作绩效突出或低下所需要的具体依据、对管理者或员工找出问题有帮助的数据、管理者同员工就绩效问题进行谈话的记录等。信息收集的渠道可以是组织中的所有员工，如员工自身的汇报和总结、同事的共事和观察、上级的检查和记录、下级的反映与评价，等等。绩效信息的收集不仅是为管理者进行绩效考核、绩效改进和员工沟通提供依据，而且也为其他人力资源决策提供事实依据，在绩效考核出现法律纠纷时为组织的决策辩护。

第三节　中国政府绩效管理的优化

一、中国政府绩效管理的现状

（一）现状分析

随着公共行政学学科发展，绩效管理作为一种新的管理手段在西方国家已经得到广泛的应用。在中国，为适应经济社会发展的新形势，政府机构和政府目标责任制的改革不断深化，政府部门绩效成为各级政府普遍关注的问题。目前，我国政府在绩效管理的改革实践中进行了很多尝试和探索，并取得了一定的成效。我国政府绩效管理的应用主要分为三种类型。

1. 普适性的政府机构绩效管理

普适性政府机构绩效管理指的是绩效评估的适用性更加广泛。随着绩效管理的普及，绩效评估作为绩效管理中的一个环节，被越来越多的公共组织应用。如目标责任制、社会服务承诺制、效能监察、效能建设、行风评议等，都被纳入绩效管理的考核中。

2. 具体行业的组织绩效评估

具体行业的组织绩效评估主要适用于某些特定的领域或行业，一般具有自上而下的单向性特征，即由政府主管部门设立评价指标体系，组织对所属企事业单位进行组织绩效的定期评估。如卫生和计划生育委员会为医院设立的绩效评估体系、教育部为各级各类学校设立的绩效评估体系等,这些都属于具体行业的组织绩效评估。

3. 专项绩效评估

专项绩效评估更加具有针对性,主要是对某一项活动或政府工作的某一方面进行绩效评估。如国务院办公厅开展的政府网站绩效评估、广东省人民政府开展的依法行政绩效考核等,这是专项绩效评估的具体应用。

从我国政府绩效管理的实践看,政府绩效管理已经引起了公共行政组织的广泛关注和重视,政府部门及其他组织逐渐开展了绩效管理的探索。政府绩效管理对于促进我国民主、政治发展、改进政府绩效、提高政府信誉和形象都具有重要意义。

(二)存在的主要问题

与西方国家相比,我国政府绩效管理实践起步相对较晚,目前虽取得了一定实效,但总体来看,我国政府绩效管理实践仍处在探索阶段,在理论和实际操作上相对不太成熟,仍存在一些需要改进的问题。

1. 目标制定的问题

从理论上看,绩效目标设定得高一点,才会产生内在的激励效果。但从实践看,如果频繁提高目标实现的难度,结果往往适得其反,挫伤下级工作的积极性。目前许多地方政府对职能部门的年度考核指标是年度递增的,这样不免会使许多职能部门产生过大压力,为完成指标迫不得已采取消极应对措施,甚至出现虚报数字的情况,导致考核结果无法反映真实的绩效。

绩效目标的制定没有统筹好短期目标和长期发展之间的关系,缺乏可持续发展的意识,这往往导致短期内政府政绩明显得到提升,但损害了政府可持续发展的能力。最典型的例子就是在各地发展工业而忽视了生态环境的保护和治理。

民众参与度低是绩效目标制定过程中的又一问题。我国政府部门的绩效目标往往都是自上而下制定实施的,下级部门和普通工作人员参与度低。因此,下级对绩效目标的认同度较低,自然在执行过程中就会缺乏动力,绩效管理的效果就会大打折扣。

2. 绩效指标设定的问题

在绩效指标设定过程中,下级部门往往根据上级偏好设定指标,对上级不关注的缺乏考核意识或考核权重较轻。但实际目标制定中,上级领导的偏好与组织的核心职能并不能保持很好的同步。

此外,指标设定过程还缺乏对环境变量的思考。例如,地方在制定招商引资这项指标时,交通便利的商品集散地、沿海近港地区常年都有大批外商主动投资,而内陆或是交通不发达的地区在招商引资的数量、质量上就明显不如沿海地区,这是当地的行政机构及其工作人员不能完全控制的。近年来各地政府为促进当地经济发展,都将招商引资作为一项重要的绩效考核指标。上级部门在下达这项指标时往往不考虑环境因素,导致有些地区难以完成目标,这样考核就明显有失公平。

在地方政府的绩效指标设定中,存在许多"一票否决"的设置,即一项指标不合格,其他指标分值再高也不合格。这种指标的设计缺乏科学性和合理性，个别指标如涉及人民群众生命财产安全事故、重大决策失误等占的权重较大是合理的，但是一些地方政府将群众越级上访、计划生育等设置为"一票否决"的指标就值得商榷。

3. 绩效考核过程中的问题

绩效考核过程缺乏规范性，容易使本应严谨的考核流于形式；考核方法多为定性，较少采取定量方法；考核结果难以兑现；我国政府部门的考核以官方为主，多是上级对下级的评估，缺乏社会公众对政府以及政府部门的评估；对下级部门的绩效考核不是统一进行，主管职能部门各自为战，下级部门每年要应付许多职能主管部门的考核和检查，多头考核成了下级部门的沉重负担，甚至影响了正常工作的开展；政府绩效考核过程封闭，缺乏外界监督。

4. 重评估、轻过程的问题

完整的绩效管理应该包括管理过程中的预警指标，这是由绩效考核本身的后馈性决定的。绩效管理的预警指标是指及时对绩效管理中偏离绩效目标的行为提出预警，帮助下级部门和工作人员及时意识到偏差并调整做法，从而保证绩效目标的实现。但政府在绩效管理时，却往往重评估，轻过程，并没有真正地把绩效管理作为一个完整的系统引入政府部门的管理中。因而，无论是在理论上还是在实践上，我们看到的都是绩效考核和评估，但对绩效考核后的结果缺乏沟通，也缺乏配套的改进措施。

5. 法律法规不完善的问题

提高绩效管理水平是历次公共行政改革的重点问题之一，但很多时候只局限在抽象的理念或原则层次上，缺乏具体的、可操作性的政策性指导和具体措施，更没有配套的法律法规作为制度保障。由于缺乏整体的战略规划和科学有效的管理方法，绩效管理在我国政府部门全面系统地推进仍面临着很多障碍。

二、中国政府绩效管理的优化

2017年10月，习近平总书记在十九大报告中强调，"必须加快形成推动高质量发展的指标体系、政策体系、标准体系、统计体系、绩效评价、政绩考核"。这对政府绩效评价特别是经济发展质量评价提出了新要求，需要为此建立完善相关制度体系，并推动各级党政领导干部树立正确的发展观和政绩观。具体来说，包括以下几个方面。

（一）探索全面、均衡和协调的政府绩效管理体系

探索全面、均衡和协调的考评指标体系，在绩效管理实施过程中，进一步探索"绿色GDP"、幸福指数等一揽子考评指标体系，使绩效考评能够全面反映经济社会发展的各个关键维度和重要领域；统筹长期战略规划和阶段性目标的制定，均衡推动结果考核和过程考核，建立全过程、立体化、全方位的考评指标体系；建立政府绩效管理过程中的内外沟通协调机制，拓宽内外沟通途径，如通过草案的协商、听证会等形式倾听各利益相关主体的意见，协调好各方利益，确保绩效管理的顺利进行。

(二)绩效考核主体的多元化

绩效考核的主体要多元化,建立由上至下、由内到外的评价主体。政府部门不但要自己提供绩效计划和结果报告,还要由其上级主管部门、同级人大以及公众来参与评价,尤其要重视公众满意度的测评,赋予公众参与评价的权利,保证公众参与通道的畅通。同时,积极探索多部门或者多个平级政府共创绩效的分配方法。在我国的政府绩效管理中存在的一个突出问题是,有些绩效需要由多个部门共同取得,但是由于缺乏科学合理的业绩分配方法,最后挫伤了部门绩效主体的积极性。

(三)加强绩效管理立法工作

有法可依是加强绩效管理的前提。因此,从立法上明确绩效管理的地位,将绩效管理作为政府管理的基本方法,将有利于政府开展绩效考核以提高公共管理水平。同时,明确绩效管理机构在政府中地位的独立性及调查、考核、评估有关政府活动的权力,有利于绩效评估机构更加客观、科学地开展绩效评估。从立法上加强过程考核和评估结果信息的公开化和透明化,确保评估结果能够得到有效传递和反馈,切实应用于提高公共行政效率,将大大提升政府管理的可信度和公信力。

(四)完善公民参与机制

重新定位公民的角色和作用。传统意义上的公民,更多地被理解为投票人、纳税人、服务的接受者,而随着公共行政的发展和公民意识的觉醒,公民作为国家和政府的真正主人这一意识越来越凸显。公民可以而且应该积极参与公共事务,帮助政府机构界定重要问题,提出解决方案,判断目标是否达成。

由公民选择、界定绩效考核对象。在公共服务设计中引入"顾客介入"机制,通过公民的参与将事实(资料数据)与价值取向(公民偏好)结合起来,增加绩效考核指标体系的社会相关性,选择那些最需要监控又最能体现对公民负责的重要项目纳入绩效考核指标体系,以保证公共服务的提供符合公民的偏好。

公民参与意味着公民可以以社会主人和服务对象的角色对政府绩效提出要求,协助和监督政府机构对他们的开支和行为负责。这样的绩效管理不但能帮助政府以民众的需求为导向,还能使政府的运作随时受到公众的监督。

(五)兼顾过程和结果考核

改变过去重结果、轻过程的绩效考核方式。一方面,在加大考评结果运用力度的同时,要不断创新考评结果的利用方式;另一方面,为避免为考评而考评的错误倾向,在加大考评结果运用力度的同时,更加注重考评过程和结果的创新性利用。考评是一个问题诊断、绩效反馈和组织学习的过程,要使其回归其绩效反馈和学习改进的最初定位,形成绩效信息收集、风险预警、问题诊断、成因研判、政策优化和绩效改进的良性循环。

(六)推进电子政府建设

绩效数据和信息的收集是开展绩效管理的必要条件。政府绩效管理所需要的信息量大,涉及的部门多，信息来源渠道广泛，因此要充分利用网络和现代通信技术，把政府各项公共管理项目的实施结果、实施过程的监测数据、已开展的绩效考核资料、有关各地方和各部门乃至全国的统计指标和数据等，汇集形成全国性的绩效管理数据库，建立有效的信息传递网络。在收集、整理信息的同时，把绩效考核的结果尽快反馈和扩散给有关各方，以便于及时发现和修正正在实施的公共管理项目的缺陷，增强公共管理项目的准确性和有效性。

电子政府可以作为改善政府绩效管理的新载体。电子政府的开放性大大加强了公共行政的透明度和民主化程度，为政府绩效管理朝科学化、标准化、制度化的方向发展提供了多方面支持。电子政府的信息网络使得行政信息的传递更为迅速及时，反馈渠道更为畅通。对政府内部而言，电子政府打破了传统的政府金字塔式的管理层级结构，使政府组织结构出现扁平化趋势，加强了操作执行层与高层决策层的直接沟通，有利于绩效管理的开展；对社会公众而言，电子政府为公民广泛、深入、普遍的行政参与创造了条件，为各个公众提供了直接表达意愿、传递信息、咨询、监督、建议和表决的机会，保证了信息来源的真实、客观。

本章小结

公共行政效率是衡量国家行政机关和行政人员管理活动的重要指标，它体现在行政管理的各个程序、各个环节和各个层次。因此，提高公共行政效率需要一切行政组织和行政人员的共同努力。随着我国经济转型、社会进步和政府职能转变，公共行政效率中效能的地位更加凸显。如何建设一个高效能的政府，如何进行有效的政府绩效管理，都是必须面对并需要切实解决的问题。这就对政府绩效管理提出了新要求。绩效管理借鉴了企业的管理思想，实行对过程和结果的双重管理，在设定绩效目标的基础上，对公共管理项目的全过程进行追踪监测，做出系统的评估，并根据绩效反馈结果不断对其进行改进和完善。我国政府部门应引入这种先进的管理理念，不断优化政府绩效管理体系，推进政府绩效管理日益科学化、标准化和制度化。

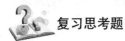
复习思考题

1. 对行政效率可做广义和狭义两种解释，试分析各自的利弊。
2. 简述行政效率的基本类型。
3. 公务员考核绩效的意义已为人们所认识，试论组织绩效测定的特点和意义。
4. 试论当代行政效率研究的特点及发展趋势。
5. 从公共部门的特点看政府绩效评估的困难。
6. 试论中国政府绩效管理的优化途径。

第十五章 公共危机管理

本章重点

缓和各种社会冲突、建立与维护公共秩序是公共行政的一个重要任务。各国政府如今都在增强危机意识，提高危机应对能力，建立、完善公共危机管理体系，从而最大限度地避免或限制公共危机给社会带来的负面影响。通过本章的学习，要了解公共危机的类型、特点及重要性，重点掌握公共危机管理的体制构成及运行机制，这是今后公共行政部门在危机管理方面的着力点。

第一节 公共危机管理概述

一、公共危机管理的概念

行政管理的一个重要任务在于缓和各种社会冲突，建立与维护公共秩序。因此，从社会稳定的角度出发，各级政府都必须将公共危机管理纳入行政管理范畴，增强危机意识，完善公共危机管理体系。

（一）公共危机与突发公共事件

公共危机是指严重威胁与危害社会公共利益，并引发社会混乱和公众恐慌，需要以政府为主体的公共部门介入，运用公共权力、公共政策和公共资源紧急应对和处理的危险境况和非常事态。《国家突发公共事件总体应急预案》对突发公共事件的定义是：突发公共事件是指突然发生造成或可能造成重大人员伤亡、财产损失、生态环境破坏和严重社会危害，危及公共安全的紧急事件。《中华人民共和国突发事件应对法》中突发事件是指突然发生，造成或者可能造成严重社会危害，需要采取应急处置措施予以应对的自然灾害、事故灾难、公共卫生事件和社会安全事件。

"公共危机"与"突发公共事件"这两个概念均体现"公共性"，即公共领域的危机事件。"突发公共事件"更突出的是"突发性"、事件发生的不可预测性和结果的不确定性。相对"突发公共事件"这个概念而言，"公共危机"弱化了"突发性"的特征，公共危机可以是一起突发事件，也可以是一种渐进的过程和态势。但一般而言，公共危机往往也是以某一事件为契机或导火线，即通过偶然的、独特的突发事件的形式引发。所以"公共危机"与"突发公共事件"的内涵基本一致，但"公共危机"的外延比"突发公共事件"稍大。

（二）公共危机管理

"公共危机管理"是"危机管理"的一种类型。任何防止危机发生的措施，皆为危机管理,危机管理的任务是尽可能控制事态,在危机事件中把损失控制在一定的范围内,在事态失控后要争取重新控制住。

"危机管理"是一个动态过程,包括危机前的预警管理、危机中的应急处理,以及危机后的善后处理,是全方位的管理行为。现代危机管理研究最早可追溯到美国政府在面对1962年发生的古巴导弹危机时所采取的措施,它被用来预测假设的政治形势,目的是防止类似危机的发生。[①]

美国强生公司(Johnson & Johnson)是全世界最大的,也是品种最齐全的生产医药保健产品的制造集团,由50个国家的160家公司组成,产品销往150个国家。泰诺(对乙酰氨基酚)是美国强生于1960年推入市场的一种止痛药。到20世纪80年代初占美国止痛药市场35%的份额。1982年10月的一天,美国某城市有五人因服用泰诺胶囊而中毒死亡。事件立即通过新闻媒体传遍全美,这对强生是祸从天降,企业的形象受到严重挑战。事件发生后,强生公司立刻采取快速危机处理步骤。事后证明这些措施成功地解决了危机,并保住了泰诺胶囊的市场领导品牌地位。"危机管理"也是在此事件后逐渐引起人们重视,危机管理研究也逐渐丰富。预防(prevention)、准备(preparedness)、反应(response)、恢复(recovery)几个阶段被称为危机管理处理的共识。

"危机管理"主要有企业危机管理与公共危机管理两个分支。"公共危机管理"指以政府为主体的公共部门运用公共权力、整合公共资源,有效地预防、处理和消弭公共危机的一种动态的、全方位的管理过程。美国"9·11"事件后,公共危机管理在国际范围内引起极大关注,美国对危机管理尤其是公共危机管理的研究更加深入。国际上对公共危机管理的主要注意力很快集中到反恐怖主义的国家安全领域。[②]

二、公共危机的分类、分级与分期

公共危机的类型有多种,不同类型的公共危机的诱因、影响方式和危害程度有很大差异,政府应根据公共危机的不同类型,所处的不同发展阶段采取不同的应对措施和手段。

(一)公共危机的分类

公共危机的分类方式,常见的有以下几种:

(1)根据公共危机发生的领域,可分为:政治性危机,如战争、武装冲突、恐怖主义活动等;社会性危机,如社会骚乱、罢工等;宏观经济性危机,如恶性通货膨胀或通货紧缩、失业率居高不下、股票市场大幅变动等;生产性危机,如工作场所安全事故、产品安全事故等;自然性危机,如地震、火山、流行性疾病等。

(2)根据公共危机产生的诱因,可分为:外生型危机,指由于外部环境变化带来的危机;内生型危机,指由于内部原因所引发的危机;内外双生型危机,指由外部环境与内部原因交互作用而产生的危机。

---

① 高恩新,赵继娣. 公共危机管理研究的图景与解释——基于国际文献的分析[J]. 公共管理学报,2017(4):33.
② 夏书章. 行政管理学[M]. 6版. 广州:中山大学出版社,2017:349.

（3）根据公共危机中主体的态度，可分为：利益一致型，在危机情境中，所有相关的利益主体具有同质的要求时，就属于利益一致型危机，大部分天灾都属于这一类型，譬如印度洋大海啸；利益冲突型，当危机中各相关利益主体有不同利益诉求时，或存在两个或两个以上不同要求的利益主体时，就属于利益冲突型危机，如罢工、骚乱等。

（4）根据公共危机状态复杂程度、性质和控制的可能性等，可分为：结构良好的，指危机并非历史久远、长期积累的问题，而且涉及的核心价值和根本原则程度较轻；结构不良的，危机是历史久、远长期积累的问题，较大程度上涉及核心的价值和根本原则。

（5）根据危机事件发生的具体领域，可分为：自然灾害事件、灾难事故、突发公共卫生事件、突发社会安全事件、经济危机事件等。2006年1月8日，国务院发布了《国家突发公共事件总体应急预案》，该预案根据突发公共事件的发生过程、性质和机理，将其分为自然灾害、事故灾难、公共卫生事件、社会安全事件四大类。

每一种公共危机类型都不是对立的，其"相互之间愈发呈现多元和共时的特征，在特定的情境下可能相互转化，即带来所谓的涟漪反应"。[①]当今社会发生的公共危机常常是多种危机的叠加，是复合危机，各种公共危机间往往互为因果，相关叠加。

（二）公共危机的分级

公共危机类型体现的是公共危机事件呈现的不同状态，公共危机的级别划分体现的是公共危机的严重程度、可控性和影响范围等因素。

根据国务院2006年1月8日颁布并实施的《国家突发公共事件总体应急预案》，各类突发事件按照其性质、严重程度、可控性和影响范围等因素，一般分为四级：Ⅰ级（特别重大）、Ⅱ级（重大）、Ⅲ级（较大）和Ⅳ级（一般）。预警标识按Ⅰ、Ⅱ、Ⅲ、Ⅳ级分为"红、橙、黄、蓝"四级（见表15-1）。

Ⅰ级（特别重大），用红色表示。其影响超出本省范围甚至波及几个省，处置工作一般由发生地省级政府统一领导和协调；超出地方处理能力范围或者影响全国的，由国务院统一领导和协调。

Ⅱ级（重大），用橙色表示。发生地在一个市以内或是波及两个市以上，需要动用省级有关部门方可控制。

Ⅲ级（较大），用黄色表示。突发公共事件，表示后果严重，影响范围大，发生在一个县以内或者波及两个县以上，超出县级政府的控制和应对能力，需要动用市级有关部门控制。

Ⅳ级（一般），用蓝色表示。其影响局限在社区和基层范围之内，可被县级政府所控制。

表15-1 我国公共危机分级

应急组织	级别			
	Ⅰ级（特别重大）	Ⅱ级（重大）	Ⅲ级（较大）	Ⅳ级（一般）
国家	√			

[①] 薛澜，钟开斌. 突发公共事件分类、分级与分期：应急体制的管理基础[J]. 中国行政管理，2005（2）：24.

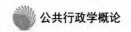

续表

应急组织	级别			
	I 级（特别重大）	II 级（重大）	III 级（较大）	IV 级（一般）
省级	√	√		
市级			√	
县级				√

（三）公共危机的分期

任何事物的发展都有一个生命周期，危机事件也一样，都有发生、发展和减缓的阶段，总体上可划分为预警期、爆发期、缓解期和善后期。但不同国家的学者对各个阶段的总结存在一定差异，以下几位学者的相关观点比较典型。

1. 史蒂文·芬克的"四段论理论"

全球知名危机管理专家——美国人史蒂文·芬克 1986 年提出了危机的四阶段论，他将危机过程划分为危机潜伏期（prodromal）、危机突发期（breakout or acute）、危机蔓延期（chronic）、危机解决期（resolution）。

第一个阶段是危机潜伏期。潜伏期是最容易处理危机的时期，但此时的危机却通常难以被觉察。

第二个阶段是危机突发期。在危机突发期，事件急速发展并出现严峻的态势，这是四个阶段中时间最短的阶段，但让人感觉时间最长，因为它对人们的心理造成严重冲击。危机突发期有四个特征：事态逐渐升级，公众广泛注意；事态引起媒体的集中报道；事态严重干扰正常活动；事态影响组织的正面形象和团队声誉。

第三个阶段是危机蔓延期。危机爆发后，在这个阶段，危机应对主体应该采取措施，纠正危机突发期造成的损害。此时需要决策者勇于进行自我怀疑和自我分析，认真分析危机产生的深层次原因。①

第四个阶段是危机解决阶段。此时，组织从危机影响中完全解脱出来，但仍要保持高度警惕，做好善后工作，彻底消除危机的影响，并防止危机去而复来。

2. 罗伯特·希斯的"5R 危机管理理论"

罗伯特·希斯在他的《危机管理》一书中，将危机管理总结为 5R 模式，它们分别是缩减（reduction）、预防（readiness）、反应（response）、恢复（recovery）、恢复力（resilience）。

缩减阶段的主要工作是预防危机的发生和减少危机发生后的冲击程度，这是危机管理的核心。

预防阶段指在危机发生前，组织应做好响应和恢复计划，对成员进行相对的培训和演习，保证危机发生时，组织能将危机造成的损失降到最低，并尽快恢复到常态。

反应阶段指在危机爆发后，组织需要及时反应，尽可能在最短时间内处理危机，防止

---

① 夏书章. 行政管理学[M]. 6 版. 广州：中山大学出版社，2017：355.

事态的进一步恶化。

恢复阶段是在危机得到控制后,着手恢复工作,就危机处理过程中所反映的问题进行改进。恢复力(resilience)是 5R 模式的落脚点,是一种心理状态,他依赖人的心理认识和准备,要努力做到敢于面对危机。①

3. 米特罗夫·皮尔逊的"五阶段模型"

米特罗夫·皮尔逊(Mitroff&Pearson)针对危机管理,提出了五阶段的危机管理模型,即信号侦测、探测和预防、控制损害、恢复、学习。

第一阶段:信号侦测期(signal detection)就是通过已有的经验知识或理论知识对危机征兆进行系统地识别,确定企业是否存在危机暴发的各种信号。

第二阶段:准备和预防期(preparation and prevention)就是为可能实施的危机管理做好准备,采取各种措施,预防危机发生。

第三阶段:控制损害期(damage containment)就是当企业危机爆发后,必须通过自己的各种努力,避免或减少给企业或者企业外部利益主体带来的损失和灾难。

第四阶段:恢复期(recovery)就是指企业通过危机恢复管理,使企业能很快地从危机中复原,实现正常的生产经营活动。

第五阶段:学习期(learning)即企业从危机中总结经验教训,以不断改善和提高企业的危机管理能力,避免危机再次发生。

4. 薛澜的"四阶段理论"

清华大学教授薛澜根据突发公共事件可能造成的威胁、实际危害已发生、危害逐步减弱和恢复,将突发公共事件总体上分为预警期、爆发期、缓解期和善后期四个阶段。

预警期,指突发公共事件征兆已出现的时期,管理任务是防范和阻止突发公共事件的发生,或把其控制在特定的范围内。

爆发期,指突发公共事件进入紧急阶段,突发性事件已发生,管理的主要任务是快速反应,及时控制突发公共事件并防止其蔓延。

缓解期,指突发公共事件进入相持阶段,仍有可能继续向坏的方向发展,管理的主要任务是保持应急措施的有效性并尽快恢复正常秩序。

善后期,指突发公共事件得到有效解决,管理的主要任务是对整个事件处理过程进行回顾、审视、调查和评估,使之成为今后类似突发公共事件管理的基础。

三、公共危机管理已成为行政管理的重要部分

时至今日,公共危机管理是十分重要和必要的,因为随着社会的高速发展,各级政府中行政环境的不确定因素有所增加,公共危机爆发的可能性随之增加。

(一)我国有随时爆发公共危机的可能

我国经济总量大,经济结构和社会结构正发生变革,国土面积大,人口基数大,自然

---

① 王灏. 危机管理 5R 模式对中国危机报道的启示[J]. 理论探索,2005(2):17.

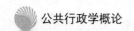

灾害等在我国频发，这些增加了不同危机发生的可能。面对随时可能发生公共危机的严峻形势，我国应加强应急工作的管理，提高国家保障公共安全和处置突发公共事件的能力，预防和减少自然灾害、事故灾难、公共卫生和社会安全事件及其造成的损失，保障国家安全，保障民众生命财产安全。

（二）各级政府应提高公共危机管理能力

面对随时可能爆发公共危机的形势，各级政府越来越重视公共危机的管理，公共危机管理的体制和机制已经建立，形成了公共危机预防和处理的体系。但随着社会信息化的发展，公共危机的多样性和随时性对各级政府处理公共危机提出了更高的要求。

首先，公共危机预防意识有待提高。各级政府以及公众的危机意识是正确预防和有效处理公共危机发生和发展的保障，相关主体的风险自救能力和互助互救能力需要提高。有效处理公共危机应该加强专家队伍建设，设立应急处理专家库，以便在危机发生时第一时间开展专业救助，提供咨询意见。①

其次，公共危机管理体制有待完善。我国已经形成了较完善的公共危机管理领导体制和相关机构的职能体制，在公共危机发生时可以做到有指挥、有配合、有监督、有责任，但相关危机的处理还有待在机制上进行完善，公共危机的处理应该以政府管理为主同时需要社会大众的广泛参与，明确彼此责任，形成统一、灵活的处理模式。

最后，公共危机管理机制也有待进一步完善。我国建立了公共危机的预警机制、决策机制、应对机制和善后机制。随着公共危机的发生，我国公共危机的法律体系正在建设，如《宪法》中有了"紧急状态"的条款，《中华人民共和国突发事件应对法》也已经施行多年，但各级政府应对危机的能力和经验尚有不足，危机的监测与预警机制、应急处置与救援、信息管理与新闻发布等制度不够完善。

我国各级政府应全面加强公共危机管理的体制，建立机制建设，明确公共危机管理方向和方法，从而最大限度地避免或限制公共危机给社会带来的危害。

第二节　公共危机管理的体制

有效的公共危机管理离不开系统、完善的公共危机管理体制建设。当前我国已经形成了公共危机管理的领导体制和相关职能机构相互配合的体制。

一、公共危机管理的领导体制

公共危机管理的领导体制指公共危机发生时决策者如何指挥相关部门采取相应的措施，包括统一指挥体制、职权划分体制、责任体制与监督体制。

（一）统一指挥体制

统一指挥包括集中和分权。集中要求在一定的行政区划范围内若发生公共危机事件，

---

① 夏书章. 行政管理学[M]. 6版. 广州：中山大学出版社，2017：355.

该行政区划的政府应集中统一管理。统一指挥处理公共危机事件实行首长负责制,政府首长在公共危机发生时有权指挥各部门和各方力量统一行动,对公共危机管理全权负责。分权要求相应管理部门应听从政府首长指挥,执行上级交代工作或为领导决策提供意见。

公共危机管理常常应对的是突发的事件,往往时间紧迫,任务艰难。在正确和有效做出相应决策和指挥的同时,需要相关部门的配合,调配人力和物力,这些人力和物力资源通常来源于不同的机构,所以,建立统一高效的指挥体制是处理公共危机的最基本要求。

(二)职权划分体制

我国《国家突发公共事件总体应急预案》将突发公共事件分为四级,即Ⅰ级(特别重大)、Ⅱ级(重大)、Ⅲ级(较大)和Ⅳ级(一般)。不同级别的突发公共事件,启动的应急规模不一样,一般而言,Ⅲ级(较大)和Ⅳ级(一般)的危机事件由地方政府负责处置与善后工作,对于Ⅰ级(特别重大)和Ⅱ级(重大)的危机事件,要根据情况确定由省级或国家级的政府负责。

我国将突发公共事件分为自然灾害、事故灾难、公共卫生事件、社会安全事件四大类。根据突发公共事件的不同,应有相应的部门管理,不同类型的危机日常管理应依托于相应的专业管理部门,由其做好信息收集、分析等方面的工作,为政府决策机构提供有价值的决策咨询和建议。①

(三)公共危机管理的责任体制

责任制指处理公共危机对应的各项工作应由专人负责,并明确责任范围的管理制度。建立并落实责任制是有效处理公共危机的管理手段,可以使公共危机统一指挥并高效运转。责任制应贯穿公共危机处理的各个环节,确保责任机构和责任人员各尽其职。落实责任制应加强在公共危机管理领域的立法工作,细化岗位职责,使工作人员知晓法律责任。

(四)公共危机管理的监督体制

公共危机管理应该形成有力的监督体制,监督人员监督相关工作人员在处理公共危机中遵守各种规定的情况,这不仅可以促进公共危机管理,还可以使责任制有效落实,并有利于总结公共危机处理情况的经验和教训。

监督制度的落实分为领导监督、监督职能部门的监督和媒体、公众的监督。公共危机管理中的领导职责包括对危机的决策和对相关工作执行情况的监督。监督职能部门主要对决策执行情况进行检查和总结。我国处理公共危机时,有时还通过上级政府派专门督导组或检查组的方式,对下级政府进行监督和指导。此外,人民代表大会、政协、纪检检查部门也可以开展监督工作。新闻媒体和公众应参与到公共危机管理的监督工作中,公众是公共危机最直接的受难者,公共危机的有效预防和处理可以使公众实现从受难者到受益者的转变,所以公众参与公共危机的监督工作对公共危机的处置起到重要作用。新闻媒体作为公共危机事件信息载体的传播者,在处理公共危机时可以发挥舆论导向和监督作用。在公

---

① 赵慧,张秀芳. 公共危机与突发事件管理理念及政府公信力提升[J]. 产业与科技论坛,2017(17):21.

共危机管理中,新闻媒体应该做到与政府开展合作,应客观公正地向社会发布权威信息,新闻媒体在公共危机处理中应该掌握信息发布的主动权,同时应积极发挥政府与公众沟通的桥梁作用。

二、公共危机管理的职能机构体制

公共危机管理在我国以政府为主,同时设置专门的公共危机管理机构,有效的公共危机管理要求把危机管理的职能整合到各级政府与相关部门的日常工作中,如表15-2所示。

表15-2 我国政府危机管理模式

主管部门	机构名称	主要职责
国务院部委	应急管理部	承担政府组成部门常规的决策、执行等职能;承担风险识别、风险评估、风险规制等与应急管理密切相关的工作职能
国务院部委	住房和城乡建设部	负责建筑的质量管理、建筑物抗震、建筑物倒塌后的应急处理等
国务院直属局	国家市场监督管理总局	负责市场综合监督管理和工业产品质量安全、食品安全、特种设备安全监管等
国务院直属事业单位	国家气象局	负责全国气象探测、预报、服务和气象灾害防御、气候资源利用、气象科学研究等管理工作
国务院部委	国家卫生健康委员会	负责全国重大疾病的预防和控制、全国卫生工作以及健康促进的管理等
国务院直属局	国家林业和草原局	负责全国森林防火工作、森林病虫鼠害的防治,检疫工作等
国务院部委	公安部	预防、制止和侦查违法犯罪活动,管理集会、游行和示威活动,维护社会治安秩序等
国务院部委	交通运输部	负责交通安全监督、设施检验等工作
国务院直属事业单位	国家地震局	制定国家防震工作政策、计划,进行防震、监测、科研、宣传教育等工作
国务院部委	水利部	承担国家防汛抗旱指挥部的日常工作,组织、协调、监督、指导全国防洪工作等
国务院部委	民政部	组织、协调救灾工作,组织核查灾情,统一发布灾情,开展国际减灾合作
国务院部委	国防部	负责打击恐怖主义和战争状态下的战争动员
国务院部委	外交部	负责危机中的对外交往工作
中央军委	军队	协助政府处理各种危机,维护国家主权和领土完整

进入21世纪后,我国突发事件多有发生,领导趋前指挥的举国应对体制在应急管理中体现出显著效率。与此同时,分类管理、分级负责、多部门参与等原因也使突发事件应对的统一协调问题显得突出。为实现突发事件应对的专业化与常态化,推动形成统一指挥、专常兼备、反应灵敏、上下联动、平战结合的中国特色应急管理体制,2018年3月17日,在国务院机构改革中,组建中华人民共和国应急管理部。

应急管理部将国家安全生产监督管理总局的职责,国务院办公厅的应急管理职责,公安部的消防管理职责，民政部的救灾职责，国土资源部的地质灾害防治、水利部的水旱灾害防治、农业部的草原防火、国家林业局的森林防火相关职责，中国地震局的震灾应急救援职责以及国家防汛抗旱总指挥部、国家减灾委员会、国务院抗震救灾指挥部、国家森林防火指挥部的职责整合，以提升政府应急管理能力，力求将突发事件对社会秩序、公共安全和人身财产安全带来的影响降至最小。

第三节 公共危机管理的运行机制

公共危机管理的运行机制包括危机未发生时的预警机制，危机发生时的决策机制和应对机制，以及危机发生后的善后机制。

一、公共危机的预警机制

（一）公共危机预警的内涵

预警机制本义上是指预先发布警告的制度，通过及时提供警示的机构、制度、网络、举措等构成的预警系统，实现信息的超前反馈，为及时布置、防范风险于未然奠定基础。危机处置的最佳时期就是危机发生前的防患于未然，通过科学和及时的预警可以使公共危机扼杀于萌芽状态，这样可以高效地避免公共危机给政府日常管理、民众正常生活、社会正常秩序带来的危害。公共危机潜伏期的特点是社会影响范围小而且不明显，不易察觉，所以建立一个科学、有效的预警系统十分必要，通过科技手段使公共危机能尽早察觉并预防。

公共危机的预警，指公共危机管理的主体——主要是以政府为主的公共部门，根据本国或本地区有关危机现象过去和现在的数据、情报和资料，运用逻辑推理和科学预测的方法技术，对某些危机现象出现的约束性条件、未来发展趋势和演变规律等做出科学的估计与推断，并发出确切的警示信息，使政府和民众提前了解事件发展的状态，以便及时采取相应策略，防止或控制不利后果发生的活动。

公共危机的预警是应对和处理公共危机的第一道防线，通过科技手段可以识别危机发生的预示信号和察觉危机发生的征兆，预防程度取决于科学手段的先进程度。如果能尽早捕捉到危机的征兆并做出快速的预警，可以有效控制危机的发展，减少危机带来的损失，如在地震中，如果通过科学的预警，能把地震的时间提前十秒预警，能把地震的地点精确度提高，可以使损失数以亿计地减少。

我国各级政府作为公共危机处理的最重要主体应该提升对预警的重视，这可以使公共危机的管理从被动处置转变成主动预防。同时应继续完善公共危机的预警机制。

（二）我国公共危机预警机制的完善

虽然我国在公共危机预警机制建设上已经取得了一些成绩、获得了一定经验，但公共危机预警机制的建设还属于起步阶段，还存在一些不足，需要进一步完善。

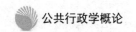

1. 健全法律法规

2004年3月14日，十届全国人大二次会议通过宪法修正案，《宪法》中出现了"紧急状态"条款，即把《宪法》第67条、第80条和第89条有关"戒严"的规定修改为"紧急状态"。"紧急状态"条款的出现为我国各级政府处理公共危机事件提供了《宪法》基础和宪政保障，这也结束了我国《宪法》没有关于危机状态或紧急状态的规定的历史。

2007年8月30日十届全国人大常委会第二十九次会议通过《中华人民共和国突发事件应对法》，从2007年11月1日起施行。此法明确了公共危机处理各国环节的相关规定，如突发事件的预防与应急准备、监测与预警、应急处置与救援、事后恢复与重建等。此外，《中华人民共和国防震减灾法》《中华人民共和国气象法》《中华人民共和国防洪法》等不同种类本部门单行法律法规相继出台，为预防和解决专门领域的公共危机事件提供了方向和指引。

政府的公共危机管理法制化是正确预防和高效处理公共危机的途径，如《宪法》的修订使得紧急状态的认定、政府的紧急管理权、紧急状态的法律责任等都有法可依。这是对危机事件做出预警、预防的重要前提之一。

2. 健全公共危机处理预案体系

预案是指根据评估分析或经验，对潜在的或可能发生的突发事件的类别和影响程度而事先制订的应急处置方案。公共危机处理预案指根据相关专门机关的分析和经验对诸如安全事故、自然灾害等公共危机事件应急指挥和救援处理。健全公共危机处理预案体系可以进一步为公共危机发生时提供行动指南和有效手段，公共危机预警机制是否能有效落实依赖于公共危机预案是否成熟有效。在我国，预警级别一般分为四级，根据严重程度分别是Ⅰ级（特别重大）、Ⅱ级（重大）、Ⅲ级（较大）和Ⅳ级（一般），预警信息包括突发公共事件的类别、预警级别、起始时间、可能影响范围、警示事项、应采取的措施和发布机关等。

制订危机预案应遵循预见性、可行性、全面性的基本原则。[①]预见性要求预案应对相关问题的规定尽量具体和可行。《国家突发公共事件应急预案》要求各地区、各部门须对可能发生的公共事件开展分析评估，完善预警机制。可行性原则指公共危机预案应该切实有效、执行度高，不能是一纸空文，预案若不能及时地、准确地付诸实施，也终归是镜花水月，毫无用处。全面性原则指预案的内容应该涵盖公共危机事件发生的全部过程，应该完整呈现处理流程。

公共危机预案一般包括四个要素：情境、主体、措施、目标。情境，即预案编制和实施的有关危机情况与背景；主体，应急预案的决策者、组织者和执行者，即制订和实施预案的组织和个人；措施，各种应急措施、管理方法、控制手段和技术；目标，应急预案所要达到的目的和效果。具体而言，预案由编制的目的、原则、依据和适用范围，以及组织机构与职责、运行机制、应急响应、后期处置、信息管理、保障措施等内容组成。[②]

[①] 杨晨，黄柏权. 公共危机预防中沟通机制的完善策略分析[J]. 三峡论坛（理论版），2017：3.
[②] 夏书章. 行政管理学[M]. 6版. 广州：中山大学出版社，2017：355.

3. 信息监测与分析

信息监测主要包括议题信息与风险信息两方面的内容：议题信息是关于引起公众关注与争论的某项公共问题的信息；风险信息是指环境中对组织有负面影响的、不确定性高的信息。议题和风险通常是用"可能性"和"冲击度"两个标准来分析。"可能性"是指议题和风险演变成危害组织事件的概率有多大；"冲击度"则指议题和风险影响组织营运或造成伤害的强度。

要收集各类相关的信息，需要与信息源建构良好的关系，以使信息沟通渠道顺畅，从而保证有效、及时地进行信息监测与分析。公共危机信息源包括各个政府部门、利益关系人、媒体、社会团体等。公共危机预警的监测流程是信息收集、信息分析或转化为指标体系；将加工整理后的信息和指标与危机预警的临界点进行比较，从而对是否发出警报进行决策；发出警报；之后一般是启动危机应急预案。①

4. 完善资源储备体制

基本物资保证是公共危机预警和预防的基础，没有相应的物资保证，即使危机预警再及时，也不可能使危机的处理十分得当。公共危机预警的物资保障需要政府的财政支持，各级政府的财政管理制度中均包含为公共危机处理所支出的基础物资经费。国家财政支出包括一般性行政管理费、事业费支出和各种专项拨款。除了国家的财政支出，非政府途径或民间的支出也发挥着越来越大的作用，如各种社会捐助、国际援助和政府通过其强制力取得的临时性财产征用等。这些费用一方面应用于危机预警阶段的预防费用，另一方面则用于危机发生后危机的处理和善后。

危机预警机制中完善的资源储备包括信息通信设备、医疗卫生设备、公共安全设备与其他物资设备等各方面的内容。②建设集中管理的信息通信平台与信息共享平台可以使公共危机预警信息传递更加快捷和准确，通信设备的完善是公共危机预警的有力保障；医疗卫生设备的完备对处理自然灾害和公共卫生类的公共危机极为重要，自然灾害通常会带来一些疾病风险，公共卫生事件一般是危害到公共健康的传染病疫情，需要有大量的医疗卫生用品以及其他疾病预防控制的资源；公共安全设备在处理突发治安事件中极为重要，安全设备的不足很可能使社会治安混乱局面发展成社会危机。

5. 加强应急培训

公共危机预警的有效实现离不开相关人员的应急反应能力，这需要适时对相关人员进行应急培训，培训对象包括应对危机的政府人员与公众。培训方式包括定期与不定期的培训和日常的宣传教育。为提高危机处理者的危机应对能力，各级政府的通常做法是成立培训中心或开展培训班，组织学习专业知识，分析、总结经验教训。如今虚拟仿真等技术在公共危机应对培训上起到了很好作用。

---

① 陈福今，唐铁汉，等．公共危机管理[M]．北京：人民出版社，2006：112．
② 叶勇，王俊巧．新公共服务视角下公共危机管理政府责任研究——以兰州"4·11"水污染事件为例[J]．电子科技大学学报（社科版），2016（6）．

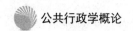

虚拟仿真技术，可以在培训中为大家创造一个仿真条件，如模拟矿井坍塌、海啸、恐怖袭击等。产生公共危机事件的原因很多，有很强的不可预见性，利用虚拟仿真技术，可以事先模拟事件的发生过程及可能造成的严重后果，辅助进行决策评估。通过虚拟模拟，可以对以往的救援技术和手段进行改进。例如，在救援场景中使用隔离、设置安全通道、设置警示牌、改进设计或改进现场布置，并请相关专家置身其中验证其实用性。通过模拟仿真技术进行现场模拟的安全操作、职业能力教育，可以使得公共危机处置人员增加处理该类事件的经验。

二、公共危机的决策机制

公共危机决策是指决策者在有限的时间、资源等约束条件下，确定应对危机的具体行动方案的过程。危机决策是危机管理的核心。

（一）公共危机决策的原则

公共危机的决策需要迅速和正确，否则将造成不好的后果。但要正确和迅速地做出决策也不是件容易的事情，其受很多条件的影响，如时间的紧迫性、信息的有限性和资源的有限性等。基于以上约束条件的限制，在危机状态下进行决策，需要遵循权力集中原则、结果优先原则、短期目标优先原则、强制原则、勇于承担风险原则。

（二）公共危机决策机制的内容

公共危机决策主体和公共危机决策制度的有机结合组成了公共危机的决策机制，其中，决策主体居于核心领导地位。公共危机决策主体是为避免和应对公共危机而履行决策职责、参与决策过程的特定个人（如总统、总理）和组织机构。公共危机决策主体不限于行政官员，还包括提供咨询意见的专家顾问和组织机构。[1]因此，构成危机决策机制的决策主体包括三方面：一是依法拥有做出最终决定权力的中枢决断系统——特定的个人和政府机构；二是辅助中枢决断系统的参谋咨询系统，如相关专业的咨询专家或政策研究机构；三是为促进中枢决断系统和参谋咨询系统有效运转、获取决策所需各种资源的协调系统，如美国的联邦紧急事务管理署在危机管理决策中发挥一定的协调作用。

公共危机决策的三要素是问题确定、目标排序、方案评估与选择。问题确定是指准确判断危机问题性质、直接原因以及可能导致事态恶化的因素。目标排序是指排出决策目标的优先顺序，缩短选择时间，根据危机事态确定最重要的目标，通常是短期目标。方案评估与选择是指在危机状态下，由于决策时间短，公众与利益团体参与磋商的可能性不大，相对而言，为决策者提供咨询的专家的意见更为重要。

三、公共危机的应对机制

公共危机的应急处置关键是要迅速反应，控制局势，迅速查明原因，积极采取措施，防止损失扩大和事态升级。

---

[1] 李娜，姜庆志. 从复杂性中寻找平衡——基于 CAS 理论的公共危机决策机制探讨[J]. 湖北行政学院学报，2012（1）.

根据《中华人民共和国突发事件应对法》《国家突发公共事件总体应急预案》等相关法律法规，我国公共危机应对机制包括以下内容：

（1）信息报告。在公共危机发生后，各级政府及有关部门应立即如实向国务院报告，最迟不得超过 4 小时，一般是逐级上报，如有特殊情况，事发地政府及有关部门可直接向国务院报告，并同时报告上一级政府。报告内容主要包括时间、地点、信息来源、事件性质、影响范围、事件发展趋势和已采取措施等。同时做好新闻发布工作，保障公众的知情权。

（2）先期处置。公共危机发生后，相关政府部门应迅速开展先期处置。

（3）应急响应。先期处置是就地自我的处置，一般组织性不强，但应急响应比起先期处置则是有组织有章法、根据危机的类别和级别等采取的科学的应对方法。应急响应一般以事发地的省级人民政府为主，成立应急指挥机构。对先期处置未能有效控制的事态，或是需要国务院协调处置的特别严重的公共危机，根据国务院领导同志指示或实际需要提出，或应事发地省级人民政府的请示或国务院有关部门的建议，国务院应急办提出处置建议，向国务院分管领导和协助分管的秘书长报告，经国务院领导批准后启动相关预案，必要时提请国务院常务会议审议决定。

（4）指挥与协调。一般由政府出面组织，有关部门和社会各界积极参与，各行各业共同实施，整合多方力量，统一指挥协调应急资源应对公共危机。

（5）应急结束。当公共危机的应急救援解除或相关的危机因素消除后，应急救援指挥机构关闭，应急结束。

根据《国家突发公共事件总体应急预案》的规定，公共危机应对流程主要包括：一是建立应急处理小组，作为突发公共事件处理的领导和协调机构；二是迅速调查情况和收集信息，作为应对决策的基础；三是综合分析、果断决策、有序应对、控制和隔离。

四、公共危机的善后机制

公共危机的善后指公共危机的紧急情况被控制后，以政府为主体的公共部门致力于危机后的恢复工作，尽快消除危机带来的损害，将社会财产、基础设施、社会秩序和社会心理恢复正常状态。与其他环节相比，善后处理也是整个公共危机管理机制中的重要环节。

公共危机的善后的内容包括以下几项：

（1）善后处置。要积极委托、深入细致地做好善后处置工作。对突发公共事件中的伤亡人员、应急处置工作人员，以及紧急调集、征用有关单位及个人的物资，要按照规定给予抚恤、补助或补偿，并提供心理及司法援助。

（2）调查与评估。要对重大公共危机事件的起因、性质、影响、责任、经验教训和恢复重建等问题进行调查评估。目前，由第三方对公共危机事件进行调查和评估是公共危机善后工作中较客观的做法，但目前我国善后工作的调查和评估由政府机构来完成。

（3）恢复重建。根据公共危机覆盖区恢复重建计划组织实施恢复重建工作。公共危机的恢复与重建包括公共设施等硬件设施的恢复，还包括对受害者的救济和心理帮助等。

任何公共危机的发生都是人们不愿看到的，但很多意外的发生是难以避免的。建立公共危机管理机制就是为了通过总结危机处理过程中的经验教训，对现有制度缺陷加以完善，发现政策失误及时改进，使公共危机对社会的损害降低到最小。

 本章小结

伴随现代社会危机事件的突发性、频发性和复杂性，公共危机管理已成为行政管理的一个重要研究课题。我国目前正处于社会变革期，政府决策环境中的不确定因素增加，而政府在公共危机中的应变能力与沟通、处理能力也成为民众对政府信任度的标准，直接影响政府的形象。因此，从构建和谐社会、保持社会稳定的角度出发，各级政府都必须将公共危机管理纳入行政管理范畴，加深对公共危机概念、类型及基本状况的认识，增强公共行政部门危机意识，提高危机应对能力，更新和完善公共危机管理的体系和运行机制，从而最大限度地避免或限制公共危机给社会带来的负面影响。

复习思考题

1. 试述研究公共危机管理的意义。
2. 试述我国公共危机管理的职能机构体制。
3. 公共危机预警机制的功能有哪些？
4. 当前我国公共危机决策中存在哪些突出问题？如何改进和完善？
5. 试述公共危机决策机制的原则和主要内容。
6. 公共危机的善后包括哪些内容？

第十六章 公共行政改革

本章重点

公共行政改革是世界各国普遍关注的现实性问题。对公共行政改革的研究和探讨，不仅有利于提升行政管理的科学化和现代化水平，而且对新时代中国特色社会主义行政体制的构建及完善具有重大意义。通过本章学习，应了解公共行政改革的内涵及必要性，掌握当代西方国家公共行政改革的主要做法及发展趋势，掌握当代中国公共行政改革的重点及方向。

第一节 公共行政改革概述

一、公共行政改革的内涵及特点

公共行政改革是指国家行政机关为适应环境的变化和行政系统内部的要求，对行政管理的各要素进行有意识的调整和变革，从而提高行政效能。由于各国具体国情和发展阶段的不同，公共行政改革的具体情况表现出很大差异性，各国在公共行政改革的内容和方式上呈现出不同的特点。

根据改革的主体，公共行政改革可以划分为"调试型"改革、"转轨型"改革和"发展型"改革。"调试型"改革是指发达国家在原有政治、经济框架下的适应性改革；"转轨型"改革是指实行计划经济的国家向市场经济体制转变的行政变革；"发展型"改革则是指欠发达的第三世界国家的行政改革。[①]

根据改革的方式，公共行政改革可划分为"突变式"改革和"渐进式"改革。"突变式"改革是指短时间内对行政体制进行迅速的、大幅度的调整和变革，其阻力和风险较大。"渐进式"改革是指相对较长时间内对行政体制进行稳妥的、阶段性的调整和变革，其进程相对缓慢。以上两种方式各有优缺点和各自的适用性。各国在改革的进程中，要结合本国国情，权衡利弊得失，做出最优选择。

二、公共行政改革的必要性

（一）公共行政改革是适应行政管理环境时代性的必然要求

当今世界正处于大发展、大变革、大调整时期，和平与发展仍然是时代主题。但是，世界面临的不稳定性、不确定性突出，人类面临许多共同挑战。因此，如何维持和促进世

---

① 张国庆. 公共行政学[M]. 4版. 北京：北京大学出版社，2017：425.

界和平成为世界各国政府的重要职能。为适应国际形势发展的新特点和全球化带来的挑战，各国政府必须对传统行政职能和行政管理方式进行调整和改革，不断提升政府管理的水平。

（二）公共行政改革是适应经济基础变化发展的现实需要

经济基础决定上层建筑，上层建筑对经济基础具有反作用。公共行政改革作为上层建筑的重要组成部分，政府必须适应最活跃的经济基础的这种变化。如果公共行政体制不能适应经济基础的变化，那么公共行政不但不能有效地管理经济，反而会阻碍经济发展。

德国社会学家马克斯·韦伯提出的科层制是最经典的传统公共行政模式。他在专业分工基础上，提出要建立严密的、层级节制的科层组织。目前，我们可以看到的大多数组织都是建立在专业分工和科层制基础上的。科层制组织最突出的特点就是依法行政，主要通过制度进行管理，无须考虑太多的人性化，严格按照等级层次自上而下地执行行政命令。另一个特点就是"永业化"，可以理解为终审雇用，即努力保持组织稳定，人在岗位上越久，越熟悉工作内容，工作输出就越好，从而整个组织的输出就越好。这种传统公共行政模式也有它的弊端，在长期运作中导致了机构冗杂、人浮于事、效率低下等问题，造成了政府的"信任赤字"和"合法性危机"。尤其是20世纪70年代石油危机后的经济衰退，给西方各国政府带来沉重的财政负担。同时，一些实行计划经济体制的国家也面临向市场经济体制转轨和发展经济的挑战。

因此，20世纪80年代以来，改革传统管理模式成为关注和研究的重点。各国政府通过调整和改革行政管理制度、政策、机制和方式，来解决财政压力和财政危机。同时，建立健全监督、廉政及民主制度等，增强政府信息的公开性和透明性，拓宽人民政治参与的渠道，从而加强政府和社会公众之间的沟通和互动，化解上层建筑与经济基础之间的矛盾，推动经济的再发展。

（三）公共行政改革是信息时代下实现管理科学化和现代化的需要

科学技术是第一生产力。当代新科学、新技术也是推动各国政府行政改革的重要力量。历史上，每次科学技术革命都会带来公共行政革命性的变革。当下知识经济方兴未艾，信息技术和网络技术正在世界各国蓬勃开展，这一方面为建立灵活、高效、公开、透明的政府提供了技术支持，另一方面打破了政府在传统行政管理模式下垄断信息的局面，为社会公众参与政府管理活动提供了便利性。随着信息化时代的来临，公共行政管理从形式到内容必须进行深刻的变革，构建信息时代下政府治理模式，消除旧行政体制的弊端，实现行政管理的科学化和现代化。这是当代行政管理研究的出发点和落脚点，也是各国政府行政管理的基本目标。

第二节 西方国家的公共行政改革

一、当代西方国家公共行政改革的基本趋势

20世纪70年代石油危机过后，西方国家兴起了行政制度改革的浪潮，其主导理论有

公共选择理论、新公共管理理论、企业型政府理论、治理理论。在这些理论的指导下，当代西方国家公共行政改革的主要做法有：

（一）行政职能市场化

当代西方国家行政改革的一个基本趋势就是行政职能市场化，通过分散和转移政府行政管理职能和公共服务职能，即将原来由政府承担的部分社会职能和经济职能推向社会，推向市场，从而缩小政府行政管理规模和范围，减轻政府负担，精简政府人员。各国普遍采取的措施有：

1. 推行国有企业私有化改革

英国、美国、法国、德国和日本等国家都在一定程度上实行私有化改革。其中，英国对国有企业的私有化改革起步最早，成效也最为突出。1979年，英国撒切尔夫人上台后，就大规模推行私有化、放松管制、减税、紧货币控通胀、削减福利开支，最终帮助英国经济成功转型。1996年，日本颁布了公共行政改革方案，通过重新界定政府和社会的职能分工，将原来由政府直接经营管理的公用事业引入现代企业机制，如将公共建设、邮政、交通运输、林业等领域引入市场，简政放权，由其自主经营。

2. 公共服务社会化

充分利用市场和社会的力量，推行公共服务社会化，主要有三种形式：一是以私补公，即政府通过制定优惠政策，吸引和鼓励私人资本投入到政府包揽的社会保险、退休保障、中小学教育、医疗服务等公共事业领域，以弥补政府财力及服务能力的不足；二是合同出租，即政府以特许或其他形式吸引中标的私营部门参与基础建设或提供某项服务；三是授权社区，即政府以授权的方式鼓励各社区建立老人院、收容院、残疾人服务中心等公益机构。

3. 政府业务合同化

当代西方各国公共行政管理中，政府的很多职能通过合同承包的形式外包出去，如道路修建、人口普查、图书馆运营、治安消防等，目前政府业务的合同承包已经很普遍。以上做法对缩小政府职能范围、精简政府机构人员、减轻政府财政赤字并化解由此产生的管理困难，无疑是找到了一条新途径。同时，西方各国政府也十分注意加强政府的宏观调控和综合协调职能，通过计划手段与经济手段、法律手段的综合运用，保证市场的正常运行和竞争的公正性、合法性。此外，各国政府普遍加强宏观调控和综合协调部门的建设，建立和完善综合协调的机制。如美国总统府，英国内阁委员会、财政部，法国总统府、经济计划厅，德国联邦总理府计划司、联邦经济部，日本总理府、总务厅等，都是承担宏观调控和综合协调的重要部门。

（二）重组政府机构

在传统科层组织制度的影响下，国家对行政管理干预不断加大，导致了政府机构膨胀、效率低下和行为形式化等弊端，已经严重阻碍了经济的发展。为此，克服传统科层组织制度弊端，精简政府机构，各国政府把精干、合理、高效作为公共行政改革的重要追求目标。

如 1993 年，克林顿执政时期，就拉开了美国面向 21 世纪的政府改革的序幕，通过压缩政府规模，转移政府部门的一些机构，撤销政府部门的各类顾问委员会等，以重塑一个高效低耗、充满活力的联邦政府。克林顿改革不仅帮助美国走出大赤字、大政府困境，还带来了经济的再次快速发展。同时，其他各国也对政府机构进行了不同程度的调整和合并，压平组织机构的平层级制，减少中间管理层次，精简内部规章制度，实行参与管理、参与决策，针对非经常性问题则多采用临时机构。

重组政府机构的另一个代表性国家是英国。英国的改革是通过把原政府内的中下层组织转变为执行机构，成立执行局，分离决策权和执行权来重组政府机构。在行政管理上，执行机构与政府通过签订责任书，明确双方的责任范围、工作目标和考核标准。这样既能保证执行机构首长在职责范围内充分享有人事、财政自主权，还赋予了执行机构在财力、人力等资源配置上更大的自主权和灵活性。澳大利亚、丹麦、新西兰以及中国香港地区也采取了类似的改革措施。

纵观当代西方发达国家在重组政府机构的改革做法，值得注意的是，西方各国普遍采用了大部门体制做法，政府部门的设置一般保持在 15 个左右。

（三）改革公务员制度

作为国家公共行政制度的重要组成部分，西方国家公务员制度改革同西方国家公共行政管理体制改革是紧密联系在一起的。为了适应政府行政管理的市场化，西方国家在人事行政观念、职能、工作方式等方面做出了一系列的调整。

1. 精简人员，加强公务员定员管理

1994 年，美国国会通过《联邦雇员重新调整法案》，明确提出联邦政府要在五年内削减雇员 27 万余人。该法案通过授权联邦机构"卖出"雇员以鼓励雇员主动离开，并对自愿提前退休和自愿辞职的雇员一次性给予 2.5 万美元的"现金奖励"。[①]到 1998 年，美国实际裁员达到 35.1 万人，精简率超出既定目标，使得美国联邦政府财政开支削减了 1 370 亿美元。这是美国自 1968 年连续赤字后第一次出现财政结余。英国、加拿大和日本政府在人事管理方面也推行了"渐减"计划和采取"多退少补"原则，大规模精简公务员队伍，实现世界各国中少见的行政编制"负增长"。

2. 放松规制，实行柔性化管理

效率成为公务员制度改革的中心目标，规制变得次要，而且被认为是妨碍效率的障碍。因此，放松规制成为西方许多国家的改革措施。其中以美国较为典型。各国普遍的做法就是在人事录用、报酬、职位分类、培训等制度上放松规制，增强灵活性。同时，采取更加灵活的薪酬奖励制度，并在公务员体系外增加临时性、兼职或季节性雇员的数量。

（四）重构社会福利制度，完善社会政策

20 世纪 70 年代后，西方发达国家面临着经济"滞涨"局面，社会福利制度也陷入了

---

① 刘杰. 当代美国政治[M]. 北京：社会科学文献出版社，2001：98.

重重困境。西欧国家发生"福利国家危机",美国出现"福利困境",日本惊呼21世纪年金制度要"崩溃"。可以说,各国面临的"福利困境"是导致各国重构社会福利制度改革的直接诱因。

1996年,美国通过了《个人责任与就业机会协调法》。这部法的核心理念是以"工作福利"取代"社会福利",增加社会投资,这可以说是美国对其福利制度的一次根本性变革。福利改革后,享受政府福利补助的人数明显减少,政府财政负担也得到大幅度削减。英法等西方发达国家也纷纷完善社会政策,重构福利国家,推动民众从"福利转向工作"。为了提高人们的就业能力,各国还采取了一系列鼓励就业的政策措施及开展了丰富有效的教育和培训。

（五）发展第三部门,培育社会治理的多元主体

西方国家的政府改革和第三部门的迅猛发展是一种双向的互动关系。政府改革为第三部门的发展开辟了道路,而第三部门的发展又对政府形成一种超越性压力,倒逼政府进行改革。两者之间的互动,已成为一场全球性的社会变革运动,也是当代西方各国政府改革的重要内容之一。

以美国为例,1975—1995年,美国非营利组织不仅数量上迅猛增加,而且其资产增长率和收入增长率高达312%和380%,这种增长速度远超同期美国全国GDP 74%的增长率。1995年后,美国非营利组织仍以同样惊人的速度增长。进入21世纪后,非营利组织日益壮大和成熟,美国国民每年向非营利组织的捐助都在2 000多亿美元,其数量增加到180万个。[①]同时,非营利组织在结构和功能上也发生明显的变化,对公共管理的影响日益增加。第三部门的发展带来了公共行政管理模式的变迁,在某种程度上揭示了西方国家政府改革所要进行的路径选择和目标方向。

（六）简化行政程序,改进管理方式

当代西方国家政府为提高管理效率和质量,普遍通过简化行政程序、缩小审批事项管理范围、下放审批权限、废除失效和过时的条例、合并重复的审批程序和审批制度、简化申报程序和审批手续、发展电子政务等做法改进公共管理方式。

同时,各国政府还十分注意将私营组织的成功管理经验和管理办法引入到政府管理中。在这方面,英美的做法最为突出。英国每一届政府研讨行政改革时,都聘请私人企业管理专家参加研讨,并在改革过程中引入现代企业管理经验。如1968年《富尔顿报告》提出的行政改革思想,直接吸取大型企业管理的经验;1979年的"效率评审计划",几乎是现代化大企业普遍采用的效率评审技术在政府中的翻版;1987年推行的"下一步行动"和1992年梅杰政府的"以竞争求质量"运动、1999年针对地方政府改革的"灯塔计划",都借鉴了企业管理的先进经验。20世纪90年代以来,美国政府受企业界"重塑管理"运动的影响,更是进行了"重塑政府"运动,大刀阔斧地改革行政程序和行政方法。

---

① 李培林,等. 当代西方社会的非营利组织——美国、加拿大非营利组织考察报告[J]. 河北学刊,2006（2）.

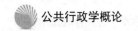

（七）调整中央和地方关系，合理分权

20 世纪 70 年代以来，中央和地方关系的改革主要有分权和集权两种趋势，其中以分权为主。大部分西方国家都对地方政府权力进行了扩大。

美国里根政府和克林顿政府时期都积极推行放权原则，将联邦政府的若干社会职能逐步转移给州和地方政府。尤其是里根提出了"还政于州"的口号，赋予各州政府更多自主权和灵活性。1998 年，美国共有 40 个联邦计划完全由州政府接管。日本为实行地方分权，制定了关于 改革中央和地方关系的方针和地方分权的基本法。法国的行政改革则是从下放和分散权力突破，先后制定和颁布了《关于行使地方议员职务条件法》和《共和国地方行政法》《共和国地方行政指导法》，以此作为地方议员行使职权的条件和地方行政运作方式的法律指导文件。2003 年，法国以颁布关于国家结构改革的宪法修正案在议会的通过为标志，改革触及法国传统的中央集权行政体制，其重点在于建立分权机制，发展地方民主，给地方政府更多决策权和财政自主权。①

在当代西方国家中央和地方分权与放权改革中，财权集中、事权分散是各国政府始终贯彻的原则，其目的在于既维护国家的整体利益，又扩大地方的自主权和调动地方政府的积极性。更重要的是，保证中央宏观调控，确保中央政府可不同程度地对地方政府实行严格有效的监督。

二、当代西方国家行政改革的基本特点

（一）有计划地渐进式推进行政改革

积极稳妥是公共行政改革的基调，西方国家为确保行政改革稳步发展，坚持有计划、渐进式的行政改革。

日本的削减定员计划采用的方式就是持之以恒的渐进式削减。从 1968 年起，日本政府多次实施过削减定员计划。每次削减定员计划都有统一规划和年度计划，以减轻一次性、大幅度精简机构及编制引起的震动，既能克服因减而复增带来的各种弊端，又能做到人员编制的"负增长"。

为适应国内外政治和经济环境的变化，破解经济发展的瓶颈，英国历届政府对改革都十分重视，将行政改革作为主要战略目标，长期、持续、渐进地推进公共行政改革。此外，法国自 1982 年实施权力下放以来已有 30 多年历史，目前仍在继续推进。他们认为，这一改革还需要相当长的时间才能完成。美国调整改革联邦与州关系的方式也比较温和，如正在进行的还权于州的"新联邦主义"改革，已达 40 多年时间，目前还在有条不紊地进行中。

（二）坚持立法先行，完善配套立法

当代西方国家的公共行政改革，每个步骤或措施都坚持立法先行，并以议会通过的相关法作为法律依据才能生效实施。

美国《宪法》明确规定，一切改革活动必须以法律为依据，总统和政府行政机构的权

---

① 潘小娟. 中法中央与地方关系改革比较研究[J]. 国家行政学院学报，2005（4）.

力来源于宪法和法律，未经法律授权不得擅自做出任何改革行动。联邦政府各行政机构的设立及其经费预算、职责任务、管辖范围、人员定额等，也都有明确的法律规定，必须要经国会审议批准。如遇极特殊或紧急情况，国会未来得及审批，为避免相关行政机构的正常运转，也只能采取临时措施。

英国也坚持"先立法后改革"的原则，强调公共行政改革必须要有法可依。地方政府如要扩充行政机构和增加人员编制，必须上报中央主管部门审核，经议会表决。议会表决结果不论是否通过，都要形成一个相应的法律文件予以书面确认。除此之外，澳大利亚、德国也都制定了类似的改革法规。

（三）丰富政府管理内涵，提高政府管理效益

在行政改革中，西方各国政府日益重视丰富行政管理内涵，将提高政府管理效能和服务质量放在同等位置，强调低投入高产出，少花钱多办事。

英国多举措并行以提高政府管理效益。1968年，英国调整政府职能和改革公务员制度时制定的《富尔顿报告》，就引入了"输出预算法"和应用新式管理会计学，采纳企业管理经济核算方法衡量政府管理效益。该做法效果显著，在英国此次行政改革后，虽然行政机构有所增加，但减轻了财政压力，节省了财政支出，提高了服务质量。1991年，开展了"市民宪章"运动，其目的就是解决公共服务行业中群众意见比较大的问题，如服务态度差、服务质量低等。该运动虽未从根本上改变政府体制，但规定了提高公共服务的举措，因此受到群众的大力支持和肯定。1992年，实行了"市场检验"运动，在政府提供的部分公共服务中引入市场竞争，进行公开招标，将部分公共服务项目推向市场，其目的就是打破政府垄断格局，进行资源优化，合理分工，提高政府公共服务部门服务质量和效率。

日本政府从1980年开始，持续推进行政改革，秉持"亲切、廉洁、效能"的宗旨，以窗口服务为中心，不断丰富完善行政服务活动。1988年，为确保国民所接触的公共服务的质量，日本又开展了"高质量的行政服务运动"，要求所有公共服务做到明白易懂、方便群众、办事迅速、服务周到、保证安全。为此，各省厅及特殊法人都设置服务窗口。1990年，日本又将每年5月定为"高质量行政服务推进月"，以此集中实施改善行政服务的总检查。

此外，美、法等国政府也奉行"顾客至上"的原则，采取各种措施提高服务质量。

（四）加强改革工作班子建设，发挥参谋咨询机构作用

为推进公共行政改革，西方国家政府组建了精干、高效的改革工作班子。英国政府在内阁办公厅下设了"效率小组""下一步行动小组"或"市民宪章小组"，由此组织实施英国的主要行政改革。以上这些负责行政改革的机构小而精，人数少，素质高。这些精干小组实行的是直接负责制，直接对首相负责，效率较高，因此在推动英国行政改革中发挥了重要作用。

日本为确保行政改革建立了高效的、健全的、从上而下的组织体系。由总务厅统一领导改革，有效规划和推进，并综合协调各省厅机构设置、人事管理、行政监察等改革。总务厅下设的行政管理局主管行政改革和定员管理，并负责与各省厅官房的联系和协商，各省厅的官房主管省厅内的综合协调、行政改革和定员管理。这样就形成了总务厅到各省厅

官房的组织体系，有力地保障了日本行政改革的顺利实施。

除此之外，参谋咨询机构在行政改革中的作用日益突出，各国政府越来越重视参谋咨询机构在政治参与中的角色和作用。这些参谋咨询机构有的隶属于行政部门，有的直接对行政首脑负责，有的是相对独立的民间组织，它们在政府改革及提升行政管理科学化上发挥了重要作用。

（五）建立健全政府绩效评估体系，强化监督机制

绩效评估是检验行政改革成果、提高政府管理水平的重要手段，20世纪80年代以来，经过数十年实践的检验和发展，绩效评估已成为评估政府行为的约束体系。

1993年，美国国会通过了《政府绩效与结果法》和《戈尔报告》，改变了国会过去对政府监督重行政程序性的做法，日益重视政府的行政效果。在考核联邦政府各部门及文官的业绩时，将工作质量、效益和公众满意程度放在首位，力求建立"以结果和绩效为本"的新公务员体制模式，使其建立在分权、灵活性、绩效基线上，而不是程序（过程）和顺从上。该模式既保留现行体制的核心价值，又体现灵活性、回应性、效率性，即"以最聪明、最好、最快、最经济的方式做事情"。①2001年小布什上任后，也提出要构建更有意义的绩效评估体系，以此奖励在评估考核中表现卓越的人员，搭建与结果之间的紧密联系。②

纵观西方其他一些国家的公共行政改革，我们可以看到针对公务人员和专职办事机构的绩效评估体系往往由多主体共同参与，如立法部门、利益集团、社会团体和专业人士等。它们共同对公务人员和专职办事机构评估，形成绩效评估报告，并通过各种媒体和渠道发表意见，由此将政府行政改革纳入到内外评估结合、多元评估主体并存的立体评估体系监控下。

立体的绩效评估"不仅要评估政策、计划和项目自身存在的必要性和合理性，并用数据来加以表示，而且强调事前评估的结果必须向公众公布，如果事后评估显示政府的政策、计划或项目未能产生预期的效果，则有关部门和人员将不可避免地被追究责任"。③这样就可以使公务人员迫于绩效评估的压力和个人福利损失的可能，不敢懈怠行政改革的目标，取得化解改革阻力的效果。

当然，西方各国公共行政改革的根本目标始终是维护资本主义政治体制，所有的改革都是围绕这一目标进行的。现实中，不少西方国家的公共行政改革也不是一帆风顺的，这也反映了任何改革必然会面对的现实。

第三节 当代中国的公共行政改革及展望

一、当代中国的公共行政改革

自中华人民共和国成立至今，我国先后共进行了11次规模较大的政府机构改革。改革

---

① 宋世明. 美国行政改革研究[M]. 北京：国家行政学院出版社，1999：199.
② 王佃利. 美英澳三国新公共管理改革的新进展[J]. 中国行政管理，2004（2）.
③ 张定安，谭功荣. 绩效评估：政府行政改革和再造的新策略[J]. 中国行政管理，2004（9）.

开放以来，就进行了 8 次改革。这 8 次大的改革，在一些重要领域和关键环节取得重大进展，为党和国家事业取得历史性成就、发生历史性变革提供了有力保障。以下着重介绍这 8 次行政改革。

（一）1982 年改革：提高政府工作效率，实行干部年轻化

十一届三中全会后，随着党和国家重心的转移，为适应社会主义现代化建设，我国进行了行政改革的首次尝试。本次改革是在坚持社会主义制度的前提下，改革生产关系中不适应生产力发展的经济体制和行政体制。在城市，推进以增强企业活力为中心，打破条块分割为目的，扩大中心城市经济管理权限的改革；在农村，变革政社合一的"人民公社"行政体制，将行政权与生产经营权分离。

在精简政府机构方面，大幅度整合了经济管理部门，加强了综合、调解、监督、法制部门建设，推进后勤社会化试点，使得国务院各部门、直属机构、办事机构从 100 个缩减到 61 个。在领导班子建设上，结合机构改革推进干部年轻化，明确规定了各级各部职数、年龄和文化结构，减少了副职，废除了领导职务终身制，建立起干部离退休制度。改革之后，国务院各部委正副职是一正二副或一正四副，领导班子日益年轻化，其平均年龄从 58 岁降到 54 岁，素质也得到了提升。

1982 年的机构改革，历时三年之久，涵盖范围上至国务院，下至各级机构，是中华人民共和国成立以来规模范围最大、目的性较强的一次建设和完善各级机关的改革。这次改革是建设中国特色社会主义事业需要的行政管理体制道路上必不可少的一步，也是日后中国很长一段时期内进行政府机构改革的主要内涵。但由于这次改革未从根本上突破原有计划经济的框架和转变政府职能，最后没有克服机构林立、职能重叠、人浮于事、效率低下的弊端及改革后机构的再膨胀。

（二）1988 年改革：转变政府职能是机构改革的关键

1988 年改革，首次提出"转变政府职能是机构改革的关键"这一重大命题，并紧密地将行政改革与经济体制改革协调推进，按照政企分开的原则将政府对企业的直接管理为主转为间接管理为主，下放政府直接管钱、管物的职能，加强决策、咨询、调解、监督和信息等职能。同时，对国务院机构进行了改革，强化综合部门、经济调节部门、监督部门和社会保障部门，适当弱化专业管理部门。

在这次改革中，国务院部委由 45 个缩减为 41 个，直属机构从 22 个减为 19 个，人员编制减少 9 700 人。同时，对人事制度进一步改革，建立了各级政府机关的国家公务员制度，并实行依法管理和公开监督。人才市场作为新生事物开始自下而上地涌现，地方政府机构的改革也取得一定进展。

这一阶段的改革确实为确立社会主义市场经济体制奠定了有力基础。但改革的设计毕竟是按照经济模式要求进行的，因此带有一定的局限性，政府职能转变远未达到预期的效果。

（三）1993 年改革：适应建设社会主义市场经济的需要

到 1993 年，国务院工作部门又增加至 86 个，于是启动了第三次改革。这次真正开启

了行政体制与市场经济配套改革的新阶段。按照1992年党的十四大提出的建立社会主义市场经济体制的目标，这个阶段的改革以适应社会主义市场经济发展的要求为宗旨，重点转变职能、理顺关系、精兵简政，而改革的根本途径是实现政企分开。同时以推行国家公务员制度为重点，全面推进机关、事业、企业人事制度改革，并适应建立现代企业制度的需要，探索国有资产管理体制。

经过此次调整，国务院组成部门共41个，人员比原来减少20%。1993年的改革可以说意义重大，其最大贡献在于真正适应了社会主义市场经济体制的需要，改革由侧重下放权力转向制度创新，由改革旧体制转向建立新体制。但由于历史条件制约和宏观环境限制，政府行政体制存在的诸多问题仍未得到根本性的解决，机构设置与社会主义市场经济发展的矛盾仍十分突出，因此，改革必须继续向广度和深度全面推进。

（四）1998年改革：消除政企不分的组织基础

鉴于当时机构设置与社会主义市场经济发展的矛盾日益突出的现实，1998年，中央人民政府实施了2008年之前涉及面最广、改革力度最大的一次政府机构改革。

这次机构改革，按照社会主义市场经济的要求，根据政企分开、依法行政和精简、统一、效能的原则，以建立办事高效、运转协调、行为规范、适应社会主义市场经济体制的行政管理体系为目标。从1998年开始，国务院机构改革首先进行。根据九届全国人大一次会议通过的国务院机构改革方案，改革的重点是调整和撤销那些直接管理经济的专业部门，加强宏观调控和执法监管部门。改革后除国务院办公厅外，国务院组成部门由原有的40个减少到29个。国务院直属机构和办事机构也进行相应的调整与改革。并且加强了行政组织和立法。与此同时，中央各部门和其他国家机关及群众团体的机构改革陆续展开。随后，各级地方政府也进行机构改革，精简机构和人员。全国省级政府机构由平均55个减为40个，平均精简20%左右；省级政府人员编制平均精简47%；市、地级政府机构由平均45个减为35个；县级政府机构由平均28个减为18个。这次机构改革取得了很大的成绩。至2003年6月，经过机构改革，全国各级党政群机关共精简行政编制115万名，市县乡政府清退超编人员43万人。干部队伍结构得以趋向合理。

（五）2003年改革：目标是行为规范、运转协调、公正透明、廉洁高效

2003年的改革是基于国内国际形势的变化进行的。国内方面，党的十六大提出行政体制改革的主要任务是推进服务型政府和法治政府建设，要完善政府的经济调节、市场监管、社会管理和公共服务的职能；国际方面，中国2001年加入世贸组织，要求进一步加快市场经济体制改革。因此，2003年机构改革的目的是进一步转变政府职能，改进管理方式，推进电子政务，提高行政效率，降低行政成本。改革的目标是逐步形成行为规范、运转协调、公正透明、廉洁高效的行政管理体制。改革的重点是，深化国有资产管理体制改革，完善宏观调控体系，健全金融监管体制，继续推进流通体制改革，加强食品安全和安全生产监管体制建设。

此外，2003年抗击"非典"以后的政府机构改革是一个转折点。之后的政府机构改革，

日益重视以科学发展观为价值导向，以建设服务型政府为目的，以全面促进经济建设、政治建设、文化建设、社会建设为目标，以全面履行政府的社会经济职能为基本途径。正是在这个意义上，党的十七大报告中提出，"加快行政管理体制改革、建设服务型政府"。

2003年以前的改革开放时期，政府既创造环境，又在直接创造财富；新的时代发展对政府提出的新要求是，"政府创造环境，人民创造财富"。总之，该阶段行政改革最突出的特点就是围绕公共服务体系建设真正转变政府职能，围绕公共服务体系建设着力优化政府组织结构，以公共服务为重点改进行政运行机制，加大财政投入，努力推进基本公共服务均等化。通过改革，实现政府职能向创造良好发展环境、提供优质公共服务、维护社会公平正义的根本转变；实现政府组织机构及人员编制向科学化、规范化、法制化的根本转变；实现行政运行机制和政府管理方式向规范有序、公开透明、便民高效的根本转变，建设人民满意的政府。

（六）2008年改革：建立职能统一、部门职责清晰的大部门制

2008年，中国实行了第六次行政管理体制改革，首次明确提出"大部门制"，将原来分工比较细的部门，合并为大部委，探索建立职能有机统一、部门职责清晰的现代政府体制。

大部制即为大部门体制。按照业内专家的提法，为推进政府事务综合管理与协调，按政府综合管理职能合并政府部门，组成超级大部的政府组织体制。其主要特点是扩大一个部所管理的业务范围，把多种内容有联系的事务交由一个部管辖，从而最大限度地避免政府职能交叉、政出多门、多头管理，从而提高行政效率，降低行政成本。

本次国家机构改革突出了三个重点：一是加强和改善宏观调控，促进科学发展；二是着眼于保障和改善民生，加强社会管理和公共服务；三是按照探索职能有机统一的大部门体制要求，对一些职能相近的部门进行整合，实行综合设置，理顺部门职责关系。

经过调整，除国务院办公厅外，国务院组成部门设置27个，较之前减少1个。这次国务院改革涉及调整变动的机构共15个，正部级机构减少4个。本次改革后，典型的大部制已经开始初步成型，如将国家邮政局、国家民航总局均纳入交通运输部。

（七）2013年改革：构建职能科学、结构优化、廉洁高效、人民满意的服务型政府

党的十八大以来，以习近平同志为核心的党中央对深化行政体制改革和加快转变政府职能提出了明确要求，强调建立中国特色社会主义行政体制，重点围绕转变政府职能和理顺职责关系稳步推进大部门制改革，构建职能科学、结构优化、廉洁高效、人民满意的服务型政府和现代行政体系。

本轮改革的主要内容有：第一，继续推进大部制改革，实行政企分开。比如撤销铁道部成立铁路总公司，把新闻出版、广播电视等部门合并起来成立了一个大的部门，统管相关事项。第二，赋予行政管理体制改革以新的意义和职能，即行政管理体制改革要服务于、服从于国家治理体系和治理能力的现代化。第三，对一些比较弱的部门进行了加强，成立了一些新部门，如国家安全委员会。

可以看出，这次改革机构整合的力度不大，其侧重点主要在于"放管服"改革方面，即简政放权，放管结合，优化服务，主要是在"放"上下大气力，努力做好简政放权的"减

法";在"管"和"服"上不断创新,努力做好监管的"加法"和服务的"乘法"。一个主要体现是行政审批、许可大规模减少,五年下来国务院总计减少900多项行政审批许可。

(八)2018年改革:统筹党和国家机构改革,构建系统完备、科学规范、运行高效的行政体系

此次国务院机构改革,与之前的几次相比,有许多新的突破。

一是打破党政界限,统筹党和政府机构的设置。以往的改革都是局限于政府机构内,2018年的改革对此做出了重大突破,这是贯彻党的十九大和十九届三中全会关于统筹设置党政机构、完善党政机构布局要求重要部署的具体举措。此次改革对减少多头管理,减少职责分散交叉,构建职能分工合理、责任明确、运转协调的党政机构具有重要意义。

二是打破部门界限,重构国务院组成部门。此次改革一改过去在国务院机构部门间分合的方式,最大限度地合并国务院不同部门中分散的相同或相近的职能,通过合并同类项,组建新的职能部门。新设立的自然资源部就是将国土资源部、国家发展和改革委员会、住房和城乡建设部、水利部、农业部、国家林业局、国家海洋局、国家测绘地理信息局八个部门的相关职责进行整合组建而成的。这种合并方式将原来需要在多个部门之间流转的事情放在一个部门,大大提高了决策和办事效率,加强了相关机构的配合联动,避免政出多门、责任不明、推诿扯皮,使得国务院机构设置更加科学、职能更加优化、权责更加协同、监管更加有力、运行更加高效。

三是打破精简的改革模式,突出优化协调高效。历次的机构改革强调精简,这次改革并未突出这一点,而是强调优化协同高效。优化就是要科学合理、权责一致,协同就是要有统有分、有主有次,高效就是要履职到位、流程通畅。这次机构改革后,国务院正部级机构减少8个,副部级机构减少7个,但这不是靠精简部门做到的,而是靠优化协同高效。其中,在国务院组成部门中组建了自然资源部、生态环境部、农业农村部、文化和旅游部、国家卫生健康委员会、退役军人事务部、应急管理部,重新组建了科学技术部、司法部,占改革后国务院26个组成部门的1/3。

四是打破固化的利益藩篱,政府职能转变取得新突破。经过之前的几轮改革,国务院在转变政府职能、向市场放权让利方面迈出重要步伐,但囿于部门利益等原因,政府职能转变还不到位。这次国务院机构改革,敢于啃"硬骨头",对宏观管理部门的职责和权限进行了大幅调整优化,减少了国家发展和改革委员会、财政部等宏观管理部门的微观管理事务和具体审批事项。这些触及部门利益的改革举措有利于其把主要精力转到制定国家发展战略、统一规划体系上来,更好发挥国家战略、规划导向作用,真正实现政府职能转变。

2018年上半年的行政体制改革,可以说是大刀阔斧、建梁架柱、力度空前,是一场系统性、整体性、重构性的深刻变革,力度规模之大、涉及范围之广、触及利益之深前所未有。从完善坚持党的全面领导制度、合理配置宏观管理部门职能、完善党政机构布局、赋予省级及以下机构更多自主权、依法管理各类组织机构5个方面作了部署。这一阶段的改革,实现了政府治理新跨越,为实现"两个一百年"奋斗目标提供了强力支撑和保障。

(九) 2023 年改革：统筹中央和地方，深化重点领域机构改革

2023年党和国家机构改革，以习近平新时代中国特色社会主义思想为指导，以加强党中央集中统一领导为统领，以推进国家治理体系和治理能力现代化为导向，坚持稳中求进工作总基调，适应统筹推进"五位一体"总体布局、协调推进"四个全面"战略布局的要求，适应构建新发展格局、推动高质量发展的需要，坚持问题导向，统筹党中央机构、全国人大机构、国务院机构、全国政协机构，统筹中央和地方，深化重点领域机构改革，推动党对社会主义现代化建设的领导在机构设置上更加科学、在职能配置上更加优化、在体制机制上更加完善、在运行管理上更加高效。

一是深化党中央机构改革。组建中央金融委员会、组建中央金融工作委员会、组建中央科技委员会、组建中央社会工作部、组建中央港澳工作办公室。

二是深化全国人大机构改革。组建全国人大常委会代表工作委员会。负责全国人大代表名额分配、资格审查、联络服务有关工作，指导协调代表集中视察、专题调研、联系群众有关工作，统筹管理全国人大代表议案建议工作，负责全国人大代表履职监督管理，统筹全国人大代表学习培训工作，指导省级人大常委会代表工作等，承担全国人大常委会代表资格审查委员会的具体工作，作为全国人大常委会的工作委员会。

三是深化国务院机构改革。重新组建科学技术部、组建国家金融监督管理总局、深化地方金融监管体制改革、中国证券监督管理委员会调整为国务院直属机构、统筹推进中国人民银行分支机构改革、完善国有金融资本管理体制、加强金融管理部门工作人员统一规范管理、组建国家数据局、优化农业农村部职责、完善老龄工作体制、完善知识产权管理体制。

四是深化全国政协机构改革。优化全国政协界别设置。全国政协界别增设"环境资源界"。将"中国共产主义青年团"和"中华全国青年联合会"界别整合，设立"中国共产主义青年团和中华全国青年联合会"界别。优化"特别邀请人士"界别委员构成。

五是优化机构编制资源配置。精减中央和国家机关人员编制。中央和国家机关各部门人员编制统一按照 5%的比例进行精减，收回的编制主要用于加强重点领域和重要工作。中央垂管派出机构、驻外机构不纳入统一精减范围，根据行业和系统实际，盘活用好存量编制资源。

地方党政机关人员编制精减工作，由各省（自治区、直辖市）党委结合实际研究确定。县、乡两级不作精减要求。

2023年中央和国家机构的改革，加强科学技术、金融监管、数据管理、乡村振兴、知识产权、老龄工作等重点领域的机构职责优化和调整，转变政府职能，加快建设法治政府，为全面建设社会主义现代化国家、全面推进中华民族伟大复兴提供有力保障。

二、中国公共行政体制改革的巨大成就和基本经验

改革开放以来的公共行政体制改革，打破了计划经济背景下的传统行政管理模式，不仅基本建立了与社会主义市场经济相适应的行政体制，而且在实践中积累了宝贵经验。

（一）坚持科学理论指导改革

推进公共行政体制改革，必须坚持以马克思主义、毛泽东思想、邓小平理论、"三个代表"重要思想、科学发展观、习近平新时代中国特色社会主义思想为指导，始终遵循上层建筑必须与经济基础相适应的基本原理。

（二）坚持以人民为中心的价值取向

我国《宪法》明确规定："一切国家机关和国家工作人员必须依靠人民的支持，经常保持与人民的密切关系，倾听人民的意见和建议，接受人民的监督，努力为人民服务。"改革开放40年来，中国公共行政体制改革的重要内容就是对"以人民为中心"改革取向的不断确认、强化和发展，着力解决人民群众最关心、最直接、最现实的利益问题。

（三）坚持聚焦转变政府职能

转变政府职能是行政体制改革的核心。加快推进政企分开、政资分开、政事分开、事企分开，以及政府与市场中介组织分开，厘清政府权责界面，高效提供公共产品和公共服务，加强民生保障和改善。

（四）坚持全面统筹推进改革

公共行政体制改革与经济、政治、文化、社会、生态、党的建设等方面的改革密切相关。习近平总书记在党的十九大报告中指出："统筹考虑各类机构设置，科学配置党政部门及内设机构权力、明确职责。"中国政府始终注重增强各方面改革的统筹、协调和配合，注重改革的系统性和实效性。

（五）坚持积极稳妥走好改革路

在40年改革开放中，中国走出了一条开拓性创新、渐进式改革的成功道路。这一道路的基本特点，是在坚持中国特色社会主义基本制度框架的前提下，进行的一场有领导、有秩序、有创新的社会主义行政制度的自我完善和革命。

（六）坚持鼓励因地制宜、先行先试

鼓励和支持地方、部门因地制宜大胆创新，为深化改革积累经验。许多地方和部门围绕政府职能、组织结构、层级体系、管理体制、运行机制、服务方式等进行了积极探索，国家将其中行之有效的改革举措予以完善和推广，并体现在顶层统筹和决策部署中。[1]

（七）坚持刀刃向内直抵病灶，根除痼疾

从2018年国务院机构改革方案看，直面权力和利益调整，重塑新的利益格局，从根上解决了过去职能交叉、重叠等痼疾，对进一步转变政府职能、建设人民满意的服务型政府，意义极为深远。

（八）坚持党对公共行政体制改革的领导

"党政军民学，东西南北中，党是领导一切的。"在行政体制改革中，必须增强政治意

---

[1] 魏礼群. 中国行政体制改革的历程和经验[J]. 全球化，2017（5）.

识、大局意识、核心意识、看齐意识，自觉维护以习近平同志为核心的党中央权威和集中统一领导，确保我国的行政体制改革始终沿着正确的方向和道路不断深化发展。

三、新时代下中国公共行政体制改革的未来展望

改革开放以来，中国公共行政体制历经8次改革，取得了很多历史性进步和成就，但同新时代下"五位一体"和"四个全面"的战略布局及实现国家治理现代化的目标还不能完全适应，仍需要继续破解一些矛盾和问题。结合新的时代条件和实践要求，今后一段时期中国行政改革的重点领域主要是：

（一）坚持党的全面领导不动摇

坚持党的全面领导不仅是中国公共行政体制的特色，更是确保公共行政体制改革顺利推进的根本保障。要深化公共行政体制改革，必须始终坚持党的领导，建立健全党对重大工作的领导体制机制，强化党的组织在同级组织中的领导地位，更好发挥党的职能部门作用，统筹党政机构的设置和调整，推进党的纪律检查体制和国家监察体制改革，不断优化和规范政府职能。

（二）聚焦政府职能转变

新时代下深化公共行政体制改革要始终围绕"两个一百年"目标进行，持续聚焦政府职能的转变，构建系统完备、科学规范、运行高效的政府机构职能体系，职责明确、依法行政的政府治理体系，联系广泛、服务群众的群团工作体系，推动各类机关、社团组织、企事业单位等在党的统一领导下协调行动、增强合力，全面提高国家治理能力和治理水平。同时，要持续深化"放管服"改革的重点领域和关键环节，进一步推进简政放权，持续激发市场活力，优化公平竞争的市场环境，大力提升政府服务，为提高更优质的服务及人民对美好生活的向往而努力。

（三）整合优化政府机构和职能配置

优化政府机构设置和职能配置，不仅是公共行政体制改革的重要内容，也是改革的关键因素。因此，未来公共行政改革的重点就是围绕政府五大职能的整合和优化进行。

优化经济调节职能，处理好市场和政府直接关系，合理配置政府宏观调控职能；整合市场监管职能，优化有关监管部门职能，推进全面依法治国，完善行政综合执法体制；突出社会管理职能，为满足人民对美好生活的向往不断优化机构和职能配置；加强公共服务职能，促进机会均等和社会公平正义、增进人民福祉、增强全体人民在共建共享发展中的获得感、实现中华民族伟大复兴的中国梦；加强生态环境保护职能，组建生态环境部，整合分散的生态环境保护职能，为建设美丽中国和保障中国生态安全提供机构保障。

（四）理顺中央和地方职责关系

理顺中央和地方职责关系，科学设置中央和地方事权。党的十九大报告提出，要"赋予省级及以下政府更多自主权。在省市县对职能相近的党政机关探索合并设立或合署办公"。为此，在坚持中央集中统一领导的前提下，规范垂直管理体制和地方分级管理体制，

赋予省级及以下机构更多自主权，从而建立从上到下的运行顺畅、充满活力、令行禁止的机构职能体系，更好激发中央和地方的积极性。

（五）创新行政管理方式

一是创新服务和管理模式，优化管理流程。二是着力建设法治政府。进一步加强行政立法、执法和监督工作，加强行政程序和行政监督制度建设，规范政府行为，推进政府建设和行政工作法治化、制度化。三是推进政务公开。完善政务公开制度，扩大政务公开范围，保障公众对公共事务的知情权、参与权、表达权和监督权。四是提高科学决策水平。健全科学决策、民主决策、依法决策机制，合理界定决策权限，规范决策行为。五是加快电子政务建设，推进公共管理和服务的信息化、现代化。六是推进政府绩效管理。加快完善行政绩效评估标准、指标体系和评估机制、评估方法，有效引导和督促各级政府和工作人员树立正确的政绩观。

本章小结

公共行政改革是提高政府治理绩效的重要途径，也是公共行政学的主要研究领域和实践对象。公共行政改革的本质是政府追求对行政环境的适应，实现善治。伴随社会环境的变化，公共行政改革势在必行。但是，不同国家、不同国情社情、不同改革环境在相当程度上影响各国的改革模式。西方国家的公共行政改革为我国提供了经验和教训。改革开放以来，我国公共行政体制共进行了8次改革，取得了很多历史性进步和成就。但与新时代下"五位一体"和"四个全面"的战略布局及实现国家治理现代化的目标还不能完全适应，仍需要继续破解一些矛盾和问题。结合新的时代条件和实践要求，今后一段时期仍要加强对公共行政改革的研究和探讨，以提升公共行政管理的科学化和现代化水平。

复习思考题

1. 公共行政改革的本质是什么？
2. 试述公共行政改革的必要性。
3. 当代西方国家行政改革中有哪些可以借鉴的经验？
4. 如何调整中央政府和地方政府之间的关系？
5. 新时代下我国公共行政体制应从哪些方面进行完善？
6. 公共行政改革阻力的来源是什么？

参 考 文 献

[1] 马克思，恩格斯. 马克思恩格斯选集[M]. 北京：人民出版社，1972.
[2] 马克思，恩格斯. 马克思恩格斯全集[M]. 北京：人民出版社，1960.
[3] 约翰·罗尔斯. 正义论[M]. 何怀宏，何包钢，廖申白，译. 北京：中国社会科学出版社，1988.
[4] 黑格尔. 法哲学原理[M]. 范扬，张企泰，译. 上海：商务印书馆，1961.
[5] 张德信，李兆光. 现代行政学[M]. 北京：红旗出版社，1993.
[6] 王健刚，等. 公共行政学[M]. 上海：上海交通大学出版社，1987.
[7] 谭健. 现代公共行政手册[M]. 沈阳：辽宁人民出版社，1987.
[8] 许文惠. 公共行政学[M]. 北京：红旗出版社，1992.
[9] 姜明安. 行政法与行政诉讼法[M]. 北京：北京大学出版社，高等教育出版社，2005.
[10] 戴维·奥斯本，彼德·普拉斯特里克. 摒弃官僚制：政府再造的五项战略[M]. 北京：中国人民大学出版社，2002.
[11] 戴维·H. 罗森布鲁姆，罗伯特·S. 克拉夫丘克，德博拉·戈德曼·罗森布鲁姆. 公共行政学：管理、政治和法律的途径[M]. 5版. 张成福，等译. 北京：中国人民大学出版社，2002.
[12] 戴维·米勒，韦农·波格丹诺. 布莱克维尔政治学百科全书[M]. 邓正来，译. 北京：中国政法大学出版社，2002.
[13] 珍妮特·V. 登哈特，罗伯特·B. 登哈特. 新公共服务：服务，而不是掌舵[M]. 丁煌，译. 北京：中国人民大学出版社，2004.
[14] 乔治·弗雷德里克森. 公共行政的精神[M]. 张成福，等译. 北京：中国人民大学出版社，2013.
[15] 范扬. 行政法总论[M]. 北京：中国方正出版社，2005.
[16] 赫伯特·A. 西蒙. 管理行为[M]. 杨砾，韩春立，徐立，译. 北京：北京经济学院出版社，1988.
[17] 凯尔森. 法与国家的一般理论[M]. 沈宗灵，译. 北京：中国大百科全书出版社，1996.
[18] 王利明. 侵权行为法归责原则研究[M]. 北京：中国政法大学出版社，2003.
[19] 张文显. 法理学[M]. 北京：高等教育出版社，北京大学出版社，1999.
[20] 徐国栋. 民法基本原则解释[M]. 北京：中国政法大学出版社，2000.
[21] 胡建森. 行政违法问题探究[M]. 北京：法律出版社，2000.

[22] 杨海坤，章志远．中国行政法基本理论研究[M]．北京：北京大学出版社，2004．

[23] 张康之．寻求公共行政的伦理视角[M]．北京：中国人民大学出版社，2002．

[24] 胡建淼．行政法与行政诉讼法[M]．北京：高等教育出版社，1999．

[25] 王珉灿．行政法概要[M]．北京：法律出版社，1983．

[26] 王沪宁，竺乾威．行政学导论[M]．上海：上海三联书店，1988．

[27] 中国法制出版社．中华人民共和国公务员法[M]．北京：中国法制出版社，2019．

[28] 彭和平，等．公共行政学经典著作选读[M]．北京：国家行政学院出版社，1992．

[29] 王伟．行政伦理概述[M]．北京：人民出版社，2001．

[30] 高力．公共伦理学[M]．北京：高等教育出版社，2002．

[31] 张康之，李传军．行政伦理学教程[M]．北京：中国人民大学出版社，2004．

[32] 王伟，鄯爱红．行政伦理学[M]．北京：人民出版社，2005．

[33] 徐家良，范笑仙．公共行政伦理学基础[M]．北京：中共中央党校出版社，2004．

[34] 夏书章．行政管理学[M]．6版．广州：中山大学出版社，2018．

[35] 郭小聪．行政管理学[M]．北京：中国人民大学出版社，2016．

[36] 张国庆．公共行政学[M]．4版．北京：北京大学出版社，2017．

[37] 娄成武，杜宝贵．行政管理学[M]．2版．北京：高等教育出版社，2015．

[38] 曹现强，王佃利．行政管理学[M]．北京：清华大学出版社，2011．

[39] 马克斯·韦伯．经济与社会：下卷[M]．林荣远，译．北京：商务印书馆，1998．

[40] 丁煌．行政管理学[M]．3版．北京：首都经贸大学出版社，2016．

[41] 韩莹莹，等．行政管理学[M]．武汉：华中科技大学出版社，2013．

[42] 中国法制出版社．新公务员法及相关党纪学习手册[M]．北京：中国法制出版社，2019．

[43] 习近平．习近平谈治国理政：第一卷[M]．北京：外文出版社，2018．

[44] 习近平．习近平谈治国理政：第二卷[M]．北京：外文出版社，2017．

[45] 中共中央宣传部．习近平新时代中国特色社会主义思想学习纲要[M]．北京：学习出版社，人民出版社，2019．

[46] 王成栋．责任政府论[M]．北京：中国政法大学出版社，1991．

[47] 张国庆．行政管理学概论[M]．北京：北京大学出版社，2002．

[48] 刘军宁．共和·民主·宪政自由主义思想研究[M]．上海：上海三联书店，1998．

[49] 欧文·E.休斯．公共管理导论[M]．彭和平，周明德，金竹青，译．2版．北京：中国人民大学出版社，2001．

[50] 李军鹏．公共服务型政府[M]．北京：北京大学出版社，2004．

[51] 周志忍．当代国外行政改革比较研究[M]．北京：国家行政学院出版社，1999．

[52] 国家行政学院国际合作交流部．西方国家行政改革述评[M]．北京：国家行政学院出版社，2000．

[53] 布坎南．自由、市场与国家：80年代的政治经济学[M]．平新乔，莫扶民，译．上

海：上海三联书店，1989．

[54] 戴维·奥斯本，特德·盖布勒．改革政府：企业家精神如何改革着公共部门[M]．周敦仁，等译．上海：上海译文出版社，2006．

[55] 蔡立辉．政府法制论——转轨时期中国政府法制建设研究[M]．北京：中国社会科学出版社，2002．

[56] 杨冠琼．政府治理体系创新[M]．北京：经济管理出版社，2000．

[57] 郭小聪．政府经济职能与宏观经济管理[M]．广州：中山大学出版社，1997．

[58] 德怀特·沃尔多．公共行政学[M]．北京：中国社会科学出版社，1988．

[59] 文森特·奥斯特罗姆．美国公共行政的思想危机[M]．上海：上海三联书店，1999．

[60] 斯蒂芬·P. 罗宾斯，贾奇．组织行为学[M]．北京：中国人民大学出版社，2008．

[61] 汪辉勇．行政价值：概念、体系及其实现[J]．东莞理工学院学报，2013（6）．

[62] 陈世香，胡荣华．20世纪美国行政伦理研究的发展述评[J]．天津行政学院学报，2013（6）．

[63] 郑琳春．简析公共行政机关规范化管理[N]．江淮时报，2019（6）．

[64] 王晓丹，等．探析企业公共行政机关文档的一体化管理[J]．信息与电脑（理论版），2018（17）．

[65] 李建华，肖华．公共财务管理与政府财务报告改革[J]．会计研究，2004（9）．

[66] 丁峰．精细化财务管理在机关事业单位的应用研究[J]．海峡科学，2016（11）．

[67] 杨丽．浅析机关文书档案管理中的常见问题及解决策略[J]．办公室业务，2019（10）．

[68] 谢宁，张馨怡．浅谈科技手段在会议管理中的应用[J]．办公室业务，2018（22）．

[69] 孙温平．会议管理的学问[J]．领导科学，2011（12）．

[70] 谭保恒．完善机关后勤保障服务改革，促进机关事务管理[J]．低碳世界，2017（5）．

[71] 陈庆修．机关后勤服务社会化探析[J]．秘书工作，2018（10）．

[72] 赵雯．论政府办公自动化系统安全性设计[J]．科技视界，2016（9）．

[73] 富伯平，杨祖望．机关管理之研究[J]．中国行政，1994（4）．

[74] 高恩新，赵继娣．公共危机管理研究的图景与解释——基于国际文献的分析[J]．公共管理学报，2017(4)．

[75] 薛澜，钟开斌．突发公共事件分类、分级与分期：应急体制的管理基础[J]．中国行政管理，2005（2）．

[76] 王灏．危机管理5R模式对中国危机报道的启示[J]．理论探索，2005（2）．

[77] 赵慧，张秀芳．公共危机与突发事件管理理念及政府公信力提升[J]．产业与科技论坛，2017（17）．

[78] 杨晨，黄柏权．公共危机预防中沟通机制的完善策略分析[J]．三峡论坛（三峡文学·理论版），2017（3）．

[79] 叶勇，王俊巧．新公共服务视角下公共危机管理政府责任研究——以兰州"4·11"

水污染事件为例[J]. 电子科技大学学报（社科版），2016（6）.

[80] 李娜，姜庆志. 从复杂性中寻找平衡——基于 CAS 理论的公共危机决策机制探讨[J]. 湖北行政学院学报，2012（1）.

[81] 李培林，等. 当代西方社会的非营利组织——美国、加拿大非营利组织考察报告[J]. 河北学刊，2006（2）.

[82] 潘小娟. 中法中央与地方关系改革比较研究[J]. 国家行政学院学报，2005（4）.

[83] 王佃利. 美英澳三国新公共管理改革的新进展[J]. 中国行政管理，2004（2）.

[84] 张成福. 公共行政的管理主义：反思与批判[J]. 中国人民大学学报，2001（1）.

[85] 张定安，谭功荣. 绩效评估：政府行政改革和再造的新策略[J]. 中国行政管理，2004（9）.

[86] 魏礼群. 中国行政体制改革的历程和经验[J]. 全球化，2017（5）.

[87] 陈庆云. 公共管理研究中的若干问题[J]. 中国人民大学学报，2001（1）.

[88] 陈振明. 公共管理范式的兴起与特征[J]. 中国人民大学学报，2001（4）.

[89] 王乐夫. 论公共管理的社会性内涵[J]. 政治学研究，2001（3）.

[90] 应松年，薛刚凌. 论行政权[J]. 政法论坛，2001（4）.

[91] 符丽莉. 公共行政机关会议管理研究[D]. 长沙：湖南大学，2006.

[92] 张伟. 我国省级政府机关会议管理问题初探[D]. 长春：吉林大学，2008.

[93] 彭向刚，王郅强. 服务型政府：当代中国政府改革的目标模式[J]. 吉林大学学报，2004（4）.

[94] 李昕. 公共服务理念下现代行政的特征[J]. 行政法学研究，2002（4）.

[95] 高小平，等. 深化行政管理改革的理论与实践[J]. 中国行政管理，2003（3）.

[96] 王邦佐. 中国政治体制改革的成就和发展路径[J]. 政治学研究，2003（2）.

[97] 谢庆奎. 服务型政府建设的新途径：政府创新[J]. 北京大学学报，2005（1）.

[98] 刘熙瑞. 服务型政府——经济全球化背景下中国政府改革的目标选择[J]. 中国行政管理，2002（7）.

[99] 高晓红. 政府伦理研究[D]. 南京：东南大学，2006.

[100] 匡娉婷. 关于加强我国政府信用建设对策研究[D]. 长沙：中南大学，2005.

后 记

本书是齐齐哈尔大学 2018 年重点资助教材。本书结合 2018 年教育部发布的《普通高等学校本科专业类教学质量国家标准》中的"政治学类教学质量国家标准"及党的二十大精神，认真梳理出了二十大报告中关于行政管理学科的最新论断和最新成果。

在编写过程中，我们广泛听取了高校思想政治理论课教师和学生的意见，并组织编写组进行了广泛调研，力求能够满足教师和学生的需求。

本书在编写过程中，参考了大量相关专著、教材、论文，吸收了其中的一些研究成果，借此向有关作者致谢。同时，还要感谢黑龙江省教育厅、齐齐哈尔大学以及清华大学出版社给予的大力支持。古人云：天时地利人和，本书得益于此也。最后，向支持、帮助本书出版的领导、同行和编辑表示衷心的感谢。

由于编写时间紧迫和编者水平有限，书中难免存在一些疏漏和不足，恳请学术界前辈、同人和读者朋友们批评指正。

编 者

2020 年 3 月

2024 年 1 月修订